生涯規劃與職業生活

葉至誠———著

出版心語

　　近年來，全球數位出版蓄勢待發，美國從事數位出版的業者超過百家，亞洲數位出版的新勢力也正在起飛，諸如日本、中國大陸都方興未艾，而臺灣卻被視為數位出版的處女地，有極大的開發拓展空間。植基於此，本組自民國 93 年 9 月起，即醞釀規劃以數位出版模式，協助本校專任教師致力於學術出版，以激勵本校研究風氣，提昇教學品質及學術水準。

　　在規劃初期，調查得知秀威資訊科技股份有限公司是採行數位印刷模式並做數位少量隨需出版〔POD＝Print on Demand〕（含編印銷售發行）的科技公司，亦為中華民國政府出版品正式授權的 POD 數位處理中心，尤其該公司可提供「免費學術出版」形式，相當符合本組推展數位出版的立意。隨即與秀威公司密集接洽，雙方就數位出版服務要點、數位出版申請作業流程、出版發行合約書以及出版合作備忘錄等相關事宜逐一審慎研擬，歷時 9 個月，至民國 94 年 6 月始告順利簽核公布。

　　執行迄今，承蒙本校謝董事長孟雄、陳校長振貴、黃教務長博怡、藍教授秀瑋以及秀威公司宋總經理政坤等多位長官給予本組全力的支持與指導，本校諸多教師亦身體力行，主動提供學術專著委由本組協助數位出版，數量達50 本，在此一併致上最誠摯的謝意。諸般溫馨滿溢，將是挹注本組持續推展數位出版的最大動力。

　　本出版團隊由葉立誠組長、王雯珊老師、賴怡勳老師三人為組合，以極其有限的人力，充分發揮高效能的團隊精神，合作無間，各司統籌策劃、協商研擬、視覺設計等職掌，在精益求精的前提下，至望弘揚本校實踐大學的校譽，具體落實出版機能。

實踐大學教務處出版組　謹識

2013 年 7 月

序言

　　行政院主計總處統計顯示：「以民國七十年與一百年比較，卅年來，青年失業未見好轉，其中，廿到廿四歲青年失業率與整體失業率差距，從原本的二點五七倍，擴大到二點九倍；而廿五到廿九歲的年輕人，更從零點八二倍升至一點六二倍。年輕人失業問題持續惡化，青年失業率居高不下，年輕人找不到工作，台灣經濟已面臨結構性困境，若無法及時解決，台灣恐希臘化或西班牙化。閒置的人力不但拖累財政，也導致社會動盪；經濟合作暨發展組織（OECD）已經預警，由於經濟復甦低緩，OECD 國家失業率將居高不下，衝擊最大的是青年及低技術求職者。青年失業問題如持續惡化，未來廿年到卅年，勢必發生稅基、社會公義等更大的社會問題。」（聯合報，二○一二年十二月二日）

　　根據法新社二○○七年九月十八日的「法國經濟改革總統薩柯吉（Nicolas Sarkozy）推新措施，鼓勵民眾多多工作」報導：法國總統薩柯吉，將推動勞工退休制度改革，除了鼓勵接近退休年齡的人留在工作崗位，還準備對提早退休的人課重稅，主要目的就是實現他的競選承諾，降低法國的失業率。自統計數字顯示，受到現行每週上班三十五小時的制度並貶低工作的價值，使得法國的失業率高過歐盟其他國家。根據法國政府所提出的改革計畫，政府將對超時加班的所得減免稅捐，鼓勵大家多工作。另外，政府也將修改法令，鼓勵資深員工繼續貢獻所能，促使企業繼續雇用年紀大但有經驗的員工，至於提早退休的人，政府也將課以較高的稅賦以示懲罰。這波改革所針對的，是所謂的特別退休金計畫。二次大戰戰後初期，法國政府為了鼓勵民眾參與重建，並獎勵工作環境較為艱苦的公家單位員工，規定包括鐵路、捷運、電力、能源、歌劇院等國營企業員工，以及警察和議員等等，除了享有優惠的退休金，還可以在五十歲就退休。法國政府認為，如果照現行制度運作，這個目前只有五十萬個人在支付提撥退休

金的基金，將為一一○萬退休人員，付出相當於新台幣二三○○億的退休金，造成基金虧損擴大到五五○○多億新台幣，因此改革勢在必行。另一方面，法國國會也將討論新的移民法案，除了嚴格管制各國移民的配額，還要設法吸引有技術的專業移民到法國工作。

英國首相布萊爾（Tony Blair）於二○○七年六月卸職前夕提及：英國於面對世局的挑戰，應該改變原有強調社會福利轉為激勵社會成員重視工作，使工作與個人志趣生涯進行緊密的結合，以帶動個人及社會的持衡發展。肺腑之言前瞻見解，揭示職業生涯所關乎的不僅是一己乃至於社會永續發展。我國教育部自九十四年起建立大專學生調查資訊平台，全面調查大專同學學習狀況，以建立「台灣高等教育資料庫」，共訪問五萬多名大一新生，除了提供學校增設調整院系所學位學程的依據，也作為教育部改進大學教育培育人才的參考。雖然大學多元入學實施多年，學生選科系仍然徬徨。最近一次的調查統計顯示：近半數大一新生不確定是否選對科系，四分之一想轉系、轉學；其中以私立大學占三成比率最高；公立大學也超過百分之二十三；凸顯應儘早輔導學生探索性向、了解大學校系。九十九年國科會委託學者調查亦發現，有百分之四十九大一新生不確定是否選對科系，超過三分之一認為現在所讀科系，不是當初想念的，新生填志願的考慮因素，興趣、學科能力、工作機會、生涯發展潛力是四大因素；顯見生涯規劃對青年學子的自我發展有其重要性和必要性。

國際勞工組織（International Labor Organization）二○一二年所進行的的研究報告：全球青年（十五～二十四歲）失業率將從目前的百分之十二點七，上升到二○一七年的百分之十二點九，高於二○○七年金融風暴時的百分之十一點六。更令人憂心的是，未來五年，這些地區青年失業率下降的原因並非是就業市場復甦，而是因為有更多的年輕人放棄求職，退出就業市場，成了名副其實的「失業世代」。（jobless generation）。目前北歐多國推行的「青年擔保」（youth guarantees）是可行的解決辦法，提供年輕人工作、教育或訓練機會，讓年輕人不至於與就業市場脫節，而且花費的成本不到 GDP 的百分之零點五。另外像是印度或巴西等國，也有類似的計畫。

正如同台灣曾推出的「22K 方案」，也就是「大專生企業實習方案」，以提供大專生就業機會。

清朝王國維在《人間詞話》中，言及的生涯三境界，足以作為青年生涯規劃的借鏡：

一、「昨夜西風凋碧樹，獨上高樓，望盡天涯路。」（宋明晏殊的〈蝶戀花〉）——在世態炎涼中，我仍然滿懷抱負，登高且遠眺。

二、「衣帶漸寬終不悔，為伊消得人憔悴。」（宋朝柳永的〈真樓梧〉）——在歷經滄桑中，我始終執著到底，無怨又無悔。

三、「眾裡尋他千百度，驀然回首，那人卻在燈火闌珊處。」（宋朝辛棄疾的〈寶玉案〉）——在尋尋覓覓追尋中，忽然有所領悟，找到了自我。

我國近十餘年來由於大學數量快速擴張，導致高等教育自菁英教育朝向普及教育的發展歷程。為了維持及提升大學教育水準，生涯教育的觀點的導入和生命教育、生活教育的推動同屬重要的內涵。生涯教育要融入各領域，以協助同學嫻熟「自我覺察、生涯覺察、生涯規劃」等技能，培養自我與自我實現能力，發展積極、自信與開放的態度，以及發展理性思考、價值判斷及解決問題的能力，以豐富生活與心靈。其中強調的是：

一、運用自我覺察，以引導認識自己興趣、性向、價值觀及人格發展，以及適合發展方向，並發現自己特點；

二、把握生涯覺察，以促發認識工作世界與發展職業角色，進而發現教育、國家與工作關係；

三、展現生涯規劃，以達成培養自我規劃與他人合作，以及運用資訊能力。

社會學家休斯（Everott Hughes）認為現代人在人際對應的諸多角色中，以他的職業角色為「主角色」，是這個角色決定了他的生活型態、人生價值取向，及他人對他的評價。生涯本是一段艱困的歷程，也是一條永無止境學習發展的創造之路。我們提起一個人，通常會說：「她是個老師」或「他是個醫師」，就是以職業角色來涵蓋一個人全面的存在。就因為工作是人生

活中主要的內容，人存在的意義及價值容易從中去尋找，一個孩子呱呱墜地之後，幾乎便開始了他往後職業生命的準備工夫，中國人給滿一歲大嬰兒「抓周」的習俗便是由此而來，而一個勞動人口在退休之後，似乎也就失去了他做為社會人的積極意義。職業已深深鏤刻在我們的生涯領域之中，「職業就是人生」的說法並不為過。是以，幾千年來人類一直就以職業來定義人生。

筆者曾因工作的關係服務於行政院青年輔導委員會青年創業就業諮詢中心，當面對一張張來自因失業、學用不合、大才小用、工作不盡如意……的沮喪臉孔時，使我體會到工作上的挫折、不如意，對一個年輕人的衝擊、考驗，畢竟「男孩怕入錯行，女孩怕嫁錯郎」是古有明訓。更何況是置身於社會進步，男女平等，人們普遍企求工作滿足的時代。當這一位位希望獲得生計輔導指引的年輕人離開時，我常思考，是否我們在現有的教育中欠缺了些什麼，以致若干人只曉得要勉力而學，但不知為何而學？如何而學？甚至如何學以致用？雖然就教育的目標與宗旨，並非僅強調「學成即是畢業」、「大專教育等於職業訓練」，然而如果教育能讓同學在選擇之前，更清楚於自己的動機、目的、方法……則提供給社會回饋的，不獨是高級人力資源的提昇。更在於使我們社群中處處可見到認真、負責、執著、踏實的工作者。哲學大師懷海德（Alfred N.Whitehead）以「教育應該造就智能充裕與具有工作能力的人」做為教育的目標。人們希望由教育中獲得的啟沃不僅是對事務的真知灼見，同時期盼由此提昇謀生的技能，以展現燦爛人生的理想。美國自一九七一年起以「生涯教育（Career Education）」做為教育的主流思潮，便是期望引導青年朋友從「升學主義」的浪潮中轉向「生涯發展」之全方位人生大道，將文雅教育所著重的「學術領域」延伸到「工作世界」，以期對國民生計有真實的幫助，且能解決青年問題以安定社會，提高國力。是以生涯教育不僅被譽為劃時代的「教育革命」且亦已形成當代教育的顯學。生涯教育的實施，需賴生計輔導的推動配合，這項輔導工作理應由「家庭－學校－社會」環環相扣，密切配合。但是隨著社會的分化，大家更企盼在學校教育中能獲得輔導的協助。尤以多項資料顯

示，大多數青年的大專教育是學校教育的終點站，亦即絕大部分人在完成大專階段的教育，便跨入工作行列。因此，若是在此成長階段我們無法提供青年朋友接受生涯教育，則無異於將一位未接受預防疫苗接種者立即送入疫區一般。植於這份工作體驗和同為生命價值、生活意義的人生探索，成為撰述本書最大的動力來源。

為了達成生涯規劃與職業生活的內涵，必須要把握「一個觀念、二個重點、三項行動」：一個觀念：天生我才必有用。二個重點：知識即是力量；行動就是智慧。三項行動：勇於創新（態度）；敢於實踐（作為）；止於至善（願景）。以期學習他人的優質經驗，盡心盡力做好每件事。任何成功者都是懂得規劃自我生涯的人，能仔細審慎的規劃符合自己能力、需要和理想的學習、工作、生活、家庭等。踏實的努力，認真的著力下使規劃逐一實踐，則「活出尊嚴的亮麗人生」將非海市蜃樓。

筆者民國一〇一年八月接受敏惠醫護管理專科學校付託，主持這所有四十八年歷史以「健康促進，醫療照護。」為主軸的大專院校。本諸學校辦學以「學生為主，教師為重。」的核心價值，關心同學能否充分體現「敏於實踐，惠澤民生」的教育宏旨，無論是「護理、幼保、牙技、美保」等領域的同學，咸能於專業上發揮現代公民的角色。這份素養實須把握「生涯規劃及職業生活」的能力。爰此，利用公餘，蒐羅資料，著手撰述本書，以為學校、教師及同學有所參酌。同時，細數服務大專院校已近「而立之年」，常期能將此專業知識陶養青年學子，以擴及教室之外的社會大眾，並能對社會教育略盡棉薄的貢獻。就此專業領域的引介，感謝實踐大學出版組及秀威數位出版公司的玉成，方能完成這本著作。惟知識分子常以「金石之業」、「擲地有聲」，以形容對論著的期許，本書因僅係對生涯發展導入學生學習的粗略探討，仍有「以管窺天」之窘。唯因忝列杏壇，雖自忖所學有限，腹笥甚儉，然常以先進師長之「行為世範，萬世師表」，為效尤的典範，乃不辭譾陋，敝帚呈現，尚祈教育先進及諸讀者不吝賜正。

葉至誠　謹識

目　次

第一章　概說

前言

　　曾國藩以「士人第一要有志，第二要有識，第三要有恆。」自勉勉人揭示讀書人應有的生涯作為。存在主義作家卡繆（Albert Camus）曾說過：「要了解一個人就必須則先了解他怎麼營生。」生涯規劃對人的一生是極為迫切而需要的，其對人生的重要性，若欲享受生命豐碩的成果，活出人性的尊嚴，讓生命更具價值，規劃生涯乃意義非凡的重要工程；亦是充滿考驗的艱鉅工程。有如航行在茫茫大海的船隻，必須依靠航海圖與指南針掌控方向，方能駛向目的地。處於如此快速變化的社會中，隨時必須面臨環境與人際互動的挑戰，如此錯綜複雜的環境差異，在關鍵時刻必須做出階段性的決定，倘若稍有疏忽，便可能喪失成功的契機。生涯規劃是人生的大事，執行的時間長，任何人在漫長的數十年中，都可能遭遇到許多挑戰的衝擊，若得不到發展定向，就可能汲汲營營徒勞無功。生涯規劃應依社會變遷，與個人不同的成長階段隨時調整。若因對社會的認知廣度與深度都不足，本身在各方面的條件均有限、成熟度不夠無法深思熟慮，再加上處於如此快速變遷環境中，若對自己的生涯規劃未能因應需要適時調整，實難以適應。針對社會的變遷與工作環境的改變，在工作與需求之間作最適當的選擇與調適，能兼顧個人及社會的需要，建立積極進取、努力不懈的生活態度，以豐富生活內涵，提昇自己的生活素質。沒有規劃的生涯，若有一步走錯或失算往往如掀起滔天巨浪般的無情衝擊，將重挫終生。有遠見者必須冷靜思考，絕不可望之怯步，應積極妥善的做好生涯規劃，以免增加挫敗徒增懊惱。

壹、職業生涯的意涵

「生涯」的英文是 CAREER，意指兩輪馬車，引申為道路，也就是人生的發展道路，研究生涯發展的著名學者蘇伯（D. E. Super）認為：所謂生涯是指一個人在一生中所扮演的角色的綜合及結果，這些角色：包括兒童、學生、休閒者、公民、工作者、家長及退休者等項，這些角色在四個主要場所：家庭、社區、學校及工作場所中扮演。與「生涯」有關的名詞，種類相當繁多，包括：生涯規劃、生涯發展、生涯成熟、生涯輔導、生涯教育、生涯管理等等，這些名詞的意義與內容，雖因涵蓋層面與探討觀點的不同而有差異，但這些名詞都具有「觀照現在、規劃未來」的涵義，所強調的重點，也都是環繞「生涯」概念的重要特質：

表 1-1 「生涯」概念的重要特質

特質	內涵
終生性	概括一個人一生所擁有的各種職位、角色。
總合性	指的不是某一時段所擁有的職位、角色，而是一生中所有的職位、角色的總合。
期望性	對個人而言，生涯不僅需適合個人的特質，同時它也是個人企求的。
工作性	一個人所扮演的角色很多，工作是其中最重要的，所以個人的生涯是以工作為中心。
發展性	個人隨著年齡的成長，生理與心理狀況也漸趨成熟，因此對自己產生更清楚的認知觀念，於成長歷程中職業概念逐漸形成，最後以職業觀念與自我觀念配合，達成生涯規劃及職業發展。

（資料來源：作者整理）

生涯規劃的內涵不僅是在追求事業的發展；更重要則在於生活形態的選擇。透過生涯探索、澄清、計畫、執行，使自我的差異與潛能被激發出來，方能設計一套適合自己的生涯目標。因此生涯規劃應涵蓋下列四大要項：

表 1-2　生涯規劃應涵蓋的要項

特質	內涵
我能夠做什麼	即認識自我與環境，了解自己的長處與限制，能力和興趣等，謹守分寸，才不會遭受挫敗。
我可以做什麼	選擇正確的發展目標，了解環境中有哪些機會與挑戰，了解自己有什麼需求，進而蒐集有關的工作、職業資訊。
我想要做什麼	了解自我的價值觀，積極思考想要做的是什麼。
我應該做什麼	了解社會價值與生涯發展的關係，及自我的價值觀，採行有效的實施步驟，加以適當的學習與自我訓練，以發展工作領域中所需的基本能力與技巧。

（資料來源：作者整理）

　　職業生活是與家庭、經濟、教育、階級、休閒、失業、退休等有關的議題，所謂「職業」是指個人所擔任的任務或職務，但至少必須具備三個條件：

表 1-3　職業的條件

特質	內涵
須有報酬	係指因工作而獲得現金或實物之報酬。
有繼續性	係指非機會性；但從事季節性或週期性之工作亦認有繼續性。
為善良風俗所認可	如從事之工作雖可獲得報酬，但不為善良風良俗所認可者，則不認定其為職業。

（資料來源：作者整理）

　　由於「職業」是指個人在某一機構的特定職位上，所擔任的工作或職務，這些工作可能包含幾個不同的任務。一個人如果能夠了解職業目標的主要特質，便能稱職的就業。在人生的營生作為中，求學學習或僅只是一種手段，最終目的還是要就業，以展現所學，發揮一己潛能。職業生活相對於個人及社群而言，具有八種功能。

表 1-4　職業的功能

特質	內涵
經濟性	使人力充分就業，促進經濟發展與繁榮。
政治性	促使政治穩定，更加民主、自由、平等。
社會性	生活安定，經濟基礎穩固，減少社會問題的發生。
文化性	透過就業者在職場的交流互動不僅能促進文化融合亦可展現屬於不同族群的特色，甚或以族群文化為創業的基石。
心理性	透過職務接觸互動可增進彼此了解，及相互支持，進而提昇精神層次的滿足。
生理性	透過工作所得，除了滿足個體的身體營養與物質所需外，尚能由於勞動而促進身體的健康。
教育性	工作不僅可使個體體驗所學是否足以在工作場所運用外，尚能經由工作增進專業知識，進而建立「終身學習」的生涯規劃。
家庭性	透過薪資報酬，可使個體負擔起養家活口，及家人各項消費所需的費用。

（資料來源：作者整理）

　　工作可分為有報酬的經濟活動與無報酬的經濟活動二種。行業係指經濟活動部門的種類，包括生產各種有形物品，及提供各種服務的經濟活動，例如農業、工業與服務業皆有專門技術人員、行政主管人員、監督及佐理人員、買賣工作人員等。工作、行業與職業的關係可由下表分析得知。

表 1-5　工作、行業與職業的關係

			農業（一級產業）	工業（二級產業）	服務業（三級產業）
工作	有報酬的經濟活動	行業			
		職業	專門技術人員　買賣工作人員 行政主管人員　服務工作人員 監督佐理人員　生產作業人員		
	無報酬的經濟活動		義務工作　志願工作 家務工作　無酬工作		

（資料來源：作者整理）

一般將行業分為三大類：第一類是農業、牧業與漁業，這是人類最古老的生產活動的延續。原始經濟的工作大部分就是這些活動。當技術變成更為複雜與高效率時，更多工作者會從事產物再製的行業，這就是第二類的製造業。這些活動是工業時代的象徵，是工廠生產系統的核心。第三類是服務業，業者從事於服務與符號工作，並且是以促使前述兩類發展的行業。每一種生產類型支配著一個特別的時期或社會。在現代化過程中，社會經濟系統強調服務事業，使得專門技術性工作人員及經理與銷售人員迅速成長，乃成為就業人數最多的一類。

貳、職業生涯的選擇

當我們要從一個人，來預測他的價值、態度以及生活型態，則最能瞭解他的是他的職業。職業是個人的主要角色。同時，職業與個人聲望、權力及所得之間，有高度相關。職業與個人的生涯息息相關，職業的獲取是一項長期的過程，依照生涯發展的觀點，則包括了個人的全部生涯，亦即從幼兒直到成人，依照職業認知、職業導向、職業試探、職業選擇、職業計畫、職業準備、職業安置、職業進展，循序漸進。而每一階段均有其特殊的發展任務需待完成，經由該階段的逐步實施，使個人獲得職業的生涯，並建立個人生活型態，以促使個人能過一種經濟獨立、自我實現及敬業樂群的生活。在充分了解生涯規劃的內涵之後，才能思考如何成功的生涯規劃，而規劃一個成功的生涯，應循以下步驟著手：

第一、了解自己發揮所長：充分了解自我，因為自我認知是生涯規劃的基石，關係著生涯發展成功與否，使自我的潛能在生涯發展的歷程中，獲得最有效的發揮與運用。規劃生涯首先應考量自己的職業性向，在理、工、農、醫、文、法、商、軍、公、教等各類職業中自己能勝任什麼工作，切忌好高騖遠，企求名利，把目標訂得過高，卻忽略了自己的性向與專業，即使努力不懈、辛勤有加，亦難以奏效。

　　第二、慎選真正有利的機會：規劃從事任何工作之前，宜先評估本身的生活背景和目前與可預期的社會變遷，能勝任什麼工作，進而廣為蒐集從事該類工作所需的資料，據以充實本身條件，時機成熟時，再密切注意社會脈動，掌握機會勇往直前，否則可能徒勞無功。

　　第三、訂下循序實現的目標：提昇樂於投入工作的意願，從工作中獲得成就，滿足自我，進而發展自我，實現自我。機會抓住了，就宜依據現況分別釐訂短、中、長程的生涯規劃，循序逐步實踐。凡僅有計畫而無目標者，只知盲目的往前衝，如此則難有成就，必將半途而廢。

　　第四、有效率的工作：抓住機會，掌握了目標，按計畫逐步實踐，在工作上不斷的求新求變，講究效率、提升績效，激發自我潛能，以成長自我、肯定自我，增進生涯發展，提高生命的意義與價值。虛心的充實自己專業，方不致在競爭中因效率低落，而遭淘汰。

　　職業選擇就個人而言，是進入工作市場並在工作分類中決定自己偏好的一項決策態度或行動。就社會而言，個人的職業選擇也就是社會人力資源的分配問題。所以個人的職業選擇不只是配合自己的性向、能力和興趣的工作決定過程，同時也是個人對應社會變遷的自我成長和調適社會生活的行為反應。

　　職業選擇的國外學者大多由心理層面和社會層面加以研究。最早的概念見於帕深思（Parsons）的〈職業選擇〉一文，他以為：「個人欲做明智的職業選擇，首先了解自己的能力、興趣、性向、抱負及優缺點。其次是熟悉各行業成功的條件、報酬及展望各種可能的利弊。最後是對前面兩組事實的真正理解。經濟學家金斯伯格（G. E. Ginzberg）在一九五一年發表了《職業選擇理論的探究途徑》一書，他的職業選擇理論包括四個要點：

　　一、職業選擇是終身發展的歷程。

　　二、此一歷程大多是無法逆轉的。

　　三、此一歷程必須求得興趣、能力、價值與機會調適，折衷而成為職業選擇的要素。

四、職業選擇可依個人的成熟度分為三個時期，十一歲以前為幻想
　　期；十一歲至十七歲為試驗期；十七歲開始至成人則為實際選擇
　　時期，在此一階段早期的一些主觀性選擇必須與周圍環境的客觀
　　因素折衷妥協，而個人的選擇內容也會更加窄化，例如對科學的
　　一般概念會具體形成某一特殊的職業，就像物理學家。

　　而霍蘭德（John L. Holland）則認為職業選擇就是在找尋一個可滿足個
人適應傾向層次的狀態；即個人的職業滿足、穩定或成就，都和個人個性
及工作環境的調和有關。而個人又是同儕團體、父母、一些有影響力的成
年人、及所處社會等力量綜合影響的產物。

　　蘇伯（D. E. Super）指出職業選擇的過程以總括為一連串的人生階段，
包括成長、試探、決定、維持和厭倦五種階段。雖然每一種職業均需要特
別的能力、興趣和人格特質，但亦都有相當的伸縮性，可以容許某些不同
的個人從事相同的職業，而每一個人的職業愛好、能力、及自我觀念隨時
間、經驗而改變，因而使職業的選擇與適應成為一個連續不斷的過程。在
個人和社會因素之間，自我概念和實際情況之間，往往會生折衷的決定。
而工作滿足與生活滿足，是基於個人對於自我能力、興趣、人格品質與工
作價值的適當配合的結果。

　　職業選擇是一種個體對職業決定接受或不接受的程序，它常會受到周
圍環境的影響，在這過程中，有一些因素會影響到個人的選擇！學校中的
主修課程，是否以及何時結婚，當時的就業市場情形，種族背景，居住的
地區，個人對職業的了解和家庭的社經背景等。總之，職業選擇是外在種
種無法控制的事件，加上內心莫名的衝動、以及個人理性的計畫和努力三
種因素的混合為基礎下的運作。所以說職業選擇是一種發展性的過程，其
中個人會對他自己的喜好、能力以及價值觀愈發的了解。

　　根據個人的職業選擇所進行的生涯規劃的步驟宜朝向：

表 1-6　生涯規劃的步驟

特質	內涵
階段化的目標	個人可依照各種主、客觀的因素先決定自己生涯的方向，然後再經仔細探索，逐步將自己的目標具體化、階段化，例如訂定短、中、長程目標。
考慮各種途徑	每一個目標的達成，其途徑可能不是唯一的，例如將來想擔任教職工作，可以讀師範院校；亦可先讀一般大學再甄試或修習教育學分以獲得合格之教師證書。因此我們必須針對一個具體的目標，將其可能達成目標之途徑全部詳細列出。
選擇最適途徑	雖然達成目標的途徑不是唯一的，但是我們在計畫時必須在諸多的途徑之中就最適當的途徑擇一而行，否則朝三暮四，總難達成目標。
具體執行規劃	再好的計畫，不去實行永遠是空的。將最適當的途徑選定之後，要確實安排執行的時間表。
評估調整改進	一個詳細的時間進度表訂定之後，即可付諸實施，但在實施過程中，如何對自己的作為作一檢視，使之配合預定進度；或對主觀、客觀因素的變化，做一適當的調整。而在執行之後，更必須從事成效評估，找出實施結果的優缺點，以作為改進之參考。

（資料來源：作者整理）

　　一個詳細的時間進度表訂定之後，即可付諸實施，但在實施過程中，如何對自己的作為作一檢視，使之配合預定進度；或對主觀、客觀因素的變化，做一適當的調整。而在執行之後，更必須從事成效評估，找出實施結果的優缺點，以作為改進之參考。

　　當規劃完成之後，由於主觀因素的變化，或其他因素的影響，個人可能要修訂生涯目標。是以生涯規劃並非一成不變，應定期檢視預定目標之達成進度，同時每一階段目標達成之後，宜依據實際達成的狀況修訂未來可採行的策略，客觀環境改變足以影響計畫之執行時則應考慮加以修正。亦即「覺知生涯規劃與發展的需求→以系統方法認識自己了解自己→進行職業的探索→整合主客觀的條件，以謀求個體發展的道路→全力投入職業生涯的實踐作為→進行主客觀的評估，以思維是否尚須進行再規劃工作。」

參、職業生活的理論

職業生活所探討的是個人與組織的職業活動，亦即個人透過工作（work），在社會體系中占有一定位置（position），及獲得收入的職業（occupation）。而其結構組成以及運作過程係表現於職業過程、職業行為、職業組織與職業關係等面向上。華森（T. J. Watson）基於職業社會學的立場，提出解釋職業有關組織團體或其社會學的理論觀點，計分為管理的心理學取向（Managerial psychologitic）、涂爾幹的社會系統觀點（Durkheim system）、符號互動主義觀點（Interactionist）、韋伯的社會行動觀點（Weberian social action）、馬克思的社會批判（Marxian）及後現代觀點（Postmodern）等六大類，其中除管理的心理學取向屬於管理學派論點外，其餘的均來自社會學理論觀點。茲分別敘述其內容如後：

一、管理的心理學取向

著重職場內的管理者（manager）應如何運用技巧，管理職場內的每一個成員，重要訣竅在於人性化管理（manage human nature），而非瞭解人生（understanding human nature）。依此發展而來的有泰勒主義（Taylorism），強調以科學方法辦理員工招募、教育訓練及工作設計，即使是每一個工作的細項，都應依照科學原理處理，強調組織內的分工與完全負責，即所謂的科學管理（scientific management）。其次，依此運用尚有民主式的人性主義（democratic humanism），主張經由參與（participation），以提高組織效率。可行的做法在於：讓職場成員自訂工作或發展目標、豐富員工的工作內涵、減少監督與教導的工作以及發展更開放、更真實的同事關係。

二、涂爾幹的社會系統觀點

涂爾幹（E. Durkheim）是社會唯實論的代表者，其認為個人行為深受社會集體意識的影響；即在於強調外在因素的影響力，首先是職業組織內的每一個成員，是完全受制於諸如：價值（value）、風俗（customs）、規範

（norms）、角色（roles）的左右。換言之，個人是在社會模式（social pattern）之下，表現一切行為。其次，職場組織的內部結構，及分部門與分部門之間的動態關係，同樣的受到組織外在因素的深度影響。因此，其主張強調組織成員應放棄自我主義（egoism）和自我利益（selfinterest）等不利於社會整合的想法，而應透過社會力（social force）來訂定規約（regulation），以做為職場組織成員的指導方針和行為準則。視為一系統（system），是一個充滿活力、有生命的單位，內部各單元是次系統（sub-system），各次系統，都有一個共同的目標，維持整體的均衡與穩定。此一觀點應用在職業關係系統，其中包括四個要素：

1. 成員（members）：包含管理者、員工、職場以外的政府或機構等。
2. 環境（environment）：指職場內、外的環境因素。
3. 意識型態（ideology）：是職場的共同信條與中心理念，是使系統有效結合之信念。
4. 規約（regulation）：以管理職場中的成員。

三、符號互動主義觀點

符號互動論（symbolic interactionism）是以顧里（Cooley）、高夫曼（Goffman）、米德（Mead）為代表。本觀點強調職場成員係經由符號（symbol）來進行互動。同時，透過職場的符號完成自我認同（self-identity），以適應職場文化（culture）或氣氛（climate），最後以協商（negotiation）和調適（adjustment）的方式，達成維持職場秩序（order）的目標。因此，強調職業組織的規則全然是一個協商後的秩序。依此發展的尚有俗民方法論（ethnomethodology），強調以主觀意識瞭解職場，反對客觀的做法。其認為階級與組織是存在於勞工心靈（mind）之外的，因此，應重視勞工個人和其社會生活中的角色及人際之間的過程。易言之，俗民方法論認為社會結構或系統取向的產業組織分析是次要的，最重要的乃是在於個人的動機和具社會意義的利益上之考量。

四、韋伯的社會行動觀點

韋伯（Weber）社會行動（social action）觀點分析社會成員，其認為組織內每一個成員都是一位行動者（actors），應充分瞭解行動中的成員，以及其所表現特定行為的意義。同時組織內部是充滿衝突、鬥爭與權力分配狀態，必須透過理性化（rationalization）的過程與手段方能達到目標。而所謂的理性化是指追求效率（efficiency）、成本概念亦即職場中的一切行動都具備可計算性（calculability）、非人性化（dehumanization）以及世俗化（securilization）的過程。

五、馬克思的社會批判觀點

馬克思（Marx）和恩格斯（Engels）所主張的階級（class）、衝突（conflict）、分工（division）、疏離（alienation）與虛偽意識（false consciousness）等觀點，在勞工運動中獨樹一幟。馬克思主義的中心焦點在於探討雇主的表現、雇主與員工關係、產業結構和勞動疏離等問題。認為資本主義是經由管理設計和控制工作職責，創造更多剩餘價值（surplus values），以達到累積更大利潤為目標。因此在職業組織內經常出現結構性的矛盾，並形成勞資對立及勞動疏離情形。面對此景只有革命一途方有解決之道。

六、後現代觀點

後現代觀點源自後結構主義（post-structuralism），其主要論點不同於上述的觀點，而是強調語言結構及語言的運用對於組織成員的影響力。認為傳統上從歷史和人類活動的角度剖析社會或組織，是不智的做法。因此，一個後現代的職業組織，應該以一種主觀的意識，看待職場成員是如何以陳述（statement）、提出名詞和表達等方式，建構一個會說或會寫的組織生活，換言之，組織內的語言深深影響成員的思考、瞭解和表現。

綜上，分別由多元觀點（plural perspective）來探討職業與個人及社會關係，每一種論點有其產生的背景及其強調的中心思想。這些理論觀點有

助於探究分析職業的現象及其內部活動的機制與原因的洞察，以達到對職業現象能善盡客觀觀察、周延描述的目標。

肆、職業生涯價值觀

每個人在工作中所重視的不同，有人重視報酬的高低，有人重視環境良好與否，老闆是否賞識，或同事之間相處如何，這形成了每個人不一樣的工作價值觀。如果自己所重視的工作價值觀能在工作中得到滿足，就是最適合個體的工作了。因此，生涯抉擇時應謹慎考慮自己的工作價值觀是什麼，去尋找最能配合的。蘇伯（Super）提出十五種職業價值觀，可以依據對個體的重要程度從 1 排到 15（1 代表最不重要，15 代表最重要）。

表 1-7　職業價值觀

特質	內涵
利他主義	工作的價值或目的，在於能為他人或社會大眾服務，盡一分心力。
美的追求	工作的目的在於它能使這個世界更美好，增加藝術氣氛。
創新能力	工作的價值是在發明新產品、設計新事物或創造新的觀念。
智性開創	工作能提供獨立思考、學習與分析事理的機會。
成就自我	由工作中得到做好及完成一件工作的成就感。
獨立作為	工作能允許以自己的方式及步調去進行，不受控制或阻礙。
專業聲望	工作受到的重視與尊敬並廣為人知（不僅指地位或權力）。
管理權威	工作的職權是策劃及分配工作給其他人，能影響或控制別人。
經濟報酬	工作能獲得優厚的報酬，使自己有足夠的財力獲得想要的東西。
安全保障	工作讓我有保障，有安全感，免於意外或不愉快。
工作環境	工作是在宜人的環境下進行，不是太熱、太冷、太吵，或太髒的環境中。
對上關係	在工作中，能與上司平等且融洽的相處。
同儕關係	在工作中能接觸到令人愉快的同事，且相處融洽。
生活方式	從工作中，能過自己想過的生活，亦即生活不受工作干擾。
變異多元	工作不是一成不變的，而是可以嘗試不同的差事。

（資料來源：作者整理）

　　如此一來，你就知道你在職業中最重視的是什麼，最不重視的是什麼；然後，把工作所能提供的是什麼做個比較，就知道這個工作適不適合你了。

　　了解自己的能力，是生涯規畫上最為重要的環節。能力在生涯抉擇中是很重要的決定因素，個人有哪些能力，決定可以往哪些方向發展。能力一般可分為兩種，一種稱為普通能力（general ability）；另一種是特殊能力（special ability）。普通能力，有人稱為智力，是指一種學習、運用符號、抽象思考，及解決問題的能力。稱之為「普通」能力是有別於「特殊」能力，它是學習任何事物的基本能力，也就是說，學文學也好，學理工、藝術也好，至少要有相當程度的普通能力做為學習基礎。因此，此種能力也是從事任何行業都需要的。我們都看過有一種人，他的智力（或稱普通能力）相當高，學什麼都學得不錯；而相對的，一個智力不好的人，學什麼、做什麼都不太有成就。好在大部分的人的智力都在平均值左右，只有少數是極優秀或極愚笨的。普通能力大致包括語文能力、數的能力及空間觀念。藉由智力測驗可以了解智力狀況，但心理測驗也只是一個參考罷了。智力與遺傳、環境均有關，尤其幼年的學習環境有很大的影響，不過一個人的智力一般而言相當穩定，在十六歲左右到達高峰，然後漸漸衰退。這時學習就變成很重要的因素，智慧、知識是可以經由不斷的學習而累積，可以創造不止一次的高峰。個體除了有普通能力外，多多少少具有一些特殊能力或性向（aptitude)，也會對我們的個人及職業生活有影響。這種特殊能力可能是天生的，也可能來自學習。有許多測驗可以測量機械、文書、音樂、藝術……方面的性向。

　　依據美國大學測驗計畫單位（簡稱 ACT）把工作分為十二個族群的方式，分析某一種工作屬於哪一類，然後再思考適合不適合自己的興趣、能力或價值觀，以協助作好職業選擇的工作。ACT 把工作分為「與事物有關」、「與資料有關」、「與人有關」以及「與概念有關」四大類，再細分為二十類：

表 1-8 職業的類屬

特質	內涵
與人際有關	教育人員、醫護人員、行銷人員、管理人員、媒體人員。
與資料有關	會計人員、出納人員、文書人員、倉儲管理、編輯工作。
與事務有關	駕駛人員、機械操作、工程人員、機器維護、應用科技。
與概念有關	研究人員、藝術創作、應用藝術、設計工作、科技創發。

（資料來源：作者整理）

伍、就業資訊的取得

一、親朋好友及師長引薦

　　「在家靠父母，出外靠朋友」，親朋好友師長是一般人最運用的謀職管道。因為有他們作為橋梁，可節省求職者時間，減低求才者的陌生感，增加對求職人的信賴程度，且求職陷阱較少，較有安全保障。但是相對選擇範圍較窄，所以如果引薦人對求職者的興趣能力價值觀不甚了解，就容易造成求職者「學非所用」或「志趣不合」的現象。如果一味迎合家人期望，勉強從事，將來在工作表現與工作滿意度都會產生重大影響。

二、報紙雜誌徵才廣告

　　報紙的分類廣告是一般找工作最主要的管道，但其中的求職陷阱也最多，有時礙於分類廣告成本篇幅限制，對於求才公司介紹資料較少，但時效性佳。雜誌的分類廣告，近來發行之就業雜誌當中，就有大量求職求才資訊，公司資料介紹也較多，是不錯的求職管道，唯要注意沒有公司行號、無經驗但收入高、工作性質交代不清、只有信箱沒有住址之廣告、某些發行量小的報紙、非專業性雜誌，由於對就業市場了解有限，或對於就業機會的篩選與管控較缺乏，求職陷阱也增高許多，求職者應小心辨識。

三、就業博覽會

　　主要經由集合求才單位以設攤方式辦理求才說明會及徵才活動。目前此種形式共分成三類：針對在學青年：目前由教育部委託由各大專院校就業輔導中心辦理之「校園徵才」活動，即提供在學青年就業資訊及工作機會。針對軍人：每年三、四月分國防部、教育部及勞委會等相關部會與民間團體合辦「軍中求才」活動，提供軍人退伍謀職之參考。針對社會人士：由教育部或地方政府或民間組識，結合工業區、科學園區各廠商企業，聯合辦理「就業博覽會」提供一般民眾求職求才資訊。

四、政府就業輔導機構

　　教育部提供大專青年求職求才登記、職訓局所屬全國各就業輔導中心也提供登記求職，除就業機會提供外，尚提供職業訓練、創業貸款、生涯規劃等諮詢服務，並有網路資料庫供求職者上網查詢，其優點在於：一切服務免費提供、就業機會有經過篩選，就業陷阱少，若參加政府相關職業訓練還可輔導就業。

五、網路人力銀行

　　上網登錄自己的自傳履歷或上網查詢工作機會，是資訊時代不可或缺的求職管道，由於資訊豐富，且具時效性，並可依求職者的條件與需求，搜尋相關就業機會，並可透過網路取得所要應徵工作的基本要件。如符合所需，才寄出自己的履歷表及自傳，一旦謀職成功，要記得上網刪除自己的資料，以免不斷接到通知面試的電話。目前求才求職資料庫，有提供相關網站，對於工作機會的確認較有保障。要選擇一些具公信力，對於求才單位與工作性質有加以過濾的人力銀行，可靠度較高。

六、人才仲介公司

通常由仲介公司主動蒐集人才資料，也接受求職者登記，以建立人才資料庫。除接受企業委託徵才外，有時也代企業甄選，求職者是不用付費。但仲介公司良窳不齊，而使某些求職者上當受騙，且大部分仲介公司的求才機會比較偏向有工作經驗者，且大多以外商及高科技公司為主。建議求職者尋此管道謀職須了解仲介公司的合法性及收費情形（求職者是完全免費），是否有專業人員說明企業經營狀況、應徵之工作內容，並提供相關求職後之諮詢與轉介服務。

七、其他有聲傳播媒體

包含有線電視台、廣播等這類廣告往往提供有關傳播事業相關工作，但就業機會數量有限，訊息易漏失掉，工作的性質內容與公司的狀況訊息不足或經包裝，易使求職人產生「以偏概全」的現象，實際面臨真實工作環境時才發現與自己理想相去甚遠。

八、各公司網頁消息

目前許多公民營機關均有設立自己的網站，其徵才訊息會刊登在網頁上面，是一個可資利用較可靠的管道。但先決條件，你要先知道有這家公司，一旦對就業市場不熟悉的求職人而言，並不容易取得資訊。且有些公司會刊登在網頁，有些不會，因此此管道只能當求職者輔助的管道。

九、拜訪有關的公司、機構或單位，實地去了解作業情形

當然，如果對方願意，你可以要求給你一天或一星期不等時間，讓你義務地跟在身邊工作或實習，甚至你可利用假期去做兼職性的工讀，或利用學校安排實習的機會，真正了解並體會工作的情況，以測試個人是否真正喜愛、適合某一些行業，同時在此行業或工作上所學的技能與經驗，對將來進入此行有極大的幫助。

　　謀職工作除具備相關專業知識之外，更重要的要懂得掌握就業機會，充分了解就業機會管道特性，善加利用，將使個人在擇業時有更多的選擇。因應未來全球化的時代來臨，更應多加了解各種求職管道，以找尋到屬於自己的志業。

陸、就業能力的培養

　　二〇〇三年八月聯合國教科文組織所舉行的第四屆世界青年日以「青年就業」作為大會主題。強調必須發展青年的「四E」能力，以使得青年能更獨立的因應全球化經濟的挑戰，即培養青年「就業能力」（Employability）、提供青年「平等機會」（Equal Opportunities）、培養青年「創業家精神」（Entrepreneurship）、及「創造就業機會」（Employment Creation）。青年「四E」能力的提出，使得青年就業議題的探討，從消極的降低青年失業、減少社會福利的潛在負擔問題，轉化為積極的讓國家發展過程中擁有高素質、能學習、有彈性、具創造力的青年勞動力，能夠在知識經濟與全球化競爭中，創造價值、引領國家經濟發展。如此，青年的需求，不應只是被視為是「問題」或「負擔」的解決，反而應視為「機會」的「投資」；而青年更不應只被視為是社會變遷的受影響者，他們亦將是帶動社會變遷的重要媒介。因此，青年「四E」能力發展為生涯發展的主軸，分別為：提升青年就業力、培養青年創業力、促進就業機會平等、創造青年就業機會。

一、提升青年就業力

　　所謂「青年就業力」，係指青年在經過學習過程後，能夠具有獲得工作（就業）、保有工作（發展）、以及做好工作（提升附加價值）的能力。基本上，我們可以將就業力區別成：1.能夠廣泛適應及勝任不同工作要求的「核心（一般性）就業力」，以及2.契合特定產業或工作所需的專業技能。核心就業力主要包括三個部分，分別是：有利於就業的態度與個人特質；自我行銷與職涯管理能力；具有學習的積極意願，並能反思所學。

　　由於知識經濟與全球化的衝擊，年輕人如果要能在職場成功發展，除了專業技能之外，還必須具備一組能夠滿足知識經濟與全球化要求的核心就業能力。此外，知識經濟與全球化造成「贏者圈效應」，有能力勝任知識經濟及全球競爭要求的勞工與缺乏能力的勞工之間的所得差距急遽增大，必須積極提升弱勢青年以及有長期失業之虞青年的就業能力，對其進行所得能力的賦權，使其有能力經由主動施為、積極就業發展來改善自身經濟狀況，進入贏者圈主流，才能創造「成長」與「公平」兼具的社會。此外，全球競爭與資訊科技革命造成過去十幾年間勞動市場的劇烈改變。現在進入職場的青年，除了面對工作內容隨著產業結構變遷而迅速改變以外，還會發現：過去直線式的職涯發展途徑已經消退，而只有強化核心就業能力，才能適應多元、彈性的職涯發展路徑。許多國家的研究報告同時也指出：提升青年就業力是在知識經濟中提升國家生產力與全球競爭力的重要關鍵。基於提升青年就業力的考量，許多先進國家在過去十年間展開教育改革，以力求青年能善用教育資源，並於畢業時即具有充分的就業能力。

二、培養青年創業力

　　知識經濟的風潮，加上資訊與通訊科技的躍進，產業進入全球化劇烈競爭。由於「科技」與「創新」是現在與未來支撐經濟成長的重要動力，面臨日漸嚴酷的外部環境，新創企業惟有加速技術創新的腳步，隨時做好準備，才能有機會在世界產業競技場中勝出。由於全球化以及國際市場的競爭，面對經濟多元發展的需求，使得青年創業的機會與範圍更為寬廣，同時，藉由完整的外部創業環境，青年藉著創意活力，更能有機會創造出高知識價值企業，尤其台灣相對於其他國家，富有創業精神，中小企業活躍，資金充沛、且有很強的商品化能力；若能妥善運用這些優勢，並有系統的扶植更多具高度成長潛力的「技術密集型」或「創新型」新創中小企業誕生，將可帶動國內產業持續發展與成長，提升我國經濟競爭優勢。創業者的核心能力可藉由經驗、教育以及外部市場機制的協助來養成，因此，

除了青年創業本身實力培養外，周邊經營環境與總體氣氛的營造，亦是其邁向成功不可或缺的要素，俗諺有云：「萬事起頭難。」一個新創事業的誕生除了技術或創意本身之外，尚需其他環境面與資源面的種種要素搭配，始能畢其功於一役，舉凡政府法令政策的制定與配合、輔導培育機制的建立、創投資金的投入、研發補助與貸款、技術交易市場機制的建立及技術事業化服務的提供等，都是一個新創事業成長過程中不可或缺的重要因素。青年充滿創意、活力，如果再從旁協助其創業的基本要領、智能、經驗，必能為社會發展注入一股活水。

三、促進就業機會平等

以今日台灣的實況，十五至二十四歲青年平均失業率，為全體平均失業率的兩倍，居所有年齡層之首。分析青年失業率較高的原因，係由於教育年限延長，十五至十九歲青年尚處於就學階段；而十九至二十四歲青年因初入職場工作，專業技能與實務經驗不足，加上對工作的認知、職場價值觀、就業態度、職涯規劃及新的就業機會等內外在變動因素，致青年轉職率高，一旦不能儘早在勞動市場中適應與發展，將影響其日後職涯發展。

由於高等教育蓬勃發展，大專校院畢業生人數每年已超三十萬人，在職場競爭遽烈的情況下，由於身心、性別、族群或社經地位等因素，而在教育養成過程中，是否有機會提供或資源享用的不公平、不平衡現象，以致畢業後就業力不足，導致在求職過程中可能屬於弱勢或遭受歧視，對這些就業力不足青年前途的發展造成障礙，因此在探討促進就業機會平等方面，應列為重要議題之一。

至於已進入職場工作之青年，因其個人特質及內外在因素，如女性、身心障礙者、身為單親家長或原住民等青年，因其家庭照顧責任、生理與無障礙環境、家中唯一收入提供者及經濟負擔壓力、文化歧視等各種主客觀條件，若缺乏合理公平的機制，很可能成為勞動市場上的弱勢。尤其是若長期處於低就業或失業狀態，亦將減低其人力資本，並造成整體人力運

用的缺口及社會負擔。因此,如何以適當的政策,使青年在職場中獲得平等的就業機會,降低弱勢青年的就業障礙,促進整體人力的充分利用,應是考量青年與社會發展時不可或缺的課題。

四、創造青年就業機會

受到國內外政經情勢演變、新興經濟體強大市場磁吸效應、加入 WTO 後持續效應等諸多因素影響,當前台灣經社發展、產業結構調整,勞動市場人力供需情勢已有改變。調整後的產業結構不利中高齡轉業,惟雖有利吸納受過高等教育的社會新鮮人,但高科技產業及新興服務業的新增人力需求成長與高等教育的大量產出成長間仍有一段落差。

所幸在全球化與知識化趨勢下,近年來服務業的法令鬆綁及新商業模式的引進植根已日漸茁壯,今後創造需求的技術創新已是經濟成長的動力根源。開創及發展知識密集型產業,以及推動內需型或可輸出型新興服務業,除可創造大量適合受過高等教育青年從事的就業機會外,亦可衍生新產品、新服務等商機。尤其,目前服務業部門的整體產值已占 GDP 的七成以上,且其就業人口亦占整體就業的近六成,持續推動新興服務業發展應是高等教育素質人力就業機會開拓的重要憑恃。

因應產業勞動運用彈性化與國際化趨勢,今後勞雇關係和僱傭型態面臨變革,部分時間工作、臨時或季節性工作、SOHO 族、人力派遣等非典型工作增加,再加上企業勞務外包趨勢,此一發展亦已逐漸吸引受過高等教育的新進青年勞動力競相投入;此外,配合產業全球布局,已有越來越多青年願意尋求海外發展機會,如何建構適合青年多元就業的勞動市場機制,並因應職場發展需求,強化個人專業能力與敬業態度,當開拓第三部門、社區產業及海內、外工作機會,應為重要課題。

結語

　　一個懂得生涯規劃意義的人，就是一個懂得自我發展的人，他會在每個發展階段中，給予自己不同的塑造、訓練；假設要從事經商活動的話，必須提早開始培養自己在商業活動中的一些經驗，例如：在學期間爭取工讀的機會；並開始去了解某一行的特性，例如：閱讀相關報章、雜誌、蒐集其發展趨勢之情報，同時去認識一些經營管理的知識、技巧；反之如果想要從事學術研究方面的工作，就必須在學術領域去做安排，當然，獲得博士學位就是個重要的目標了；不管選擇哪一條路，要做好任何一件事情的基本條件就是：確認自己的志趣，然後做好許多準備和養成習慣。

　　就現代社會的特質而言，生涯發展的能力包括：處理事務能力、應用資訊能力、落實執行能力、永續發展能力等。生涯發展所追求的是：1.生命價值，2.良師益友，3.終身志業，4.人際關係，5.生活意義。隨著產業在社群中的發展日益扮演著重要的角色，生活意義與人本價值受到重視，人們更強調對生涯的探求，期望自生活中達成自我實現……等因素影響；使職業生活與生涯規劃成為重要的生命課題。

第二章　職業生活

前言

　　林語堂：「世間萬物儘在過著悠閒的日子，只有人類必須要為生活而工作。」這說明了職業與生涯的關係。全球化與知識經濟為當前經濟發展趨勢的兩大發展潮流。在全球化的競爭之下，國際貿易、資金、技術、資訊的流通，都愈來愈自由與便利。以往較少參與國際競爭與合作的開發中國家積極參與世界經濟活動，全球經濟愈來愈像是單一個市場。開發中國家大量低工資人力的加入，使中高所得國家面對產業外移、失業增加、分配惡化的壓力。廉價資源已不可能成為中高所得經濟體的國家競爭力來源，而需要靠知識與技術作為國家競爭力的來源。因此，各國均致力發展知識密集產業，以提高人力資源素質，來面對日益激烈的國際競爭。

　　為因應全球化競爭與微利時代來臨，以及知識密集型服務業的加速發展，企業用人趨向彈性化與國際化，使得勞雇關係和雇傭型態面臨變革：部分時間工作及人力派遣等非典型工作的增加、企業勞務外包、對高素質人才的需求增高等趨勢，對勞動市場人力供需發展已產生相當影響。雖然台灣的高等教育配合需求而鬆綁並大幅擴充，造就出大量具有高學歷背景的青年，但由於就業能力並未同幅度提升，青年在進入職場所面臨的競爭壓力亦隨之加大。

　　先進國家在經濟發展過程中，也曾歷經目前我國所面臨的課題。因此，一九九五年於哥本哈根所舉辦的「社會發展世界高峰會議（Copenhagen World Summit for Social Development）」，便已將解決青年的結構性、長期失業與低度就業問題，作為達成充分就業的重要行動目標。這項目標也被列

入聯合國的「千禧年報告」中（Millennium Report），並依據此報告，設立了「青年就業網絡」（Youth Employment Network），以結合聯合國、世界銀行、與國際勞工組織對青年就業促進的努力目標。

壹、工作動機

二〇〇六年六月發行的《美國新聞與世界報導》周刊指出，退休後從早到晚打高爾夫的想法早就被甩得老遠。現在上班族最流行的思維就是「就算不得不退休，也要退而不休。」原因有以下：

表 2-1　工作的動機

特質	內涵
上班賺錢心裡才踏實	上班有收入，有錢心裡就踏實——生命是零和遊戲，上班的歲月愈長，退休的歲月就愈短。上班有錢賺，退休卻花錢。其次，上班期間健保有公司補貼，退休後一切靠自己。
人生經驗不輸年輕人	俄亥俄州立大學曾研究老一輩的畫家和諾貝爾經濟學獎得主，結論是：年長者和年輕者一樣具有創意，只是方式各有不同。年輕人比較屬於理論派，年長者則偏重實驗，經常利用他們大半輩子累積的經驗進行錯誤嘗試。愈來愈多公司認為，這種累積的人生經驗攸關公司未來成就。
繼續工作健康不退步	上班有益健康——美國國家經濟研究局的報告說：「完全退休後，六年內心理健康會衰退百分之十一，病痛增加百分之八，進行日常活動的難度更增加百分之廿三。持續兼差工作的人士健康衰退的速度會大為減緩，甚至完全沒有健康衰退現象。」老人失智症學會指出，晚年要保持健康，有四大法寶：精神刺激、身體活動、社會接觸和健康飲食。只要繼續工作，前三項就可以十拿九穩。
保持距離夫妻更親密	夫妻不必終日膩在一起，對婚姻有好處——專家說，夫妻整天大眼瞪小眼，只會激化既有問題，讓長期緊張氣氛爆發。退休後，對婚姻關係而言，最大的損害就是從此沒有辦公室當避難所。延後退休有助夫妻慢慢塑造新生活型態。許多幸福夫妻終於發現，彼此保持一些距離，反而是讓夫妻關係更親密的良方。

一旦退休 歸屬感消逝	一旦退休失去人際關係，失落感油然而生——典型的退休生活是飯局慢慢簡化成通電話，通電話慢慢簡化成通電子郵件，電子郵件慢慢減少，最後是人際關係全失，歸屬感蕩然無存。歸屬感是很難替代的一種情感。
重返職場 人生第二春	重返職場，又是生龍活虎般，美林公司報導，百分之七十一的受訪者希望退休後仍繼續工作，其中最多人表示，希望在六十一歲時從目前的工作或職務退休，再展開嶄新的生涯。以六十到六十五歲的上班族為對象進行調查，發現百分之廿的受訪者表示，他們重返職場的第一項理由就是想嘗試不同的新事物。
做到老晚 年更有意義	繼續上班，晚年更有意義，富蘭克林七十八歲才發明雙焦鏡片，萊特九十一歲才設計古根漢美術館，都是老驥伏櫪的明證。

（資料來源：作者整理）

　　上述的引述與工作動機息息相關，所謂的「動機」英文是 Motivation，此字源自拉丁文 Movere，即推動的意思。如果說需要（Needs）作為某種活動的原動力，那麼，動機則是在心理強化之下將需要加以定位，並推動有機體朝著預期的目標運動，它不僅激發行為的作用還影響著行為的持續時間。動機由三種要素構成：第一，需要驅使；第二，刺激強化；第三，目標誘導。基於這種認識，我們把動機定義為：它是由需要驅使、刺激強化和目標誘導三種要素相互作用的一種合力。這個定義反映了動機所具有的三個特徵：第一，動機與實踐活動有著密切關係，人的一切活動、行為都是受某種動機的支配；第二，動機不但激起行為，而且能使行為朝著特定的方向、預期的目標行進；第三，動機是一種內在心理傾向，其變化過程是看不見的，通常只能從動機表現出來的行為來逆向分析動機本身的內含和特徵。

　　美國心理學家麥格雷戈（D. McGregor）在《企業中人的一面》一書中把工作的動機依照對人性的兩種對立的假設而分為 X 理論和 Y 理論。另外，美國加利福尼亞大學日裔美籍教授威廉‧大內（William Ouchi），於一九八一年出版的《美國企業界怎樣迎接日本的挑戰》一書提出 Z 型組織模式。

表 2-2　不同理論對工作動機的分析

項目	X 理論	Y 理論	Z 理論
核心內容	把人看成是唯利是圖的「經濟人」，人的一切行為都是為了追求自己的私利，工作是為了獲得經濟報酬。	是對「自動人」或「自我實現人」人性觀的概括。	融合兩種管理特點的管理模式。在重視資金、設備和科技作用的同時，必須重視人的作用，把員工關心工作視為提高職場效率的關鍵。
基本觀點	(1) 多數人天生是懶惰的，他們儘可能地逃避工作。 (2) 多數人沒有雄心大志，不願負任何責任，而心甘情願受別人指導。 (3) 多數人的個人目標與組織目標是相牴觸的。因此，要用強制、懲罰和監督的辦法迫使他們為達到組織目標而工作。 (4) 多數人工作都是為了滿足基本的生理需要和安全需要，經濟誘因是刺激人們去工作的主要誘因。 (5) 多數人的感覺是非理性的，所以他們不能夠自己控制自己。 (6) 人大致可以分為兩類，一類人具有上述特徵，屬於被管理者；另一類人能夠自制、自動，可以不為自己的感覺所支配，能克制感情上的衝動，能夠自己勉勵自	(1) 人一般都是勤奮的，厭惡工作並不是人的本性，如果工作環境條件有利的話，人的工作如同遊戲、休息一樣自然。 (2) 控制和懲罰並不是實現組織目標的唯一方法，人們具有一種實現自己的才能、發揮自己潛力的欲望，在執行自願的任務中能夠自我控制和自我指導。 (3) 在正常的情況下，人們不僅樂於接受任務，而且會主動尋求責任。大多數人在解決困難問題的同時，都能發揮出相當程度的想像力和創造性才能。 (4) 激勵在工作的每個階段皆能發揮很好的作用。領導者的最大的責任在於使用各種有效的方法，使人們在致力於實現組織目標的同時，也能獲得個	(1) 長期雇傭：使員工與企業利益與共。 (2) 集體意見一致的決策：以激勵員工尋求最佳決策的積極性，減少決策執行過程中的阻力。 (3) 個人責任制：有助於責任分明，提高效率。 (4) 長期考核，逐步提升：有助於防止評量與提拔過程中的主觀主義，提高對公司文化的接受程度。 (5) 基本上含有暗示的控制機制，同時存在若干明文規定。 (6) 一定程度的專業化職業發展。 (7) 對員工全面關心。 (8) 員工處於自覺、主動的地位。

己，只有這一類人才能擔負起組織的管理的責任。	人自我需要的滿足。 (5) 在現代工業條件下，人的潛力只利用了一部分，人們中間蘊藏著極大的潛力。領導者的責任就是創造適當的條件，使人的聰明和才能發揮出來，達到自我實現。	

（資料來源：作者整理）

　　動機是一個很複雜的系統。一種行為往往包含著若干個動機，而不同的動機有可能表現出同樣的行為，相同的動機有可能表現出不同的行為。一個人複雜而多樣的動機往往以其特定的相互關聯性構成動機系統。在動機系統中，各種不同的動機反映的是個體的生理、心理、社會需要。

　　工作動機能激發個人的能力，每個人都有自己的潛力（Potential）等待去發覺，爰此可以秉持：

表 2-3　激發個人的能力的分析

項目	內涵
自信	如同希臘名言「走入信心的園地，便是進入信心的殿堂。」人生每一階段，都是挑戰，面對這些挑戰，不但能使我們更成熟，更具有自信，而且更能使我們瞭解到生命的意義與工作的價值。
進取	維持現狀就是落伍，生涯所追求的就是生命價值，不斷精益求精便是我們奮鬥的原動力。
樂觀	「不經一番寒徹骨，焉得梅花撲鼻香。」在痛苦中，我們會學到了許多事物，體會到逆流而上的重要，培養出積極向上的動力，堅強的邁向未來。
活力	德國諺語「我們必須盡我們所能過日子。」以勉勵人充滿鬥志迎向人生。
毅力	「士不可不弘毅，任重而道遠。」秉持恆毅毅力而為。

（資料來源：作者整理）

一、工作者的需要

　　很多人在做生涯規劃時，很容易只以職業為思考的唯一層面而忽略了與職業密不可分的生活其他層面。其實生涯規劃除了以生命的歷程做縱向的思考外，還必須以生活的休閒層面、人際層面、興趣活動層面及工作層面等做橫向的思考。也就是說你在做任何與職業有關的生涯安排時，你還必須顧及到你喜歡的休閒方式是什麼？與你想從事的興趣活動是否會有所衝突？或者會不會影響到你與朋友之間的交往等。現代許多心理學的研究都很清楚的告訴我們，人類的生活必須同時兼顧或滿足工作、休閒與愛的三大需求，我們才有可能得到持續且均衡的成長。我們也看到許多成功企業家的例子；因為無法在休閒層面或人際層面得到很好的安排，而導致無法承受壓力、健康狀況惡化或陷入無人共享工作成果的局面，這些都會使得工作上的成就顯現不出意義來。

　　需要是指：個體缺乏某種東西時產生的一種主觀狀態。這種狀態有時被明顯地意識到而稱為願望，有時不甚明顯而被稱為意向。人的需要是複雜多樣的，反映的是人對客觀事物（客觀條件）的一種依賴關係。人和社會的生存和發展，都會要求一定的條件相配合，這些客觀要求反映在個體的主觀意識中，就形成了個體需要。例如，人為了維持生命，延續種系，就有補充養料、求得安全和繁殖後代的客觀要求。這些生理要求反映在腦中，為人所感受，就形成了覓食、防禦和性愛等基本的需要。人是社會的成員，不能離開群體而孤立地生活，因而，就必須考慮社會所提出的要求，並據以行動。這些客觀要求一旦為人們所感受和接納，就會使個人在實現這種要求的生活中逐漸形成各式各樣的需要。

表 2-4　工作者需要的分析

屬性	內涵
對象性	人的任何需要都是指向一定的對象。比如，渴了就有解渴的需要，其對象就是飲料；感到知識技能的缺乏就會有學習的需要，其對象就是書本、老師或學習環境等。可見任何需要都在追求一定類別的對象中求得滿足。
階段性	個體在生存發展的不同階段有不同的需要。兒童期以遊戲活動為主，青年以學習為主，成人以工作為主。
差異性	由於每個人的生理心理狀態和外部環境條件不同，其需要也有明顯的個別差異性。同樣是追求地位，有的在政府部門謀職，有的在企業選擇目標，有的則深信學術之路能實現本身價值，給自己帶來尊嚴。性別、年齡、文化、職業、地位、環境、性格、價值觀……的差異導致了需要的個別差異性。
制約性	人是生活在一定的社會條件下，而需要的滿足則又客觀地受制於社會限制。因此，人類的需要隨著社會的發展逐漸複雜化、多樣化。
動力性	需要是行為的動力源泉。人的行動是為了滿足需要的情況下才產生的，因而有人說，需要是行動的「發動機」。

（資料來源：作者整理）

二、自需要理論探索工作動機

自需要理論我們可以了解工作者其動機的多元性和複雜性。

（一）馬斯洛（A. Maslow）的「需要層次理論」

馬斯洛在《動機與人格》中把人類需要劃分為以下七個層次，七種需要從低向高排成一個「層級塔」，次第地達成。

表 2-5　需要層次理論的分析

項目	內容
生理的需要	指衣、食、住、行、空氣、睡眠等人類最原始的、最基本的個體生存的需要。馬斯洛認為：「一個人如果同時缺乏食物、安全、愛情與價值，則其最強烈的需求當推對食物的需要。」一旦生理需要得到相對滿足，人們的注意力就會轉移到高一層次的需要上去。

安全的 需要	這是尋求依賴與保護，避免危險與困難，維護自我生存安全的需要。這類需要包括人生健康與人身安全、勞動保護、職業安全、穩定生活、社會秩序與治安、退休金與生活保障等。安全感在人的一生中都具有，但其強度以兒童時期為最大。
社交的 需要	當食物與安全需要獲得保障之後，人類便產生更高一層的社會需要：希望得到愛和愛他人；希望交友融洽，與人保持友誼，相互忠誠信任，有和諧的人際關係；渴望依附一定的組織與團體，被團體接納，成為團體的一個成員，有所歸屬。因此，工作單位就不僅僅是一個工作場所的問題，它也為人們進行社交活動，建立友誼和歸屬提供了機會。
尊重的 需要	這是自尊、自重和受別人尊重的需要。如獨立、自由、自信、成就等及社會尊重方面，如名譽、地位、社會認定、被他人尊敬等。這些有關個人榮辱的需要被滿足，可以增強人的自信心和自我觀念，反之則會出現自卑心理。
理解的 需要	這是人為了解社會和自然，對增長文化科學知識、發展智能和體力、提高修養和品德等方面的需要。
審美的 需要	這是指人對審美理想和藝術情境的需要。馬斯洛發現「對美的需要與人的自我形成有關」。
自我實現 的需要	這是追求最高一層次的自我理想的實現，追求發揮自己全部能力的需要。馬斯洛認為「能成就什麼，就成就什麼的慾望」，把「自己的各種稟賦一一發揮極致」就是自我實現。自我實現並不是指人人都要成為第一流的大人物，而是只要發揮了自己的全部潛能。

（資料來源：作者整理）

（二）海茲伯格（F. Herzberg）的「雙因素理論」

美國心理學家海茲伯格於一九五九年提出了激勵因素——保健因素理論，簡稱雙因素理論。海茲伯格認為，工作者有兩種不同類型的需要，或者是對激勵而言，存在著兩種不同的因素，它們是獨立的，且能以不同的方式影響人們的行為。這兩類因素一類叫保健因素，一類叫激勵因素。

表 2-6　雙因素理論的分析

類別	保健因素	激勵因素
性質	是指和工作環境或條件相關的因素。這類因素處理不當，或者說這類需要得不到基本的滿足，會導致職工的不滿，甚至會嚴重挫傷職工的積極性；反之，這一類因素處理得當時，能防止職工產生不滿情緒，但不能使職工有更高的積極性。由於這類因素帶有預防性質，成為組織所關注。	是指和工作內容緊密關聯的因素。這類因素的改善，或者說這類需要的滿足，往往能給職工有效的激勵，產生工作的滿意感，有利於充分、持久地促發職工的積極性；即使不具備這些因素和條件，也不會引起職工太大的不滿意。
因素	（1）公司的政策與行政管理；（2）技術監督系統；（3）與監督者個人之間的關係；（4）與上級的關係；（5）與下級的關係；（6）工資；（7）工作安全性；（8）個人的生活；（9）工作環境；（10）地位。	（1）工作上的成就感；（2）工作成績得到承認；（3）工作本身富有挑戰性；（4）工作崗位上的責任感；（5）個人得到發展；（6）升遷。

（資料來源：作者整理）

　　海茲伯格認為：以上兩個因素都會影響工作者的行為動機，但其作用和效果卻不一樣。如果保健因素得不到滿足，人們往往產生不滿甚至產生消極怠工或罷工行為。但是這種因素的滿足，只能消除職工的不滿，不能使職工變得非常滿意，不能真正激發職工的積極性。所以這種因素的滿足，對於提高士氣、激發人的行為動機並沒有更積極的作用。而激勵因素的改善對於人們的行為動機能發生積極的作用，它是人的行為動機之源。如工作上能得到主管的重視、工作成績能及時得到認可等，能夠直接激勵人的積極性。

表 2-7　雙因素理論與傳統理論的分析

觀點	海茲伯格	
事項	保健因素	激勵因素
滿意 ｜ 不滿意	沒有不滿意 ｜ 不滿意	滿意 ｜ 沒有滿意

（資料來源：作者整理）

（三）奧爾德佛（C. Alderfer）的「ERG」說

ERG 說即「生存、關係、成長」理論，是美國耶魯大學教授奧爾德佛根據實驗和研究（對象主要是工人）於七〇年代提出來的。他認為工作者的需要可以歸納為三類，即生存需要、關係需要、成長需要。生存需要指的是全部的生理需要和物質需要，如衣、食、住、行、睡眠。組織中的報酬，對工作環境和條件的基本要求等，也可以包括生存需要中，這一類需要大體上與馬斯洛的生理需要和部分安全需要相應；關係需要指與人交往及維持人與人之間和諧關係的需要，這一類需要包括馬斯洛的部分安全需要、歸屬和愛的需要及部分尊重需要；成長需要指人們要求在事業、前途方面得到發展的內在欲望，這一類需要包括馬斯洛的部分尊重需要及整個自我實現的需要。

（四）麥克里蘭（D. McClelland）的「成就」說

在二十世紀五〇年代，美國哈佛大學的心理學家麥克里蘭用心理投射的方法，對工作者的成就動機進行了大量的研究。研究結果表明：在一個組織中，人的最主要的需要是成就需要，其次是權力需要及歸屬或社交的需要。他認為，了解和掌握這三種需要，對於職場管理人員的培養、使用和提拔均具有重要意義。高明的領導者，要善於培養具有高成就感的人才，這種人才對於工作、對於社會都有重要作用。一個職場擁有這樣的人越多，就越興旺發達。

表 2-8　促進工作者提高效能的方法分析

項目	內容
理由充分	讓應做而且能夠做好一件事的理由越充分，去做這件事的動機就越容易形成。
目標明確	人們的角色目標、工作目標越明確、越具體，越有利於形成積極動機，提高工作績效。
行為強化	一種新的動機在剛形成時，常常比較弱小無力，而當該動機付諸行動時，隨著大量新的體認，就會使人的動機思想得到支持而持久。

自我認知	人們總是願意做與自我價值觀一致的事。如果做一件事的結果對自我形象的改進有利，人們就會樂於接受這樣的動機。例如乞討這種事情做起來並不困難，但多數人易形成這種動機，原因就是它與自我形象相抵制。
理想效果	使動機與理想、信念相關聯，並能體現行動的價值，使主體認識到其行為的效果，動機的力量會得到加強。
人際關係	在團結友愛、融洽和諧的團體中，多數人容易傾向於集體目標，產生積極的工作動機。在組織內部，感到受別人的支持、尊敬和關懷的人，工作動機也比較強；而感到受排斥遭冷遇者，工作積極性一般不高。因而，在管理工作中，形成良好的人際關係氣氛，將有助於組織成員的積極行為。
參考團體	人在社會生活中，因其工作、地位、年齡等因素的接近，會形成一個心理上的群體。同一參考團體的成員，其觀點、情感、需要、願望、態度乃至行為方式大體上趨向一致，因而對各個成員的動機具有較大影響力。如果動機來自相同團體中其他成員的暗示，則較容易形成和持久。
實現目標	當人們隨時可以知道他的行為現狀與指向目標的距離時，其動機和行為可以得到維持和加強。

（資料來源：作者整理）

多數人都追求個人生涯的成功之境，而成功的定義會因每個人的觀念、價值不同而給予不同的定義。就像有人認為成功是：家財萬貫、功成名就、相夫教子、順利畢業。成功的生涯規劃回到一個原點：你認定是什麼樣的成功。因不同的觀點而有不同的解讀及其價值所在，這皆在於你是如何認定那個標準，自己要去思考那後面的原則。生涯規劃成功的意義會因每一個人的價值觀、想法都不一樣而不同，如果可以，宜重新省視自己的價值觀在哪裡，再決定生涯怎麼樣的發展。成功的生涯回到自己的定義上面，我的生活需要什麼、我個人需要什麼，我來決定我自己要過什麼樣的生活，而隨著環境變化，如何讓自己充實而愉快則要做生涯規劃。

貳、工作所得

就需要理論而言，可知工作者投身職場，薪資為重要的動機。工資的給與自然與整個職場環境息息相關，也影響工作者的生活品質，我國現有

「基本工資」的訂定，有學者指陳這是一種「社會生活基準線」的設置。我國勞基法規定「工資由勞雇雙方議定，但不得低於基本工資。」根據該立法精神，我國之基本工資，其本質意義即國際上通稱之最低工資（Minimum Wage）。法定基本工資制度的目的係以公權力介入勞動市場，保障勞工工作的最低薪資水準，藉以維護勞工基本權益與尊嚴。基本工資制度有利有弊，贊成者主張，在勞動市場中總有不肖雇主壓榨無知勞工的現象，公權力應干預，使勞動者工作有基本權益與尊嚴。反對者主張，過度干預勞動市場，將使市場調節機能僵化，降低效率，增加失業。多數先進國家都有最低工資制度。最低工資決定的方式各有不同，如美國係以立法方式決定與調整，日本與法國係由立法授權行政部門成立審議委員會，並由行政部門決定。美國向為自由經濟思想重鎮，對於最低工資制度，為使最低薪資家庭維持基本生活所需。

就學理而論，基本工資的訂定除非接近市場平均工資，否則只可能對相對少數的邊際勞工和邊際產業有不良影響。然而，根據行政院經建會的統計指出，國際間基本工資占平均薪資比率大多在 20%到 40%之間，為了使我國的基本工資水準不致偏高，應即考量將基本工資自勞動基準法中抽離，回復其「最低生活水準」的社會福利本位；其次是將其固定於平均薪資的某一比率。因此宜朝向下列方向努力：

基本工資的本意既在保障勞工的最低生活水準，尤其是未領取此一最低工資或處於其邊緣的勞工，則對於這些所謂邊際勞工，一方面加強勞基法的適用及執行，取締不遵守法令的雇主，同時增進對於十五歲到十九歲的青少年就業者的教育、訓練及就業輔導，使其就業技能及生產力得以提升，不僅得以增進其就業收入，雇主及社會亦將同受其利。這種工作容或不起眼，確為長遠之計。

一、基本工資的決定因素，各國通常不外一般物價、實質工資及勞動生產力的變動。我們現行的計算公式以前一年的消費者物價指數上漲率，加上工業勞動生產力指數上升率的一半。就各國經驗來說，基本工資最後調整的幅度往往是勞工、雇主及政府三方面實

際協商的結果；為了謀求長遠計，基本工資調幅所採用的計算公式仍應有合理的規劃，以做為勞資雙方的規範。

二、基本工資的調整，造成如此複雜而且爭議不斷的結果，主要就是由於其關聯的相關項目太多。解決之道，或應回歸其保障勞工最低生活水準的本質，以免牽扯太多而動彈不得；是以宜將相關項目逐漸單純化。

三、基本工資的訂定，授權由勞資雙方先行協商，是頗能符合以供需雙方或市場機能決定價格的原則。如果能夠經由勞資雙方協商的模式以建立共識，將有助於為勞工權益問題建立良好的解決模式。

四、基本工資調漲，基本精神是希望藉調整幅度達到保障勞工基本生活的目的。隨著勞動市場走向高度競爭和全球化過程，是以宜讓基本工資回歸最低工資的本義，讓市場決定，政府減少干預。

參、工作倫理

職業之專業化乃近世紀才產生。醫生、律師、工程師等行業的從業人員，不但接受專業教育的訓練，同時必須通過特定的考試，獲得專業學會認證的許可，方可對外正式執業。今日專業人員服務的素質及品質，乃依靠專業人員的專業自律維持。然而隨著今日社會競爭日益激烈與公私利益衝突越趨複雜下，專業人員捨棄專業服務信念，違反社會信託原則，促使社會大眾警覺到專業道德的重要性，因而重視與重整專業倫理相關問題。

一、專門職業的濫觴

專門職業（Professions）與工業社會的發展有著密不可分的關係。西方中古世紀，約有三種行業初具今日專業的雛形，即醫師、律師與神職人員（包括大學教師）。由於中古世紀大學的產生，此三種職業人士所受的教育訓練日漸延長且更趨於完備。因職業的關係互相結集，而形成社會知識分子之特殊團體。到了十八世紀，這些專業已完全獲得獨立自主的社會地

位。十九世紀，新興出許多中產階級的新行業，如建築師、牙醫師及工程師等。

這些新興行業也切望躋入上流社會，在仿效醫師或律師團體方式下，逐漸也組織專業的團體。西方自從工業革命以後，科技大幅進步，勞動階級急速產生，知識大量的增加。職業互相競爭越加激烈，各行業為保障其職業的獨占性、改善職業的社會地位與獲取較高的經濟收入，而逐步走向壟斷性的專業制度。

依據威廉斯基（H. Wilensky）的看法，職業的專業化發展有五個發展階段。第一階段專業工作的形成：某一工作的人們，對其工作內容享有自主的管轄權力。第二階段專業教育的設置：從事該行業的人士，設立學校與訓練課程。第三階段專業學會的成立：以學會力量共同確立職業服務的目標與職業技能的認定。第四階段尋求政治的保護：要求立法保障其職業的專屬性，並以獲取學會證照保障就業市場的獨占性。第五階段發展專業的倫理：建立專業倫理規範，藉此剔除不合格的從業人員，實現專業的理想。

今日社會大眾所認定的專業人士，除了享有較高的社會地位與職業聲譽外，其收入亦較一般職業為高。今日專業人士（Professional）除接受特定時間的教育與訓練外，所提供的服務內容都是與民眾切身相關的主題。例如醫療服務、法律服務、會計服務、工程服務等。這些專業服務項目都非一般民眾依靠自己本身的知識或能力，可單獨解決。我國對專業人員的定義是「凡從事科學理論研究，應用科學知識以解決經濟、社會、工業、農業、環境等方面問題，及從事物理科學、環境科學、工程、法律、醫學、宗教、商業、新聞、文學、教學、社會服務及藝術表演等專業活動之人員均屬之。本類人員對所從事之業務均須具有專門之知識，通常須受高等教育或專業訓練，或經專業考試及格者。」此定義大致符合一般專業的內涵。

二、專業倫理構成的要素

專業倫理的內涵是一套系統性的行為規範，其所規範的行為與專業服務密切有關。廣義而言，專業倫理（Professional Ethics）是探討專業環境下，

專業的倫理價值、行為規範、專業服務的目的、專業人員與客戶間的關係、專業服務對社會大眾造成的影響。佛依林屈（T. J. Froehlich）針對專業倫理提出三角模式，代表大多數倫理問題約有三種面向。此模式是一個三角形，三角的頂角分別是自我（Self）、組織（Organization）及環境（Environment）。三者之間彼此有互動關係。

「自我」在倫理問題中，必須要對道德難題作出抉擇與行動。在專業環境下，專業人員所要面對的專業倫理來自兩方面。一方面是與雇用機構的關係，包括與雇主的關係及對機構政策服從的程度（自我與機構的關係）。另方面則為社會環境下，專業人員與客戶的關係（自我與環境關係）。前者最大問題在於專業人員與機構利益產生衝突時，涉及公私的專業倫理問題。後者則為如何維持彼此間的信託關係及對客戶應盡的義務等。

「組織」是透過人的運作，在追求組織生存與社會公益兩大目標之下，維繫機構的營運、產品製造或服務社群。組織的自主性是透過行政運作，產生機構的政策或營運的目標而顯現出來。組織的自主性一旦產生，將與員工個人的自主性產生不同程度的緊張度。此緊張度完全視員工對組織批判的程度來決定。員工對於組織的批評若是有助於組織的生存與發展，則此張力是正面的；反之嚴苛、非理性、且不正確的指責，將削弱組織的生存，此張力是負面的效果。

「環境」是指相關的道德規範，包括普遍性的道德標準，與角色相關的倫理規範。普遍性道德規範存在文化之中，深深影響到人類日常思想與行為。這些思想內容包括人與大自然的關係、社會倫理道德、及社會責任等。由於專業人員是社會一分子，因此應該遵守社會大眾共同遵循的普遍性道德規範；同時此外因從事某行業，所以也該遵守該行業特有的專業倫理。惟在社會大環境下，大眾遵循的普遍性道德規範，也會與專業人員的專業道德規範產生衝突。例如，醫生有時為了使病人願意接受醫療照顧，有時會善意的隱瞞病情。類似用欺騙手段，達到專業服務的宗旨，乃合乎專業倫理的行為，但確違反一般社會倫理中誠信的原則。

　　個人身處不同環境，扮演著不同的社會角色，而面對倫理問題時，除了需面對自己倫理價值觀的分辨外，也要考慮來自組織倫理與大環境社會倫理規範的要求。若將上述三角模式更具體化，則今日專業倫理所要研究的主題大致可以區分成四個領域。第一、探討專業服務的目的（組織與環境）；第二、專業人員與客戶間的關係（自我與環境）；第三、提供客戶專業服務，對社會大眾造成的影響（自我與環境）；第四、專業人員在公司的地位角色問題（自我與組織）。

三、專業倫理行為決策因素

　　辛普森（E. Simpson）進一步認為人類道德行為階段性的發展與人類需求（Need）有密切的關聯。顯示出人類的需求（求取生存的需要）是造成人類行為是否應道德的主要動力。此或許可以解釋為何戰亂時代，當人的需要已降到最低階段時（求取生理溫飽的需求），對應的道德行為也是最低層次。因而「亂世用重典」，法律即成為維持社會秩序最佳的法寶。

　　布門（M. Bommer）等針對人類行為決策，提出六個主要因素：

表 2-9　人類行為決策的主要因素

性質	內涵
社會環境	社會環境因素特指一套大家共享的人文、信仰、文化與社會價值觀所建構的大環境，這些價值觀是大家所熟知並且有濃厚的利他性質。
法律環境	由於法律條文具有高度的強制性，因此其所構成的價值觀可以很直接而快速的影響人民的思維與行為。特別是當法律配合政府行政權徹底執行時，對於個體的決策產生特定的影響力。由於法律是一種對個體外加的約束行為，因此需要執法人員的監督執行。執法人員一旦不存在，法律對於個體的約束力也將隨之減弱。由於法律的目的是消極的防堵犯罪，因此法律在倫理決策的積極面上並無明顯的效力。
專業環境	專業常是透過專門學會與證照制度的實施，以維護該行業特有的權利，專業學會或證照制度在監督與確保專業品質，具有相當的貢獻。
工作環境	工作環境中包括公司目標、政策與公司文化等因素。三者在職場中，也常發生彼此互相影響的情況。公司文化常是反映在職場文化中的管理態度、價值、管理型態與解決問題的方式。

個人環境	個人環境方面包括家庭與同事兩個因素。家庭與同儕壓力對於個體的倫理決策也具有相當的影響因素。例如醫師收受紅包的現象,除了個人立場問題外,也包括同儕壓力。
個人品性	其中包括個人的道德層次、個人的目標、動機、社經地位、自我概念(Self Concept)、生活期望、個性與人口變數等。以上這些因素深深影響到,個人倫理與非倫理事務的判斷。個人的道德品性很高,其行為的決策相對也較重視倫理。

(資料來源:作者整理)

以上六項決策要素中,第一項社會環境與第二項法律環境是屬於社會大環境的變因;第三項專業環境與第四項工作環境是組織的變因;第五項個人環境與第六項個人品性則是個人的變因。在決策過程中,各個變因具有不同的影響力。個體在經過資訊收集、處理、認知與價值評估之後,考量可能產生的結果,最後才決定是否採取道德的行為。因此,若從個人行為的結果,推論事件的決策過程時,將發現其背後的倫理因素相當複雜。

四、專業倫理守則

倫理守則是由專業團體,依據專業精神與專業道德所訂立的書面文件。倫理守則的內容,都是一些原則性的專業規範,文字清晰簡短具鼓勵性。專業倫理守則,基本上是有以下幾項功能:

表 2-10　專業倫理守則的內涵

項目	內涵
鼓勵目的	鼓勵專業人員的服務行為能符合專業道德規範。
提醒目的	提醒專業人員能意識到工作中倫理的問題。
規範目的	提供機構制定機構倫理政策或行為操守的參考。
建議目的	提供專業人員對複雜的專業倫理問題決策時,建議性的參考。
告知功能	隨時提醒客戶與專業人員,專業服務中該為與不該為的基本原則。
指引功能	專業人員從事專業服務時,若面臨到服務的道德難題(特別是關於利益衝突的道德問題),專業倫理守則可以提供參考與指引。

宣示功能	學會將專業倫理守則向公眾宣示，使大眾明瞭專業服務的宗旨與精神。
象徵功能	專業倫理守則顯示專業對社會的責任，有助於專業化形象的提昇及會員對於自身角色的認同。
契約功能	專業倫理守則等於是專業向社會大眾簽屬的一份服務契約書，保證專業服務的品質與責任。因此，專業倫理守則有助於專業信譽提昇及贏取公眾的信賴。
形象功能	專業倫理守則有助於專業免受大眾對專業的偏見與誤解。
預防功能	專業倫理守則是所有專業人員應共同遵守的道德規範。因此，藉由引發個人道德良心與同裁的道德譴責力量，有助於預防專業人員不道德行為的產生。
保護功能	專業倫理守則方可作為拒決客戶不合理服務要求的擋箭牌。
裁決功能	專業倫理守則可用於解決專業人員間，或專業人員與客戶間爭端裁判的依據。換言之，當爭端發生時，專業倫理守則可提供一個較客觀而原則性處理基礎。

（資料來源：作者整理）

　　由於倫理守則內容的敘述過於簡要而籠統，當應用於解決實際的專業倫理問題時，常面臨應用上的困難。專業倫理守則有其先天上的缺失，但我們仍不應該忽略其積極性的意義。例如專業倫理守則的教育性意義。對剛進此專業的新鮮人，專業倫理守則可明示專業應該要注意或遵守的倫理規範；同時也可被用於專業教育過程，作為專業人員養成教育的專業倫理教材，有助於增進末來就業上工作倫理的養成。因此，倫理守則是一份極佳的教育材料。此外，專業倫理守則也有助於解決利益衝突的問題。因專業倫理守則提示專業人員在決策時，不應忘記專業的服務價值、扮演的角色，及對社會大眾的責任等。因而從事專業工作時，即使個體的價值觀並不認同某些觀點，但基於專業的要求，他應該作出對專業最有利的決定。尤其在今日專業服務日趨複雜化之下，專業如何建立其專業形象與向大眾溝通專業的內涵，已是今日專業努力推廣的議題。因而使社會大眾了解專業的服務精神是絕對必要的。倫理守則不但標榜專業的精神，亦加強社會大眾對專業的信任。

肆、工作情緒

為建構現代社會應有的職業倫理與職業價值觀，宜參酌行為科學的相關性知識，根據該科學的知識，在一九七五年以前認為：成功係源自良好的智力，即愈聰明的人愈有成功的機會；一九七五年以後則受到哈佛大學教授戈登那的研究影響，認為性向才是影響一個人成功的要件，亦即能把握個人性向充分發揮，即愈有成功的機會；一九九五年以後，研究者發現：成功的人是因為具有良好的情緒管理，強調情緒管理對現代工作者的重要性。

要提高個人魅力則情緒管理不容忽視，EQ（Emotion Quality）就是研究這方面的學問，了解情緒背後真正的因素（如憤怒因為覺得受傷害），學習如何抒解焦慮、憤怒、悲傷等情緒，學習為自己的行為與決定負責，貫徹對自己或別人的承諾；另外，同理心是很重要的社交能力，亦即了解尊重別人的感受與觀點，綜合以上所述才能有效提升人際關係。

根據丹尼爾·高曼（Dainnel Goman）的 *EQ* 一書中陳述，EQ 的基本定義有五大類：

表 2-11　情緒管理的內涵

項目	內涵
認識自身情緒	認識情緒的本質是 EQ 的基石，時時刻刻認知感覺的能力，對了解自己非常重要。
妥善管理情緒	情緒管理必建立在自我認知的基礎上。
自我激勵作為	無論是要集中注意力、自我激勵或發揮創造力，將情緒專注於一項目標是絕對必要的。
認知他人情緒	同理心也是基本的人際技巧，同樣建立在自我認知的基礎上。
人際關係管理	人際關係就是管理他人情緒的藝術，一個人的人緣、領導能力、人際和諧程度都與這項能力有關。

（資料來源：作者整理）

　　由以上五點將會發現，若能做好這些定義，自己和他人甚至自己和自己的關係都將得以改善，這也算是成功的第一步了。其實人際智慧即是情緒智慧的多方面延伸之一。人際關係可視為管理他人情緒的一種藝術。在所有造成不良人際關係的負面情緒中，憤怒似乎是最難擺脫的，為了不讓一時之怒氣破壞了人際關係，這時 EQ 就重要了。引發憤怒的思緒同時也是澆熄怒火的所在。當我們花愈長時間思索引發憤怒的原因，愈能編織合理的理由；改變思考角度則可能平息怒氣。重新以樂觀的心情看待，是平息怒氣的最佳利器。若是他人發怒，就避免怒上加怒；截斷他人怒氣有兩個重要方法，一是檢視引發怒火的想法，為了不讓其編織理由以發怒，這方法時機愈早效果愈好；二是諒解心，意即同理心，簡單的說就是了解他人感受。若能掌握以上要領，因憤怒而影響人際關係的事將不復發生。這就是情緒智慧。

　　對情緒管理與訓練是現代工作者的重要課題。自我交談可以是管理情緒的有效方法，亦是一種塑造良性心情的技巧。我們的行為和感覺經常是由一種「內心的對話」所營造，我們自己並未發覺。尤其在壓力頗大的狀況下，負面想法就會浮現，如「你一定辦不到」之類。以有意識的正面交談，像「你一定會成功」，可與負面想法對抗。運動和音樂是扭轉心情的妙方，而經常用來抗拒壓力和低潮的收看電視行為，反而會使心情更遭。壓力的管理可作為情緒的修鍊；長期的壓力對身體有害，但缺乏它會導致心理和生理的要求過低；「平衡」是最好的方法。為了情緒健康，人也需要壓力，以及有意義的任務、挑戰和目標。比較自己情緒的能源收支以及經由放鬆、休閒和冷靜一再獲得力量的能力，無論如何那是一種人們必須再度學習的藝術。

　　我們在每一次人際接觸中，不斷地傳遞情感的訊息，並藉此訊習來影響對方；社交技巧愈高明的人，愈能收放自如地掌握這種訊息，而情感收放正是 EQ 的一部分，比較受歡迎或個性開朗的人，通常是因為情感收放自如，讓人樂於與之為伍。善於安撫他人情緒的人，更握有豐富的社交資源，其他人陷入情感困擾時，必然求助於他。

　　總而言之，情感的協調是建立人際關係的基礎，人際關係的好壞，與情感協調能力很有關係，若能順應別人的情緒使別人順應自己的步調，人際互動必然更順暢。而想掌握他人情緒必須具備兩個技巧：自我掌握與同理心。人際技巧便是以此為基礎慢慢培養起來的，即使是天才，若缺乏這種能力也不會成功的人際關係，甚至給人傲慢、可厭或遲鈍的感覺。具備這種能力的人，在與人接觸時經常可居於領導地位，容易打倒別人能享有豐富的人際關係且具說服力與影響力，同時又可讓人覺得自在。

　　社會學者研究發現個人的成功與立業受到 IQ（智力）與 EQ（情緒成熟度）共同的影響。IQ 和 EQ 均高的人是有領袖潛力的人才，IQ 高而 EQ 低的人可能變成自大的獨行俠，IQ 低而 EQ 高的人可能是很忠誠的實踐者，IQ 與 EQ 均很低的人則是「既不能令，又不受命」的小人物。學校的人格教育在 IQ 方面最重要的有（一）語文能力、（二）資訊能力、（三）系統性思維與（四）創造能力四個要素。在 EQ 方面有：（一）人文素養、（二）倫理觀念、（三）自省能力以及（四）溝通領導能力四個要素。其中語文能力、資訊能力、人文素養與倫理觀念屬於基礎性特質。而系統性思維、創造能力、自省能力與溝通領導能力則屬於發展性特質。這八個要素中，語言能力與資訊能力使學生更務實，人文素養與倫理觀念使學生更宏觀，系統性思維與創造能力使學生更卓越，自省能力與溝通領導能力使生活更圓融。而卓越、務實、宏觀、圓融正是現代教育終極目標。

　　EQ 對未來生涯規劃亦產生決定性影響，而現今的社會也已漸漸利用 EQ 作為判斷重大事情的方法與依據，例如學者提出女性所具有的天性 EQ ——「喜愛甜蜜貼心的關懷」。愈來愈多關於 EQ 的書出版，不管是事業、愛情或親子方面，其探索的都是如何在理性和感性之間求得平衡，否則徒有智能而心靈貧乏，在這個複雜多變的社會中容易迷失方向。我們若能有系統地培養情緒智慧，包括提高自覺能力，有效處理情緒低潮，在逆境中維持樂觀與毅力，培養同理心，彼此關懷合作與社交，不僅有助於個人於職場中的作為，形成良好的工作團隊；同時，對於全體社會而言，也是使人們對未來的社會有更高的期望。

　　生涯規劃的步驟是市場分析、自我剖析、目標擬定、高人指導、能力提升、策略實踐等七個步驟,逐一的實踐,這樣一步一步的走向目標,更仔細的說,目標要達成仍要做到:將你想要的目標均列出清單,然後排定實踐的優先順序,接下來設定完成的時間表,因為沒有時間的工作不叫工作,而在目標中要再找出一個核心的目標,找出要達成目標的障礙,找出能協助我們達成目標的人;此時,要問問自己我為什麼要達成這個目標,再問問自己要變成怎麼樣的人才能達成目標,而當心裡產生這樣狐疑:我為什麼一定會達成這個目標,就要有自信的告訴自己,因為我靠實力一步一步的達成目標,達到成功的目標。而再好的政策與再好的產品,有再多的賺錢機會,執行者要有執行的能力,保握每個人、每個時間讓我們有學習的機會,期待讓我們突破現狀,開創新局,創造生命的春天。

　　成功是什麼?成功的境界就是達到自我肯定、自我超越、受人肯定、受人尊敬的四大境界。成功也要讓工作更有價值,生活更有品質。工作有價值,取決於工作完成,對於自己、他人、公司、家庭、社會有貢獻,而生活有價值與意義,乃在於追求個人和群體共同快樂、幸福、成功的境界,既然對成功的定義都不同,也沒有標準答案,但只要一件事情的完成,而這件事能利益於有情眾生,可發揮自我潛能,也對社會有所幫助,就是達到成功的境界。成功的捷徑在於擁有成功的條件與優勢、複製成功人的智慧轉為創新、向成功的人追隨與學習,也就是在成功的人身上學習成功的條件與優勢,三個商數:IQ 才智商數(做事的能力,占 20%)、CQ 創造商數(創新的能力,占 30%)、EQ 情緒商數(做人的能力,占 50%),而其中以 EQ 商數最為重要,成功之路須具備有解決問題的能力,要有新的創見與做法,鍥而不捨追根究底的態度,且能很快學會新事物與技能,能和人相處有團隊的精神,才能成為 E 世紀好人才。

結語

　　近年來，隨著社會的快速變遷，社會、經濟、科技、文化、價值觀的多變，如何就業？如何成長？如何生活？如何學習？如何謀生？待解決的問題種類繁多，自我探索未定像青年學子就業、學習和生活的輔導之需求，也相對的提高。因此，「生涯規劃」就成了我國社會上相當大眾化的名詞，「生涯規劃」、「生涯輔導」、「生涯教育」，以及「生涯管理」的觀念，普遍地引起熱烈迴響與討論。

　　面對未來多元變化的環境中，要如何因應呢？首先在生涯技能發展及心理準備上應瞭解自己的價值觀、能力、態度、信念、思考的自我瞭解能力；環境彈性適應能力，多方面的培養自我技能，對資訊有蒐集、判讀、運用能力；推銷自我的能力，面對自己隨時做彈性歸零思考、隨時準備；瞭解自我需求；團隊互動過程中學習溝通及找到自我人際關係、支持系統建立情感抒發管道；學習傾聽溝通、真誠讚美他人；終身學習不斷積極的自我開拓、吸收新知，不自我設限能培養專業能力、資訊能力、語言能力，待機會來臨時，因準備好而達更好之境界。生涯規劃沒有那麼容易也沒有那麼簡單，必須努力的去一步一步的走出來，審視規劃的目標，是否能幫助個人達到所冀望的生活方式。

第三章　職業中的疏離現象

前言

根據《今日美國報》二○○五年十一月九日的報導：時下的美國青年，他們年輕、聰明、急躁，上班穿拖鞋，辦公聽 iPod。他們願意工作，但是不希望為工作而活。這就是與眾不同的 Y 世代，即大約從一九七七年至二○○二年出生的人。目前第一波 Y 世代正展開職業生涯，進入年齡差距日漸拉大的職場。他們是在美國企業面臨員工老化、人口結構產生重大改變之際，加入勞動市場。

六十歲長者和二十歲小伙子並肩工作，剛出大學的畢業生年紀大得可以做他們父母的屬下。而且這些年輕人換工作的速度比大學生改主修科系還快，使得難以留住人才的雇主深感挫折。

與以往世代不同的是，Y 世代從小受到呵護培養，參加各式各樣的活動，不但表現優秀，也需要強烈的關心和照顧，而且自信心強。專家指出，Y 世代較不可能適應命令與控制的傳統管理方式，因為他們從小就質疑父母，現在也會質疑雇主。坦率直接雖然有優點，但聽在中年經理耳中就不那麼好受。「有話直說是對的，樂意挑戰現況，不會退縮。創造力和獨立思考獲得肯定，而且熟悉科技。」在目睹裁員和網路泡沫造成財務缺乏保障後，剛開始工作的 Y 世代對金錢和儲蓄頗有心得，也關心退休計畫的福利。根據調查，三成七的 Y 世代希望在滿廿五歲以前就開始為退休儲蓄。已工作的 Y 世代持有這種看法的比率更高達四成六。

今天的年輕人較注重工作配合家庭和個人生活，不像嬰兒潮世代全心在事業衝刺。職場中的各種問題可能引起衝突和不滿，包括看來不甚重要

的裝束打扮，管理風格也可引發衝突，以前的員工習慣年度評估，但是 Y
世代從小就從老師、父母和教練不停獲得回饋和讚美，所以如果上司不經
常溝通，他們可能感到不滿。

壹、工作疏離

　　疏離（Alienation）是近代社會極為普遍的現象。佛洛姆（Fromm）對
於疏離現象所做的敘述為：「所謂疏離感，是人們把自己本身當做例外者所
經歷的經驗模式。疏離的人群，不僅不與他人有廣泛的直接接觸，對自己
本身也不加以理睬。」（Fromm, 1955）自西方工業革命以來，工業化、理
性化、科層化與都市化快速且深入地影響人們既有的生活型態。工業化所
產生的影響絕不僅止於工藝技術的變革，也是隨新的技術發展而衍生的一
套價值觀念，甚至是做事方法，新的人格典範，和因應而生的社會組織，
其對社會文化的變遷，包括下列數端：

　　一、新的工廠制度取代家庭式的工業生產。工業革命以前的社會，家
　　　　庭是生產的基本單位，以偏重個人技術為主的手工藝為主要的生
　　　　產方法，從原料的採用到一件產品的完成，其整個生產過程大多
　　　　數由一個人為之，極少分工的現象；工業革命後，則以機器的操
　　　　作與使用為主要的生產手段，分工的細密，使得參與生產者只能
　　　　在極小的單位上反覆的操作一種機器，而所生產的也只是一件成
　　　　品中的一個微小部分，因此難以掌握或瞭解從資源的輸入到製成
　　　　成品的整個過程。這種將生產過程化解為一些簡單而易操作的步
　　　　驟，使得每一步驟單一化但有密切關係的做事方法，的確是新的
　　　　生產方法的一項特色，是造成人類疏離的基本原因。

　　二、工廠制度使得舊有的社會秩序崩潰。工廠裡的工人除了必須適應
　　　　新的操作方法外，他還須適應新的人際關係。這種關係不再是以
　　　　家庭式的生產時所維繫的那種穩固而深厚的關係，他所面對的是
　　　　來自不同地區，具有不同生活方式的新面孔；由於流動性較大，

因此很難與其他工人建立較持久的關係；另外，由於新的工廠都集中於交通方便的都市區，工人必須遠離生於斯長於斯的鄉村社區，而遷至人地生疏的地方，這種將其與原來的社群臍帶割斷後的人，其內心乃不免產生失落與孤獨之感。

三、新的生產方法使社會的階層加速分化。工業革命以前的社會，生產的工具通常屬於生產者本人；工業革命後，由於新機器的昂貴，只有那些資本雄厚的資本家與工業家才能擁有新的生產工具，其結果是眾多人口只能依賴出賣勞力為生存手段。這種資本家與工人兩種階層清楚劃分的現象，是工業革命初期最顯著的特徵，等到工廠組織愈來愈巨型化，財產權與管理權脫離關係，工廠主不再是工廠的管理者，新的管理階層乃告應運而生，到了最近，巨型的工廠與公司，更將從事基本科學研究的人員納於其組織之內，新的專業人員又變成了一新的特殊的階層，社會的分殊化乃益加顯著。

四、工業主義最令人注意的是理性化。理性化的主要作用是在人類的各種活動中摒除傳統的習慣、地位及個人因素的影響，而以「有用的」個人的能力來評價人、地、事。為了去除非理性的以及許多不能預測的情緒因素，因此必須把人的行動與角色納入明文規定的規章細則及上下分明的權威階序中，使得每個人都責有專司，不受他人與私情的干預。將功能的專業化與分殊化及結構上的理性原則予以制度化整合運用者，即現代的科層組織。科層組織化的現象並不始於近代，許多古老的文明，其政府及行政組織都曾出現過高度科層化的組織，但是將科層化的各項原則如權威階序的分明、各個科層職位權責清楚劃分、對事不對人的無私情的關係、以個人的能力為選才晉升的標準以及具有嚴密的法條規章等予以充分利用的，則為現代的工商企業的科層組織。這種科層組織原則的擴大和滲透，隨著社會現代化而與日俱增，尤其隨著資本集中，組織擴大，不僅在工業組織，而且連政治行政組織、

工會、軍隊、學校、醫院等公私機構均呈現了科層化的現象。社會學家顧德諾（A. Gouldner）曾稱「現代是世界全面科層制度化的時代」。科層原則的極端化運用，必然使得組織內部的成員產生物化、孤立化及意識的小零件化。因此，現代的科層組織對於人類所造成的疏離的影響絕不少於機械化的分工與標準化對於人類的影響。

由於工作疏離是一個普遍的現象，早期社會學家馬克思（K. Marx）、韋伯（M. Weber）、涂爾幹（E. Durkheim）、巴烈圖（V. Pareto）、辛邁爾（G. Simmel）等人都曾探討過該現象。即至一九五〇年代西門（M. Seeman）將工作疏離區分五種構面：「無力感」、「無意義感」、「無規範感」、「孤立感」、「自我孤絕感」。此五種疏離現象，雖然在概念上各自獨立，但是卻是彼此相互關聯。

一、無力感

具有無力感的人是指一個受他人及非個人的制度（如技術與組織）控制及操縱的對象。他不覺得他能控制或改變周遭的工作環境，他是被動的接受現實的環境，而非是以主動積極的態度來操縱環境，因此一個人在生活與工作上的自由與控制，是衡量其無力感的最重要的指標。在工業社會裡，無力感是人類普遍經驗到的一種現象。最先感受到這種經驗是工廠裡的工人，特別是在高度機械化的工廠裡工作的半熟練工人。由於生產方式的標準化與固定化，使其對工作的速度、產品的質量、所用的工具及工作上的策劃與安排，都不再有控制的能力，事事都得依賴技術的性能與廠方的決定。

其次是在巨型組織中工作的低級白領階級。上下屬權責的固定，工作的明確範定，規則的嚴密遵守，使其只有按上級的指示，按規章程序做事的分，對於自己的工作與職責的重要決定全無置喙的餘地。無力感的現象不只限於工廠與組織，由於理性化與科層組織的原則滲透到現代生活的各種領域，所以它可以說是現代人的一種普遍經驗。

二、無意義感

　　理性化的目的是使許多複雜的行為可以估算、可以預測，以使這些行為具有意義；但是結構的分化則使這種意義僅限於社會經驗的極為微小的部分。尤其是在大規模組織下，因過分分工，使個人所扮演的角色很難與整個結構角色發生有機的關聯，其結果是使工廠裡的工人或組織中的成員對於整個再生產過程或整體組織的運作缺乏瞭解，在這種情況下，其工作遂不覺得有何積極性的意義與目的。無意義感這個概念最常用來描述在精細分工下的工業工人的工作。在大多數的工廠中，狹隘的工作範圍使工人很少認識或關心他們的工作與整個生產過程的關聯，因此除了與其工作密切關聯的工作領域外，他無法預料他自己或別人的行為結果。在工業社會裡，由於分工過細而社會又太複雜，所以在主觀意識上人們很難瞭解各種事件的相互關聯，其結果是使許多人在行為上無法運用其智慧與能力。曼海姆（K. Mannheim）稱這種過程為「實質理性」的低落，人們除了依順及遵循外力所定的行為規則外，他很少去追問為什麼事情該如此作，如何作，以及在什麼情況下作比較恰當。社會的理性化程度愈高，人們的獨立思考及對於事情作自我判斷的能力愈減少，例行公事化或公事公辦的藉口即為「功能的理性」推到極端的結果。無意義感與無力感有極為密切的關係，因為人類失去控制的能力，所以對於各種事件才會產生無法預測、生活毫無目的的感覺，無力感的反面是自由與控制，無意義感的反面則是功能與目的。

三、無規範感

　　這個概念是涂爾幹的失序（anomie）的概念延伸出來的。涂爾幹對於脫序的原來的解釋是指社會的規範不再能控制個人的行為，或不再是個人行為的有效規則。現代社會學的用法則採用墨頓（R. Merton）的定義。依照墨頓的用法，所謂失序是指社會認可的目標與達此目標的可用的手段不一致的情況。在這種情況下，「技術上比較有效的方法，不管其在文化上是

否合法，取代了制度界定的行為」。用通俗的話來說，即是用社會不允許的手段來達到社會認可的目標。墨頓指出，失序的情境造成了兩種結果，其一為行為很難預測，另一為迷信運氣與特殊的人事關係。過去的研究一向認為在西方的社會中，個人的工作表現與自身所具有的能力是組織選拔人才與職業晉升的普通標準，但是房斯（Faunce）指出，個人的美德與努力工作以達到事業上的成功是工業化早期階段所強調的價值，而在今天的社會裡，幸運與命運卻變成了解釋個人事業成敗的主要因素。

四、孤立感

所謂的孤立感包括兩種情況，第一是屬於某種群體，但客觀上又不具有歸屬意識的人。例如，如果一個人覺得某一群體或組織的目標並非是他所共享或認為有價值的，但卻被迫維持其成員的關係，這種人可算是孤離的人。第二種是因客觀的情勢，使一個人無法與別人作有意義的溝通而形成較穩固的社會關係，於是使其有疏離感覺。布魯納（R. Blauner）指出在工廠中，有些人因單獨工作，或工作情境的噪雜而無法與別人交往，因此常無法形成或發展有意義的社會關係。孤立的相對情境是整合。一個工業組織是由工作關係所形成的社會關係的網路，在此組織中，如果勞資雙方，或是員工與管理階層間有一套彼此同意的規則，則較易形成認同感與歸屬感而達成整合；反之，則易使員工有疏離傾向。

五、自我孤絕感

孤立感是指個人與他人之間的疏遠關係；自我孤絕感則是個人與自我的疏離。孤立感所表現的行為是以工具性的介入勉強與他人或組織維持形式上的關係；自我孤絕感所表現的則是工具性的工作取向，工作本身不具有內在意義，工作本身不是目的，而只是達到其他目的的手段。西門指出，如果「工人只是為了工資而工作，家庭主婦只是為了逃避而不得不做完家務事，或是具有他人取向性格的人只是為了影響別人而行動，都可以說是自我孤絕的疏離的例子。」布魯納認為自我孤絕感與高度的時間認識有關，

因為工作並非是為了目前的滿足，而只是未來的其他滿足。工作上的厭煩單調、缺乏自我完成是造成自我孤絕的最主要的因素。自我孤絕感是現代工人的一個相當普遍的感覺，在工業化以前的社會，工作與儀式、宗教、家庭、社區高度整合在一起，工作不可能僅僅是生活的手段，因為它本身即是生活的重要的部分。馬斯勒（Maslach）曾針對自我孤絕所出現的症狀，將其分類為：

表 3-1　自我孤絕感的內涵

現象	內涵
情緒衰竭	代表此人不僅喪失了本身的生活樂趣與進取性，更喪失了對他人的關懷與尊重，僅藉由吸毒、酗酒、或濫用藥物以獲得暫時性的滿足。
漠視人性	代表此人會以批評、嘲諷的態度與人相處，甚至漠視服務對象的一切需要、權益與問題。
缺成就感	代表此人於士氣低落中，放棄對團體活動的參與及合作。

（資料來源：作者整理）

　　未來發展趨勢裡面，會發現個人很重要、團隊很重要、環境的變化很重要，未來發展掌握在自己手上，別人是無法替你做決定，必須讓自己先瞭解自己，再回過頭來思考個人的需求及慾望。而且在工作職場上，每個人對工作的需求及價值有所不同，有人工作是為了追求名利以登上最高職位享受較好的物質生活；有人則是平淡過生活，工作對其而言只是維持經濟生活的基礎。依彼得原理可得知：在求取高職位上，一個人往往會被晉升到沒辦法勝任的工作。工作愉快與否在於個人對其工作及生活上所抱持的態度及信念為何。在未來生涯發展方向裡，除工作為要外，也應瞭解體認婚姻生活須靠彼此互相經營、善加規劃理財目標以累積財富及保持健康；因應退休後的生活，建立良好人際互動關係及情感寄託、情緒抒發管道、並培養休閒娛樂生活，這些種種的生活皆取決於自己選擇要過什麼樣的生活。

貳、工作倦怠

工作倦怠（burnout）之課題，是壓力徵狀的一種獨特型態，常與不妥適的心理及情緒症狀有關，表現在組織中之離職、缺席、低士氣及各種有關個人煩惱的自我報告指標上，包括生理枯竭（physical exhaustion）、失眠、酒精與藥物使用量的增加、婚姻與家庭問題等面向上。因此，對工作倦怠現象的瞭解與衡量，是測量組織工作生活品質的重要指標，更是對個人工作經驗及組織診斷的方法。從積極面而言，具有提昇組織整體效能之正面意義；從消極面而言，防止組織成員工作倦怠現象之發生，可達到避免組織衰敗的功能。

一、工作倦怠之意涵與特性

一九七四年弗洛登伯格（Herbert J. Freudenberger）率先提出 burnout 此名詞，並界定為「失敗、筋疲力竭，或因過度索求精力、活力、資源而耗竭」。近年來，工作倦怠已然成為各種代表工作不滿足（dissatisfaction）、耗竭（exhaustion）、挫敗（frustration）及對個人工作、生命憤怒等相關症狀之標語（catch-word）。

由上述定義中顯示，工作倦怠會表現在失去自我感（personalization）、個人成就低落感（personal accomplishment）、情緒耗竭（emotional exhaustion）等三個面向。工作倦怠是一種負向的內在心理體驗。雖然工作倦怠者亦表現出生理、行為方面的改變，但其核心仍在情感與認知方面的負向改變，往往明顯地喪失動機、熱忱、精力，致使其工作背離專業性。顯示個人無法適當地應付工作壓力與挫折，對工作現象顯現出不關心與不尊重之態度。使個人在工作上表現疏離而退縮，而對工作採取孤立、分離、機械的和無人情味的反應。

二、工作倦怠階段理論在管理實務面之效能與應用

工作倦怠影響職場成員的工作投入、工作滿足、工作緊張、工作疏離、工作參與等，為了克服這些現象，因而針對組織中工作倦怠之情形，可採取增進個人工作效能的干預技術（interventions），促使個人的認知、想像、態度、

行為及工作方式等能作適當的修正與調整，藉以增進個人之工作效能，以達組織所交付之任務。在改進工作倦怠的干預技術上，宜區分兩階段策略進行：

表 3-2　工作倦怠群之干預技術的內涵

高工作倦怠群之干預技術的內涵		低工作倦怠群之干預技術的內涵	
事項	內涵	事項	內涵
建立成員心理輔導制度	組織人員工作倦怠之產生，不但會導致個體心理的不健康，同時亦會給組織帶來困擾。雖然影響工作倦怠之因素十分複雜，但歸因於個體本身之挫折情境，是組織化解工作倦怠不可忽視的重要因素。透過心理諮商與輔導工作，可以藉此瞭解人員在工作上實際所遭遇之困難，進而協助其除卻心理上的困擾，增進對組織之認同。	強化組織成員敏感訓練	敏感性訓練法為實驗室訓練法（Laboratory training）之一，又稱為 t 團體訓練法（T-group training）。即透過非結構性之團體互動方式，來改變個人之作為，從而達到增進及瞭解別人的能力，以更開闊之心胸，來改善人際關係，可間接減低工作倦怠發生的可能。
輔導成員生涯事業規劃	生涯與事業之規劃，是組織發展所應用之干預技術之一，其目的係在經由團體諮商之方式，為組織成員建立較適當及較理想的個人生活目標與事業計畫，藉以增進個人與組織之工作效能，不但對個人工作滿足與生活素質的提昇極為重要，同時，對組織發展亦甚具影響力。	推行組織目標管理制度	目標管理是一種能滿足需求，提供報酬的動態管理體系，對於低工作倦怠群人員，可利用積極的共同參與、自我評價的方式以激發其工作潛能，進而增進工作效能，防止工作倦怠之惡質化。
定期實施工作輪調制度	定期實施工作論調制度，不但可使組織成員瞭解各部門的工作內容及困難所在，以及組織內各部門互相依賴的關係，進而可以體認自己與團體榮辱與共之情懷，可避免工作倦怠，並刺激個人工作生涯之成長。	改變組織結構運作方式	改變組織結構，即是著眼於改變組織中複雜化、正式化、集權化之程度，推行工作簡化，擴大控制幅度，提高授權等等，使組織成員自主性增加，使組織決策時間縮短，進而提高組織效能。雖然影響工作倦怠之因素十分複雜，但歸因於個體本身之挫折情境，是組織化解工作倦怠不可忽視的重要因素。透過心理諮商與輔導工作，可以藉此瞭解人員在工作上實際所遭遇之困難，進而協助其除卻心理上的困擾，增進對組織之認同。

（資料來源：作者整理）

53

　　工作倦怠之堪慮，在於其對組織寶貴人力傷害之影響，為有效防杜及減低組織中工作倦怠之惡質化，除應定期對組織成員實施態度調查、評估其工作績效，以作為組織擬定發展策略之參考，同時亦可對組織中之異常現象，立即採取診斷與補救措施，可維持組織高度之效能。因此，如何診斷與防治工作倦怠之負面影響，實為組織管理當務之急。

　　成功之路不是一路平坦順利的，難免總有障礙，其實成功之路的障礙莫過於觀念不對、努力不夠、方法不對、反應太慢，所以，要做到改變思想、改變態度，這樣就能改變，使一切都可以變得更好。改變需要勇氣，建設需要智慧，智慧的力量是無窮，它會指引我們做正確的事，更會帶給我們所想要達成的目標。

參、離職意願

　　「離職」（turnover）一詞根據萊斯（Rice）（1950）的界定為：「員工主動地請求終止僱傭關係；即員工在某一企業組織中工作一段時間後，個人經過一番考慮，否定了原有職務，結果不僅辭去工作及其職務所賦予的利益，而且與原企業組織完全脫離關係。」就離職的意涵，通常是指下列四項：

表 3-3　離職的內涵

事項	內涵
辭職（Quits）	由工作者主動請求終止僱傭關係，或經長期曠職超過規定期限未歸者。
解僱（Layoffs）	僱主因業務不振、更換設備、生產淡季、機器故障或停工待料的情況，將工人暫時停止僱傭關係者。
開革（Discharges）	因工作者行為怠惰不檢，或違犯單位規定等原因，為僱主所辭退者。
離職	如服兵役、升學、退休、結婚、死亡等而離去者均屬之。

（資料來源：作者整理）

至於離職的類型，可歸納為兩種類型：

表 3-4　離職的類型

事項		內涵
自願性離職	因組織因素	如薪資、升遷、更佳的工作機會、與主管的關係、工作的挑戰性等。
	因個人因素	這類因素如健康關係、退休、遷居、深造等。
非自願性離職		如解雇。

（資料來源：作者整理）

綜觀以上學者們對「離職」的看法，「離職」並不單純只是個人的離去行為，它尚且包括個人與組織間互動的整個過程；而離職的後果不僅影響個人的生活，同時也影響到組織機構的運作，甚至會連帶影響到整個社會經濟環境體系。

結語

社會學中對於疏離感的理論，一種是由馬克思（Marx）所提出的：受到資本主義社會所產生的階級對立關係，必然的會產生人性的疏離，這是一種「階級的疏離」。另一種是由韋伯（Weber）所提出：隨著工業化過程中技術的發達與官僚制度化的進展，所產生人性的疏離化，這是一種「大眾的疏離」。另外，杜尼士（Tonnies）認為基於本質意志的共同社會（Gemeinschaft）到基於選擇意志的利益社會（Gesellschaft）的轉型變化，逐漸成為近代社會的主流時亦將造成疏離現象；他指出隨著人群的結合形態，從全體的結合轉換為部分的結合；這種人群結合的部分化，使得人格喪失全面觀的疏離現象出現。就如同黎士曼（Rieseman）所描繪的現代人性格特質，由內部取向往外部取向變化，造成人們以市場為取向的社會性

格。為免疏離現象所導致的組織成員怠惰、認同參與度低，確有必要予以正視和有效克服。

　　生涯規劃強調掌握生命，每個人都是自己生命規劃的工程師，生涯是黑白、彩色，在一念之間，我們正在寫歷史，我們都是自己歷史的見證人，我們彩繪自己生命，開放自己的春天。工作是否有價值，取決於工作完成，對於自己、他人、公司、家庭、社會有貢獻，而生活有價值與意義，乃在於追求個人和群體共同快樂、幸福、成功的境界，其中快樂是指心中常懷感恩、感激、感謝的人；幸福是指懂得惜福的人，就是疼惜目前所擁有一切的人，也就是活在當下的人；而成功的境界便是達到自我肯定、自我超越、受人肯定、受人尊敬。

第四章　職業變遷

前言

　　全球化浪潮催化企業採行彈性勞動制度，部分工時、短期人員、外包、派遣人力等「非典型雇用」在職場的版圖不斷擴大。像 IBM、美國運通、微軟、易利信、惠普科技等外商，都是派遣人力使用大戶。據勞委會官方統計，目前台灣派遣勞工數約為四十萬之譜，而且快速成長中。英國管理學大師韓迪（Charles Handy）曾分析企業將演化為「酢漿草組織」，分核心人員、外包工作、彈性員工三層。因應這種終身雇用制消失後的勞資關係，他也提出解答：為自己設計一個一個「多組合化生涯」（portfolio career），「收集」老闆，工作場所和分量由工作者決定。雖然有缺乏歸屬感、低忠誠度，而且可能影響正職員工士氣和向心力等弊端，又無專法可依，企業以派遣因應激烈競爭，已勢不可遏；這類「可拋棄式（disposable）員工」，儼然成為職場的新發展趨勢。派遣朝專業職、長期化發展，恐怕無法避免，職場成員正面臨「工作短暫化」處境。如能體悟並落實老子：「知人者聖，自知者明。」將是面臨求職環境變遷的自處之道。

壹、職業結構的變遷

　　在現代這工業化的社會中，工作對人的意義愈來愈重要。一個人的職業（occupations）已不僅止於謀生而已，它通常被認為是判定個人在社會結構中所占位置的最重要指標。職業提供了收入、社會地位和個人的一種滿足，職業是個人以某種經濟角色為中心的一組活動，一項職業即為一個社

會角色。因此，我們經常以職業作為了解社會系統與個人行為的一個重要指標。在社會層次上，工作者的人數與種類，為解釋社會系統的經濟組織提供了線索，這就是職業結構的領域。所謂「職業變遷」，一般是指：「為既存的職業結構，隨著時間的改變，受到內在的或外在的各種因素的衝擊，以漸進或激烈的形式，出現部分或全體的變化。」由於社會各部門是彼此互為關聯，因此構成社會部門的任何一個因素變動時，往往直接或間接的影響到其他的部門。如果此因素的變化速度太快，致使結構間形成不良的整合，則會使得社會上大多數成員的生活，出現需要重新檢視重新調適的現象。樂觀的人認為現代社會是一個充滿光明與希望的時代，它展現出許多前所未有的特徵：

表 4-1　社會變遷的特質

特徵	內涵
知識爆發的時代	知識就是力量（Knowledge is power），在這「知識爆發」（Knowledge Explosion）的時代裡，知識侷限、資訊不足、視野窄化將使個人及組織遭受到無情地淘汰。是以秉持著「無一事（好事）而不學，無一時而不學，無一處而不學。」方是成功之道。
受智慧支配的時代	一切的價值由智慧（Wisdom）來決定，而智慧是由累積過去的經驗與知識而增加，也因為教育的資訊流通而普及，人人應學做一個「有智慧」的人。
踏實行動的時代	行動是所有的個人和組織與外界互動的利器，不但個人要以積極的意志、穩健的行動去執行計畫，而且企業也要透過產品、服務、社會貢獻等組織文化的努力來塑造企業體的形象。
非連續性的時代	由於科技進步的既大且速，人類所面臨的，無論在各方面，都與過去不同，它卻是一個「不連續的時代」（The Age of Discontinuing），稍一不慎，就可能在現實中失落，對未來一切無所適從。
快速變遷的時代	近百年來，社會結構起了亙古未有的變化，社會變遷（Social Change）已帶來無情的挑戰，人們必須勇敢地研究為變遷而教育，以便準備應付未來。

（資料來源：作者整理）

一般將職業分為三大類：第一類是農業、林業與漁業，這是人類最古老的生產活動的延續。原始經濟的工作大部分就是這些活動。當技術變成更為複雜與高效率時，更多工作者會從事於轉移產物，這就是第二類的製造業。這些活動是工業時代的象徵，是工廠生產系統的核心。第三類是服務業，業者從事於服務與符號工作，它是基於前述兩類形成的基礎而促使其發展的。每一種生產類型支配著一個特別的時期或社會。

貳、職業倫理的變遷

我國產業結構調整過程受經濟發展及政府推動反向產業政策影響，已由農業轉型為工業及服務業，與先進國家發展過程大致相同。由先進工業國家經濟發展經驗，產業結構調整向以農業為主，之後隨工業化程度加深，工業規模漸趨擴大，再進而演變以服務業為主體的經濟社會。此軌跡持續進行。

失業率不斷地攀升，然而基層勞力卻普遍不足，使得引進外勞的呼聲此起彼落；其中所涉及的問題，不僅只是單一的產業結構問題，而是與社會大眾普遍的職業倫理與職業價值觀，有密切關聯性。隨著社會變遷的脈動，傳統社會揭示的價值與意念，不再有效的影響人們的行為。哲學家桑塔亞納（Santayana）說：「不了解歷史的人，註定要重蹈歷史的錯誤。」歷史不僅協助我們了解過去，同時使我們「鑒往知來」，能從容面對現今，並且前瞻未來。

一、變遷社會中的價值觀

為了解職業倫理與職業價值觀，首先須知悉一般人的倫理與價值觀。根據，心理學家楊國樞教授對臺灣在轉變社會中的性格與行為所做的研究發現：中國人的性格與行為在社會變遷的衝擊下有了巨大的改變，此種變化，我們可以摘錄整理如下表：

表 4-2　臺灣民眾的性格與行為的特質及蛻變

特質／社會型態	傳統社會	現代社會
社會生產型態	農業社會	工業社會
經濟型態	農業經濟	工業經濟
社會結構	1. 集體主義 2. 家族主義 3. 尊卑主義 4. 一元同質 5. 結構緊固	1. 個人主義 2. 制度主義 3. 平行關係 4. 多元異質 5. 結構鬆活
社會化內涵	1. 依賴訓練 2. 順同訓練 3. 自抑傾向 4. 謙讓訓練 5. 安分取向 6. 懲罰取向 7. 以父母為中心	1. 獨立訓練 2. 尚異訓練 3. 表彰傾向 4. 競爭訓練 5. 成就取向 6. 獎勵取向 7. 以子女為中心
價值觀	1. 社會取向 2. 權威性格 3. 外控態度 4. 順服自然 5. 過去取向 6. 冥想內修 7. 依賴心態 8. 偏好趨向 9. 特殊主義 10. 懷疑外人	1. 個我取向 2. 平權性格 3. 內控態度 4. 支配自然 5. 未來取向 6. 行動成就 7. 獨立心態 8. 容忍歧異 9. 普遍主義 10. 信任外人
社會文化	1. 家為生產單位 2. 家為社會組織單位 3. 家為生活生存中心 4. 生活自給自足，社會依存小 5. 社會結合以血緣為基礎 6. 居住固定，重視家族關係 7. 靜態經濟社會 8. 散居鄉村生活 9. 物質及社會生活單純	1. 個人為生產單位 2. 個人為社會組織單位 3. 個人為生活生存中心 4. 分工精細，社會依存關係密切 5. 社會結合以職業為基礎 6. 居住流動，重視社區關係 7. 動態經濟社會 8. 集中都市生活 9. 物質及社會生活複雜

	1. 重視家的價值及利益，忽視社會團體的價值及利益	1. 重視個人價值與利益，較重視社會團體的價值及利益
社會行為規範	2. 以家為中心建立倫理關係及行為準則	2. 以個人為中心建立個人與社會之倫理關係及行為準則
	3. 在家之內，對家負責	3. 社會之內，對自我負責
	4. 重視權威精神	4. 重視民主精神
	5. 重視服從	5. 重視合作
	6. 重視家庭倫理	6. 重視社會紀律秩序
	7. 家族之內，重視血緣與人情	7. 社會之內，重視法律與契約
	8. 重視家族生活的道德法則	8. 重視社會共同生活的道德法則
	9. 家為共有財產，家內公私不分	9. 個人重視私有財產
	10 家內權利義務觀念模糊	10 權利義務觀念清楚公平
	11 家內易養成依賴、消極退讓	11 養成獨立、積極進取
	12 家內鼓勵謙讓	12 社會內強調公平競爭
	13 社會無法增加生產，克制享受	13 增加生產促進消費，鼓勵享受
	14 社會行為依賴道德即可維繫	14 社會行為依循法律來約束

（資料來源：楊國樞，《中國人性格與行為的形成與蛻變》，1981，P.217-254。）

　　就上述的特質，我們可以明顯得知，臺灣近年來的社會變遷，已經使傳統中國人的性格、行為及價值觀等有了顯著的變化。此一方面是來自科技文明，使人類文化交錯影響；另方面則由於工業社會的步調和特質也迫使人們有所改變；再者人們改變自己以調適於新的社會環境。這些因素皆使得傳統價值觀隨著社會變遷而有所變化。

參、現代社會的職業

　　「社會變遷」是一個相當複雜且涵蓋構面極為廣泛的一種社會現象。此種現象除了表現都市化、工業化、大眾的政治參與、人口的快速變遷、較高國民所得、活絡的社會流動，以及普遍接受教育等方面外，同時也牽引著個人在行為、價值、規範、態度等的改變。近年來，我國在經濟的暢旺發展、科技的快速進步、教育的普遍提昇等衝擊下，使社會正面臨急遽的改變，這些改變對工作信念、工作態度皆有相當深遠和廣泛的影響。隨

著社會發展的多元化、國際化，個人的生涯規劃亦須有所調適，以期能在「人與社會」最適當的基礎上發展個人生涯。這些變遷的因素，包括：

表 4-3　社會變遷的現象

現象	內涵
職業結構變化	臺灣多年來經濟發展所依賴的充沛與低廉勞動力已逐漸喪失，勞力密集生產方式必將提升為資本、技術智慧密集的生產方式，此一種轉換過程將導致職業結構的變動。根據已開發國家的經驗，我國未來的就業人口中參與服務業的比例勢將提升，職業結構的差異必然影響到生涯的選擇與規劃。
勞動結構變化	在可預見的未來，婦女勞動力和銀髮族勞動力的比例將提高。由於生育率的下降，家電產品的普及和工作觀念的改變，婦女進入勞動市場的比率將會再提高。此外，隨著國人平均壽命的延長，老年勞動力比重亦會逐漸增加。於是，兩性更彈性的角色扮演將成為未來社會的特徵。
家庭結構變遷	臺灣地區的家戶組成有愈來愈趨向「核心家庭化」的趨勢，家庭的組成型態，將是以小家庭或核心家庭為主流。家庭結構的發展趨勢，勢必將給個人生涯規劃帶來影響。由於「大家庭支持功能」的不足，連帶的家庭協助功能將逐漸降低。勢將影響個人的生涯規劃，未來的職業須考量：如何發揮兼顧家庭角色的特質，而又能持續發展職業生涯。其次，由於戶量的減少，而高齡化社會的發展結果，未來各家戶將面臨老人照顧壓力、老年人口高依賴率問題。這些家庭結構的變遷將成為生涯規劃的新內涵。
婚姻生活變遷	男女均有晚婚的趨勢，女性在晚婚族中有躍升較高比率的現象；換言之，女性比男性在選擇晚婚上有更前進的思想。這樣的婚姻選擇觀念，將使女性留置勞動市場的時間變得較長，有助女性勞動力充分投入社會；但於此同時，婚育年齡往後將影響女性生育等。此種現象對生涯規劃的影響是：使得雙生涯家庭將更多，因為晚婚者由於比較有事業基礎，傾向不願婚後放棄工作，於是展現於家庭的是雙生涯的規劃。

（資料來源：作者整理）

回應上述的變化，引用社會學家殷克利斯（A. Inkeles）的觀點，則現代社會的工作者宜建立起以下的職業態度：

表 4-5　現代社會的職業態度

職業態度	內涵
建立工作效率意識	組織的有效運作、自動化的機器設備、電腦的開發運用是生產效率的最佳示範。例如：藉著機器的操作、工作程序，可以將自然資源予以轉換成新的成品。另外，工作場所中的專業人員、技術人員解決問題的方法、對事務的規則、對產品的設計、將構想及想法付諸實現的過程也成為良好的模式。此種自工作場所養成的效率意識，可以普遍化到其他生活領域，而使人們改變或放棄被動的宿命態度。
勇於挑戰接受創新	由於社會急速的變化，使得「突破現狀，追求進步」成為必要的生存發展之道。因此工作場所必須在機器設備、技術操作、管理方法、工作步驟……等方面，不斷地接受創新與改變。工作者置身其間亦必須要隨時調整其態度和行為方式。在工作場合中由於接受著不同的方法之外，工作者往往需要接觸一些與其想法、作為、習慣都極不相同的人群。因此，容易產生較為開放和容忍的態度。
講計畫與時間觀念	為了達到最高生產效能的目標，必得強調「計畫」。組織設施的安排、工作流程的設計、各單位的配合等，都必須以最理性及最有效率的方式進行。同樣的，為了配合組織的其他成員運作，以發揮組織所設定的目標，各類人員與各種物件必須作適時與適地的安排。組織的計畫與對於時間的設計在生產過程中顯得重要而迫切。每個工作步驟都照先前的安排完成。工作者必得將這些事先的計畫與精確的安排加以內化，方能完成自己的工作，並密切地配合他人的工作。
重規範與程序運作	現代的工作體系，往往是組織成員龐雜，每個次體系與次體系之間關係密切，因此須賴科層制度的介入，才能發揮其預期的功能，這使得一般工作成員須謹守規章法度之外；同時，也使得上級人員尊重下屬的人格以及他們所應享有的權利。

（資料來源：作者整理）

　　由於上述的變遷因素，將使個人須建構嶄新的生涯路徑，以為因應。根據學者王麗容教授的分析，生涯路徑的區分計有下列三種型態：

表 4-6　生涯路徑的型態

生涯路徑	內涵
傳統式	是指一個人從一個工作轉換到另一個工作，呈垂直向上的生涯發展管道。其假定是：按部就班的工作經驗是後續高階工作之所需。其優點是生涯路徑直截了當、清楚可見，但缺點是管道不通則實現困難、侷限一種能力的發展而缺乏其他經驗。換句話說，傳統式生涯路徑的安排，固然有利於工作經驗的累積以發揮該類長才，但缺點則是缺乏多元發展的機會。
網絡式	是由一些垂直式工作機會和一些水平式工作機會所構成的生涯安排管道。因此，生涯路徑中有往上晉升的發展，但也有水平調動之工作設計，垂直式和水平式路徑交錯成網絡狀生涯發展路線。其優點是提供經驗的擴充學習，同時減少同專長者阻礙升遷的現象，而有利於多專長的發展。
雙元式	是結合「技術性」及「管理性」兩種生涯發展管道。前者是不斷在技術專長上追求發展的機會，後者是往管理階層發展的生涯路徑，以尋求管理統合的成長經驗。這種雙元式生涯路徑的設計是愈來愈受歡迎的一種前程規劃方式，主要原因是可提供個人及組織多元發展的機會。

（資料來源：作者整理）

　　由於未來的工作職場將更具有挑戰性與競爭性。因此，在生涯路徑的規劃上，宜以「雙元式生涯路徑」為主軸。面對變動不羈的未來社會，個體必須維持一個彈性和動態的性格，以便適應快速變遷的時代脈動；此外，欲在新世代中發揮個人和環境的「最適」適應，「均衡生活」的人生觀和社會適應技巧也將是成功生涯的關鍵。

肆、後工業社會就業

　　丹尼‧貝爾（D. Bell）於一九七三年《後工業社會的到來》（The Coming of Post-Industrial Society）一書，對後工業社會觀念有詳盡的論述，同時，也揭開了人們對於後工業社會社會變遷的關注。貝爾以為後工業社會的概念根本上是處理社會結構變遷的問題，也就是經濟如何的轉變、職業系統如何的調整；以及處理「經驗主義」（Empiricalism）和理論（尤其是科學和

技術方面）之間的新關係。而後工業社會這個概念，至少涵蓋了下列五個
重要「面向（Dimensions）」：

表 4-7　後工業社會的面向

特徵	內涵
經濟部分	從財貨生產的經濟轉變到服務業經濟。
職業分配	專業與技術層級的優越性。
軸心原則	理論性知識的開拓，是社會創新與政策構成的泉源。
未來取向	對技術與技術評估的控制。
決策構定	一個新智識技術（Intellectual Technology）的產生。

（資料來源：作者整理）

　　就上述的指陳，我們可以知道貝爾所建構的後工業社會的特質是：工
業社會正進入一種新階段，可名之為後工業社會，以別於工業社會時期，
就如同工業社會不同於前工業社會一樣，而後工業社會之不同於工業社
會，主要在經濟與社會結構這個層面。就經濟活動上的變遷言，後工業社
會不再是個「財貨生產」（goods producing）為主的經濟，而是種服務業經
濟；就職業結構變遷而言，過去的勞動力最大的一個品類是為藍領階級，
而在後工業社會中已為白領階級所取代，而在白領階級的品類裡，專業人
員與科技人員愈來愈具重要性；此外，就技術形式上的變遷而言，先前的
「機器技術」（machine technology）已為新興的智識技術所取代。而所謂的
智識技術，意指管理與解決問題的系統廣泛使用電腦，例如「資訊理論」
（information theory）和「博奕理論」（game theory）……等，就此我們亦
可以在社會領域從事理性計畫、預測和技術的成長。而主導著這一切變動
的，乃是貝爾所稱的新社會「軸心原則」（axial principle），亦即理論性知識
是為改革與政策形成的根源，其所指涉的是理論重於經驗的長遠趨勢。這
可以從本世紀裡科學工業的日趨重要，或是電腦作業應用於許多決策領域
上看出來。事實上，理論性知識已成為後工業社會的策略性資源，而它的
管理者，如科學家、數學家、經濟學家和電腦工程師，則變成為關鍵性的

社會集團，取代了工業社會的工業家與實業家。而大學、研究組織、實驗所等機構成了新社會的軸心結構，取代了工業社會的企業公司。簡言之，貝爾的後工業社會有下列三個主要特徵：（1）大部分的勞力不在工業部門而在服務部門，（2）在人力上，專業和技術階級漸成為最大的新興階段，（3）最基本的，社會未來的創新來源將愈依賴理論性知識。亦即，貝爾的主張是這樣的：工業社會演進階段已進入新的局面，即所謂的「後工業社會」。它之所以和工業社會不同，就像前工業社會和工業社會的不同一樣。而這兩個社會的不同主要在於社會結構上的改變，亦即服務業經濟的居主，專業技術層級的日形重要。其中理論性知識是為新社會的軸心原則，就此科學家、數學家、經濟學家、工程師成了關鍵性社會團體。當然的，大學、研究組織成了後工業社會的軸心結構。

除了貝爾（D. Bell）對於後工業社會現象的清楚描述外，柯司特（Manuel Castells）於《網路社會之崛起》一書中，也說明了後工業社會的勞動和職業結構。其以為後工業社會的第一個特徵是多數人不再從事農業或製造業，而從事服務業，也就是種服務業經濟的出現。這是種「部門觀點」（sector perspective）的研究法，也就是依經濟上主要的部門（Sector）來說明社會的不同發展階段，農業社會、工業社會、後工業社會等發展階段的名稱就是個著名的例子。這種觀點的基本假定在人們生活當中工作的重要性。似乎也隱含著一個推理：在一個特殊的部門工作將會造成一種特殊的生活方式，影響他的身分和決定其活動的型態。

後工業社會的勞動過程（process of work）顯然受到資訊化範型（informational paradigm）與全球化的影響。其特性從財貨轉向服務、管理性與專業性職業的誕生、農業與製造業工作縮減，以及在多數先進經濟系統中工作的資訊內涵漸增。這些說法中都隱含著一種經濟與社會的自然法則，認為應遵循西方社會所引領之現代化軌跡的單一道路。

後工業狀態所結合的三項論點與預測：

1. 生產力與成長的根源在於知識的生產，並延伸到所有經由資訊處理的經濟活動領域中。

2. 經濟活動將由財貨生產移轉至服務遞送。繼農業就業縮減之後，將出現無可逆轉的製造業工作衰頹，而受惠的則是服務業工作；服務業將構成絕大比例的就業機會。經濟體系愈先進，其就業與生產便將愈強調服務業。

3. 新經濟體系將提昇具高度資訊與知識內涵類型之職業活動的重要性。管理性、專業性與技術性職業將超越其他職業快速成長，並將構成新的社會結構核心。

後工業狀態是人們不但從事不同的活動，並且也在職業結構中占據新的位置。一般而言，預期我們進入所謂的資訊化社會，可觀察到管理性、專業性、技術性位置的重要性提昇，在工藝和操作性位置的勞工比例減少，以及事務員和銷售員的數量明顯成長。

我們對先進工業國就業演變的經驗觀察，顯示知識化社會確實真有一些基本的共通特性：

(1)　農業就業凋零。

(2)　傳統製造業就業持續衰退。

(3)　生產者服務和社會服務二者興起；前者強調的是企業服務，而後者則強調保健服務。

(4)　日益多樣化的服務業活動為工作的來源。

(5)　管理性、專業性和技術性工作快速增加。

(6)　以事務員和銷售員形構出「白領」無產階級。

(7)　零售就業的比例顯著，而且相對穩定。

(8)　職業結構頂端和底層二者同時增加，因而導致社會極化。

(9)　過去職業結構的相對升級，增加的職業是需要更高技術和高等教育比例的增加，這既非表示社會整體的技能、教育或所得地位得以提昇，亦非表示其階層系統獲得提昇。

另一方面，分析先進工業國分化的演變，清楚地展現出它們的就業與職業結構中的某些變異。我們可以提出二種不同的資訊化社會模型：

　　第一、「服務業經濟模型」，以美國、英國和加拿大為代表。其特性為加速朝向資訊化狀態前進時，製造業就業卻自一九七〇年起迅速凋零。幾乎已全數刪除農業就業，此模型強調一全新的就業結構，其中各種服務業活動的分化，則成為分析社會結構的關鍵。此模型重視資本管理服務，更甚於生產者服務，並且因為保健工作的增加，及教育就業和緩地增加，而持續擴張社會服務部門。服務業經濟模型的特性，還包括管理性範疇的擴張，其中包含相當數量的中階經理人。

　　第二、「資訊化生產模型」，以日本、德國為主要代表，雖然其製造業就業所占比重也降低，但仍維持在一相當高的水準上（約為總勞動力之四分之一），而在漸進移動進入新的社會─技術範型時，讓製造業活動有重構的空間。事實上，此模型雖然減少製造業工作，但同時又強化製造業活動。此進展方向部分反映在生產者服務比金融服務更為重要，而且它們更直接地扣連在製造商之中。然而，雖然兩國之金融服務確實重要，且所占比重都增加；但服務業的大量成長是在對公司的服務業以及社會服務。不過，日本社會服務就業水準，明顯地遠低於其他的資訊化社會。對就業結構多樣貌的文化和制度分析，似乎是理解資訊化社會歧異性所必需的。

　　因此，先進資本主義國家的公司擁有甚多的選擇機會，這與其對技術和非技術勞動力的策略有關。它們可採取以下任一策略：

(1)　縮小工廠規模，保留無可替代的高技術勞動力，再從低成本地區輸入生產投入；

(2)　外包部分工作至其跨國分支機構，以及至生產可內化在企業網絡系統中的輔助網絡；

(3)　運用本國的臨時工、兼職工或非正式公司為其供貨者；

(4)　將標準勞動市場價格相對過高的工作項目和功能，予以自動化或重置區位；

(5)　含核心勞動力在內，要求勞動力同意更嚴苛的勞動條件與薪資，作為繼續工作的條件，因此改寫了在勞工較有利情境中所建立的社會契約。

　　在真實世界裡，依公司、國家和時期不同，這些都可能真實被運用。所以，全球競爭雖然並未直接影響國家的勞動力，其間接效果卻全盤地轉化了各處的勞動條件和勞動制度。經濟全球化和資訊技術擴散的交織衝擊，導致精簡生產、縮小規模、再結構、整合和彈性管理策略，同時亦使這些策略成為可能。這些趨勢對所有國家勞動條件的間接影響，遠較可量度的國際貿易或直接跨國就業更為重要。

伍、未來社會的職業

　　由於社會快速的變遷，帶動著產業結構的變革，加以價值態度的異動等因素，均使得人們必須針對未來社會的職業特性有所因應。至於未來社會的職業型態將受到哪些因素的影響？是否會擴張傳統職業生涯的內涵？我們試舉學者的觀點加以說明：

表 4-8　未來社會的職業型態

職業特徵	內涵
職業階層的變革	傳統社會中，社會分化單純，社會流動遲緩，強調歸屬地位取向，因此職業所代表的階層穩固不易變動，職業世代相傳，少有職業撰擇的自由。然而現今社會開放自由，社會流動快速，加以人權的講求，每個人都可以自由的選擇職業，是以職業選擇的問題也就產生。
職業性質的改變	傳統的社會裡，職業種類不多，工作的內涵也極為簡單，而且往往是父子相傳，或者利用簡單的學徒制度訓練下一代的工作者，因此每個人不僅可以在生活的周遭看到各種的職業活動，同時對於各項工作的內容也大體有相當的了解，對於職業選擇不會有太多的困難。但是到了工業社會之後，不僅職業的內涵漸趨複雜，分工日漸細密，工作種類日益增加，而且由於各行各業的專業化，其工作漸漸脫離人們生活的社區，而轉移到特別設立的工廠或區域裡，人們因此不容易再親眼看到各種的工作，選擇職業也因而日趨困難。
職業數目的增加	由於科技的進步、知識的爆發，不僅舊的職業不斷地消逝，而且新的職業更是不斷地產生。由於職業數目以極快速的速度增加，不僅學生、家長對各種職業無從了解，就是學校中的一般教師對職業之了解亦極為有限，人們的職業選擇，非得有受過相當訓練的專業人員來幫助不可。

轉業次數的增加	由於科技的快速進步，技術或新產品的發明到實際應用的時間大為縮短，技術淘汰的速度也大大的增加，而新的行業也就不斷地產生，舊的行業不斷地消逝，這使得個人轉業的次數也就更形增多了。根據美國教育總署的推估，現代美國人一生之中平均可能需要轉業六至七次。
職業刻板的消失	所謂職業刻板（Occupational Stereotype）是指一般人在其意識中認為從事某一特定職業所應具備的知識、才能、特質、甚至於性別的差異，以致於影響其個人在選擇職業時的態度的觀念。近年來，由於教育的普及、人民知識的提高，以及民主浪潮的風行，職業刻板的觀念已逐漸地消失，人們從事職業已漸漸不受身分、特質、性別的影響，因而可以從事的職業範疇也就相對地擴大。
人力派遣的實施	人力派遣公司與被派遣勞工簽訂勞動契約，在得到被派遣勞工的同意下，使其在受領人力派遣企業（要派企業）的指揮監督下提供勞務。派遣與外包最主要的區隔指標，在於指揮監督權。外包是指一個公司將某部分勞務交由另一個人或公司承攬，當這名外面派來的人員工作時，他受外包機構的指揮監督。常見的有清潔和保全外包。派遣的特殊性，就在「三角互動關係」。對被派遣勞工而言，一方面是派遣公司合法雇用的，另一方面卻在要派企業處提供勞務，接受要派業者的指揮與監督。因此，人力派遣容易在勞動條件以及法律關係層面上引發爭議。派遣勞工的薪資、勞健保、退休金皆由派遣公司負擔。某家企業需要短期人力時，就可和派遣公司簽約，由派遣勞工赴該企業工作，工作完成，勞雇關係終止，企業不需另外支付資遣費。

（資料來源：作者整理）

社會學家所面臨最困難的一項學術工作就是如何認明一些「指標」來說明社會結構的變遷，正因為如此，所以在解釋社會變遷的時候常會有不同的意見，例如對後工業社會的出現就有多種不同的解說，不過一般都認為從財貨生產之經濟到服務業經濟的轉變是說明後工業社會的最明顯跡象。韓考克（M. D. Hancock）就曾寫到：「後工業社會最起碼的定義是指社會經濟系統，其白領階級或服務業階層已取代了藍領階層，成為最主要的勞動力量，就像美國和部分西歐國家都有這個現象出現。除此，社會學家很少對未來後工業社會的變遷意義有相同的意見。」（Hancock, 1971）

職業變遷是今日社會廣泛發生於生活周遭的一種社會現象，依據社會科學研究發現；由於科技、經濟、政治、價值、意念、文化的快速變化，

使我們社會正呈現著一種新的景象。這些現象帶來人們新的期待、互動，也同時造成人們的挫折、疑惑。無論是正向的、積極的，抑或是負面的、消極的，社會學家皆期待能以理性的態度抽絲剝繭進行客觀而科學的剖析，以期了解造成社會快速變異的原委，期能導進社會的發展，引領人們走向一個有序、進步、可發展的璀璨明日。

結語

根據二○○六年六月十一日路透社的報導：「美國有愈來愈多企業為了增加企業競爭力，在公司內提供員工按摩、瑜伽等紓壓課程，讓員工心情愉快，工作效率提升。這類活動本來只有非傳統公司才提供，但現在很多公司都流行。許多企業都說，讓員工快樂上班，是留住人才的好方法，以免員工輕率跳槽，投效競爭對手。這種福利是美國許多最佳工作場所備受員工喜愛的原因之一。研究已證實按摩可以降低壓力、緊張與疲憊。發表在《國際神經科學》期刊的論文也顯示，經按摩治療的人不但變得更警覺，計算數學的速度與正確性也見提升。全球最大廣告集團宏盟集團（Omnicom Group Inc.）旗下企業 Organic 公司的人力資源部門說，同行競爭激烈，不努力讓員工上班時心情愉快可不行，這攸關招募人力且留住現有員工。」這些正是職業變遷的寫照。

第五章　職業意識

前言

　　根據一〇〇年十二月二十五日中央社的報導，受到全球佈局的策略思考及企業外移的影響，臺灣上班族還是不放棄轉換新機會，有百分之六十五點六的上班族覺得工作無法替自己帶來快樂，超過半數以上的上班族想轉職，雖然轉職的意願高，但是轉職的動能卻來自於負面理由，有百分之四十五點六的受訪者表示，因為目前的「薪水不符期望」；有百分之四十一點四的人認為，眼前的工作「沒有升遷的機會」；另有百之四十點七的人是因為「看不到公司的前景與發展」而想轉職。在選擇新工作方面，多數人最在意新公司「是否有健全的福利制度」，占百分之七十一點九；其次才是「優渥的薪資待遇」，占百分之六十一點八；至於公司是否「有大好的前景」，則屈居第七位，僅有百分之四十四點九為公司前景跳槽。對於產業的選擇傾向，以電腦資訊服務業、商業貿易產業、金融理財產業，為上班族最青睞的三個產業類型。這項報導說明了今日人們的職業意識，對照於「成功的基礎，十之八九建築於：自己先有一種堅信，然後全力以赴」，表述了職業意識牽動了個人的生涯成就。

壹、工作傾向

　　工作傾向和態度影響一個人的生涯發展，以習醫為例，多年來，大家都認為是醫師是一項很好的「職業」，而不是把它當成「志業」。職業是為了賺回生活費，志業是自己想要去做、喜歡做，且做得好的事。把醫師當

志業，是從關心別人、解除別人痛苦裡得到快樂，付出是絕對多於收入的。醫師不管收入多少，付出一定要超過收入，才會覺得快活。但整個社會，都把醫師跟收入好畫上等號。選擇志業是非常嚴肅的決定，尤其醫師是種付出多於回收的終身志業。醫學倫理教育，其實就是身教。老師是有道德觀的人，你在他旁邊，就會嗅到正確的道德觀。若是一位醫師，只要不拿不該拿的，就不會違法，法律畢竟是最低的要求，道德觀遠在法律之上。這便是「良醫」和「名醫」的差別，因為良醫是把「醫人」當成志業。

個人所從事的工作與過往的經驗有著直接而緊密的關係。社會學家試圖探究個人的工作性質與經驗，與個人行為、態度、人格特質之間關聯性。現今社會的分殊化使得人們從事的職業種類愈來愈多，性質也愈來愈複雜。個人從職業上所獲得的經驗和所受到的影響有其差異性。諸如組織特色、組織規模、組織文化，使得工作其間的人們具有特有的經驗，並且受到不同的影響。同時，參與工作的成員其價值、態度也影響到組織氣候、產品的特色等。是以有關工作態度的研究受到廣泛的重視。

就理論上的意義言，現代社會是一個高度受職業影響的社會，人類從出生到老死的許多生命階段，都與職業發生密不可分的關係；人類的許多社會性與心理性的需求都受到職業情境的影響，組織也提供了這些需求的滿足。因此，瞭解人類對於職業結構的反應、人在職業中的各種態度與生活，可以說是瞭解現代社會的一種基本途徑。其次，就實際上的意義言，人在工作時能否得到滿足，是影響組織運作與績效的因素，組織如欲繼續存續發展，除了圓滿達成其最主要的目的（如生產物品或提供服務）外，還需要給予其成員某種程度的滿足。再就更廣闊的社會面來說，組織成員的職業態度滿足與社會發展也有關係，工作滿足的高低可以代表社會措施的是否公平與合理，因此，它可以作職業現象的重要指標。

「價值」是一項具有偏好標準的認知或態度內容，而「工作價值」是針對某一特定工作所反映的價值傾向。工作所具有的意義，以及工作中所關係的規範準則、道德倫理以及行為準則，皆是工作價值的表徵概念。而工作價值本身則具有多面性的本質，亦即是一般所談價值是具有多層面的

意義。價值層面的大小並非固定，事實上是隨著個人需要和社會環境而有所不同，因此，在測量上工作價值的概念內涵常因不同的情境而略有分別。工作價值觀可區分為下列三大類（Stefflre & Chaney）：

表 5-1　工作價值觀的取向

取向	內涵
內在取向	指個人可直接從工作經驗中獲取之報酬取向，包括興趣、創造性、發揮專長、表現和應用所學。
外在取向	指個人透過一般工作經驗後，由工作中獲取存在於工作以外的報酬。包括：1.物質報酬層次：收入、工作福利、權力地位和聲望。2.社會心理層次：友誼交流、被人重視、服務功能、互助合作機會。
綜合取向	指個人認為從事工作的實質意義，包括機會成本、人生意義、自我實現、獨立自主及擔負責任。

（資料來源：作者整理）

貳、工作態度

　　根據二〇一一年六月十一日日本《朝日新聞》的報導：日本一項針對三千餘名企業員工的研究發現，日本企業員工因為過勞，愈來愈多人上班時不得不與瞌睡蟲奮戰，不然就是上班時間爬不起來而遲到，或是乾脆請假休息，在在導致生產力低落。日本企業員工對超時工作早就習以為常，即使下班時間已到，員工都不好意思先離開。在水洩不通的日本通勤電車上，經常可見疲憊不堪的上班族睡得東倒西歪。職業上的工作品質和工作態度息息相關。「態度」是指「個人對一特定對象所持有的評價感覺及行動傾象。」（李美枝，1984）羅克契（Rokeach）則將態度界定為「是個人對一共同對象之數個相關聯信念的組織。」是以態度為一具有結構與組織的複雜認知體系。此種數個相關聯信念的組織，一般的研究者將之分成：認知（cognition）、情感（affection）、意向（conation）三個部分。

表 5-2　態度的內涵

項目	內涵
認知	是指對態度對象所持有的信念、知覺及訊息，因此態度的認知成分常帶有評價的事實，不只敘述個人對態度對象的所知，也表示個人對態度對象的贊同與反對。
情感	是指個人對態度對象的情感感覺，諸如：喜歡==厭惡、接納==排斥等正負面的感覺。
意向	是指個人對態度對象的反應傾向，即當個人對態度對象必須有所行動表現時，將有如何行動，亦即反應的準備狀態。

（資料來源：作者整理）

　　工作態度是指「一個人在具有特定價值後，對其工作所採的一般對待方式。亦指對於工作各方面，依其所持有的價值而準備採取的反應。」（Park, 1986）達利（Darley）則主張：「個人的工作態度在有工作經驗之前即已決定，具有特定人格、知覺習慣，以及價值類型的人，會尋求能讓他們自由發揮這些特性的職業。」（Darley, 1968）因此，工作態度與個人人格、行為特質，乃至職業經驗、職位、階層，皆有關聯性。人們對工作的態度，反映出他們工作愉快或不愉快的經驗，以及未來的工作期望；亦影響整體組織的工作效能、組織氣候、組織發展、勞資關係等。在認知工作態度的意涵，於個人生涯規劃時，宜朝向下列方向努力：

表 5-3　生涯規劃思索的內涵

項目	內涵
自我評價	（1）我的人生價值是什麼？ （2）我的人格特質是什麼？ （3）我最感興趣的事情是什麼？ （4）我有的技能和條件有哪些？
自我探索	讓自己從上述自我評價中找出自己可行的生涯方向。
鎖定特定	讓自己設定一個值得而且願意花最多時間去進行的目標。
生涯策略	（1）最可能的目標是什麼？ （2）如何達成此一特定目標？ （3）在何時進行上述行動計畫？

（資料來源：作者整理）

參、工作滿足

對於工作場所進行有序及系統性的研究，可以溯及至一九一三年 Munsterberg 所著之《心理學與工業效率》一書，首先提出關於「工作滿足」研究。而梅耶（Elton Mayo）於一九二七年到一九三二年間，對於芝加哥西屋電氣公司霍桑工廠所進行的深入調查，這項調查不僅奠基了行為科學對工作場所的研究，也促使人們關注工作環境中的人際關係，肯定「人」在組織單位中的重要性和影響性，成為「人際關係運動」的基礎。此種對於人類動機與行為的研究途徑，亦引發諸多學者所接受，其中包括科學管理的擁護者，他們的著作即運用此種研究方法。著名的科學管理之父泰勒（F. W. Taylor）及其同僚嘗試將科學方法用於工業。他們的研究途徑有如下的假定：「人之於工作，也和機械一樣，可以盡可能使其有效率，適當運用激勵（incentives），可使受雇者效率提高，能增加管理人員與工人雙方的所得，因而保障了雙方的和諧合作。」（Park, 1985）強調人際關係運動的研究途徑，即是針對上述研究假設的反動，而引發行為科學對人在組織環境的重視，而產生一系列關於人際關係的探討。

「工作滿足」之所以引起學者們廣泛的興趣與注意，實在是因為它仍是職業社會中一個相當基本的問題，現代社會是一個高度組織化的社會，一個人的職業已不僅僅是一份糊口的工作，它也是個人充分自我實現的領域，而且它還象徵著一個人在社會上的地位與身分。所以，影響所及，不只是在工作內的時間，在相當程度內會影響到他正常工作外的生活。

「工作滿足」是一種為個人所意識到的主觀心理狀態。這種主觀的心理狀態是源自於對工作內容和工作環境特徵的反應。一般多將之定義為「工作者源自於工作的一種愉快且正面的情感」。這種情感是受到個人的價值觀和其對工作及工作環境的兩者之間互動的影響。所以，工作滿意程度的高低，乃取於個人從特定工作環境中實際所得的報酬和預期所得的報酬之間的差距大小而定。差距愈小，工作滿意程度愈高；反之則愈低。其中，對工作和工作環境的評價亦是關鍵所在。Hoppock 認為：工作滿足乃為一整

體性事務，其層面包括：組織本身、職務升遷、工作內容、主管管理、福利待遇、工作環境、工作伙伴等部分。此種感受和評價，乃取決於工作者自特定工作環境中所實際獲得的價值與其預期應獲得的價值之差距。工作滿足與工作效能關係密切，誠如，艾京遜（Atkinson）與麥克蘭（McCelland）認為個人是否產生成就取向的活動，乃是受到個人對工作績效評價的預期影響。而個人成就需要的傾向，是受到個人成就需要強度、工作成功的可能性及該工作誘因的多寡的乘積。

肆、工作投入

投入（involve）是一種注意力的集中或是一種個人感情上的承諾。投入的對象包括工作投入、組織投入、社會投入、工會投入等。薩漢德（Salehand）認為工作投入的解釋和定義可以歸類為以下四類：

第一，為個人的整個工作情境，在個人生活環境中所占的重要性程度。

第二，為工作上個人主動參與，以使個人的尊嚴、自主、自我尊敬等需求，獲得滿足的程度。

第三，為個人認知到工作績效對個人自我尊嚴影響的程度。

第四，為工作績效與自我概念一致的程度。

工作投入可視為自我概念在工作上的表現：麥克利蘭（David C. McCelland）歸納出幾個高成就動機者對工作投入表現的特性：

表 5-4　生涯規劃思索的內涵

特性	內涵
解決能力	可以從困難的環境中，試由個人的才能或努力去克服困難，而獲致成功，使個人的才能和努力得到認可，內在需求因而獲得滿足。
設定目標	個人工作時具有二種傾向，一種是求取成功的傾向，一是逃避失敗的傾向，此兩者的強弱乃視個人的動機、誘因與期待三者間之作用結果而定。而成就動機是在趨避此二種衝突情況所合成的結果。

渴求回饋	高成就動機者對其行為的成功與否期望較高，因此對於行為後的回饋也特別注意，且常與其原先之抱負水準相比較，若超過之，則個人獲得成就的滿足，若不是則思補救之道。

（資料來源：作者整理）

經由前述可知，成就動機高的人，以追求成功為其目標，因此若在工作環境中有成功的預期，或認為組織對個人行為將採取支持的態度時，均將促使個人對其工作產生投入，以期獲得成功。是以，當工作特性具有較高的自主性、工作認同及回饋性時，則具有高層次需求的人，受到激勵而產生投入的反應；那些不具有高層次需求者，則會產生不安與挫折的反應。

伍、組織承諾

史帝文生（Stevens）等人發現組織承諾包含兩種不同的觀念及看法：規範性的觀點及交換性的觀點。茲分別說明如下：

一、規範性觀點

規範性觀點受到自我實現理論（Maslow, 1943）及雙因子理論（Herzberg, 1957）的啟發，強調從激勵和自我實現的觀點探討組織承諾。

表 5-5　組織承諾的內涵

觀點	內涵
對行動的信念	承諾是對某一特定行動的結果具有某種信念，並且持某種特定行為抱持規範的信念。因此，個人願意留在一個公司，或為組織付出更多的努力，並非因為他評估出這樣做獲多少利益，而是因為他相信他「應該」這樣做，這樣做是「對的」，是大家所期望的行為。
對組織的承諾	對組織的認同感及忠誠度，反映在對組織任務一種感情上的融入或心理上的投入。
對工作的反應	（1）個人實際的與理想的工作一致。 （2）認同於已選擇的工作，不願意另外尋找工作。

與組織的連接	組織承諾是個人目標與組織目標愈趨一致的過程。它超出了被動的忠心，而代表了個人對組織一種更主動的關係。
對道德的發展	(1) 對組織的認同（即對組織目標的接受，是發展對組織依附的基礎）。 (2) 對組織工作角色的投入（即對組織的強度）、情感性的關注或指對組織的忠心（即對組織依附的評估）。
對組織的利益	是種內化的規範壓力，使行為配合組織目標及利益：可反映出個人對組織的奉獻，顯示出行為具有持續性，較不受環境所影響，對組織的專注並投入大量的心力和時間。

（資料來源：作者整理）

　　由上可知，規範性承諾是將個人與組織連結在一起的態度或導向，或個人目標與組織目標愈趨一致的過程。因此，規範性承諾是員工主動的一面，因個人對組織具有正向的態度，而產生對組織的認同及投入。

二、交換性觀點

　　交換性觀點（exchange approach）脫胎於社會交換理論（Homans, 1961）及公平論（Adams, 1963），完全以獎賞和成本的功利性，探討組織承諾。贊成由交換的觀點來解釋組織承諾的學者認為（Staw, 1977; Rusbult, 1981）：

(一) 組織成員常會比較自己對組織之貢獻，以及從組織所獲得之報酬。如果成員經過計算評估，認為這種交換過程對自己有利，那麼他對組織之承諾就會提高；反之則其對組織之承諾就會降低，此種行為可視為一種交換的行為。

(二) 交換性觀點又稱為工具性（instrumental）觀點，計算性（Calculative）觀點及行為觀點。組織成員會算他與組織之關係，一旦終止此關係，他會遭受多大的損失，來決定他對組織承諾之高低，是種典型的功利精神（utilitarian）。

(三) 組織承諾是員工對組織生存的奉獻，員工因為受到個人投資與犧牲的刺激，使他們覺得離開組織是很不划算而且困難的。

(四) 以投資（investment）及投入（involvement）來說明組織承諾形成的過程。由於個人對組織投資相當程度以後，他會對組織產生相當的認同感，而不得不對組織有所承諾。

(五) 承諾是指個人在行為上表現出來的束縛。

(六) 從交換或交易（bargaining）的觀點探討成員與組織的關係，認為組織承諾是一種個人與組織交易的結構性現象，是隨時間的增加但不具轉換性的投資結果。

(七) 角色緊張（反映出獎賞和成本的平衡）及年資對組織承諾最具解釋力。

(八) 組織承諾為對獎賞和成本關係的滿意程度，個人投資大小及對其他工作機會的判斷組合，即個人對組織獎賞的滿意度愈高，所投資之成本愈大，而其他工作機會愈少的話，則個人對組織之承諾感愈高。

　　Staw（1981）從社會心理學的觀點認為，自我辯正（Self Justification）對於承諾的決定，具有相當重要的影響。隨著個人待在組織時間的延長，個人所投入的心血必定愈多，由於人類的行動常不具可逆性，因此，個人在組織所投入的累積成本隨年資的增加而愈增，迫使個人在心理上必須做一番調整，以減低認知上的失調，來辯護自己的抉擇是正確的。換句話說，由於個人多年來支持組織所付出的努力與心血，使個人覺得所蒙受的沉入成本（sunkcost）愈來愈大，個人必須在心理上做一番調整來說服自己，認定在單位上工作的價值，因而提高了對組織的承諾感。

陸、時間管理

　　根據何常明先生所著《管好時間做對事》中的觀點，提出了我們要管理的不是時間，而是我們自己，是對自己價值觀的管理、對自己狀態的管理及對自己行為習慣的管理。如果拋開這些根本而去談一些時間管理技巧的話，那只能是治標不治本的。因此，針對時間管理該書中提出了七個方案。

表 5-6　時間管理組織承諾的方案

方案	內涵
明確價值	確認價值觀是時間管理的根本，是實現人生目標的前提。西方有句名言：「你知道什麼是沮喪嗎？那就是當你花了一生的時間爬梯子並最終達到頂端的時候，卻發現梯子架的並不是你想上的那堵牆。」這句話充分說明了明確價值觀的重要性。價值觀是我們人生的指南針，是人生中不可或缺的，它能讓我們分辨出何者為重，何者為輕。所有能夠成功把握自己時間的人都始於明確自己的價值觀。制定價值觀準則所要遵循的重要原則：所制定的規則要能夠幫助你，而不是阻礙你達到目標；它必須是你所能掌握的，這樣外界就無法控制你的感受；它要讓你很容易感到快樂，而很難感到痛苦。
目標設定	在生活中為自己制定各種明確的目標更有助於成功，而對自己的目標和方向有一個清晰的瞭解是一切偉大成就的開端。如何制定目標呢？作者提供了一套設定目標的十步程式：（1）放鬆；（2）書寫心願，構築未來；（3）確定時限；（4）找個理由，確認目的；（5）複製；（6）應具備的特質；（7）明確障礙；（8）制定路線圖；（9）選擇顧問；（10）簽訂契約。
心理狀態	人在精神萎靡的時候，總是工作效率低下，容易做錯事；而在精力充沛、活力四射的時候，總是無所不能，極富創造力。所以說有時我們的成就，並不取決於我們的能力，而是取決於我們當時所處的狀態。
持續改善	俗話說：「只要工夫深，鐵杵磨成針。」由此可見「持續改善」的力量有多大。每天進步百分之零點五，每周五天，只需一年，與一開始相比，你就會取得百分之三〇〇的進步。如果你能持之以恆，就有望在兩年內提高百分之一〇〇〇，在三年內提高百分之三〇〇〇，而在四年內你將會提高百分之一〇〇〇〇，也就是一〇〇倍，這是令人振奮的！
創造行動	拖延絕對是時間殺手。你每次拖延所產生的負面能量會一點一滴地積累起來，最後，和持續改善一樣，它會以水滴石穿般的威力嚴重影響你的自信、自尊、自愛，最終使你徹底崩潰。
消除壓力	正面壓力能夠轉化為動力，提高我們做事的行動性和創造性；而負面壓力會使我們情緒壓抑、精力耗盡，享受不到工作帶來的樂趣，從而失去追求成功的激情。壓力管理的四個核心策略：（1）覺察；（2）提出正確的問題；（3）調整生活方式；（4）放鬆。正確運用這四個策略，相信讀者可以隨時隨地消除壓力，輕鬆擁有每一刻。
預設地圖	事前進行完美規劃，使所用的時間達到價值最大化，避免吃「後悔藥」。人們常說，「最稀缺的資源是時間。」「上帝給每個人的一項公平的對待就是每天僅有二十四小時。」當能「豫則立」做好達成目標的地圖，人生的願景方可逐步實踐。

（資料來源：作者整理）

結語

　　二十世紀七〇年代中期西方開始盛行著「工作生活質量理論」，其強調：工作生活質量包括多方面的內容，如滿足職工在參與管理方面的要求、從事富有意義的工作、有機會接受繼續教育、工作時間較有彈性、滿足個人文化和社會方面的特殊要求等。具體而言，它主要包括以下三個方面的內容：第一，滿足職工參與管理的要求。職工越來越希望直接參與工作條件和環境有關的事務，特別是參與職場的管理和決策。第二，滿足職工對工作內容更富有創意的需求。隨著職工物質生活素質的提升，人們越來越重視工作本身是否具有「挑戰性」和能否獲得成就。第三，要滿足職工輪替工作和學習的要求。由於科學技術的迅速發展，知識更迭的速度越來越快，職工必須不斷地學習新的知識技能，使知識更新。這使得傳統的生活方式（教育－工作－退休依次發展）逐漸為工作與教育的周期輪替（教育－工作－休假－教育－工作－休假）所取代，因而產生的周期性訓練、在職培訓、終生教育、彈性工作時間、第二職業和第三職業等。要滿足職工享有更多個人自主的需求。隨著個人收入的增長，人們逐漸從追求經濟需要轉向追求社交和受人尊重的需要。因此，職場管理不能只考慮物質鼓勵，而必須更周密的考量良好的社會服務，例如：關心職工生活、人際互動等。只有自上述的方向努力，才能促使個人於職業、生活素質的全面提升。

第六章　職場中的勞資互動

前言

　　跨國公司引進的人力派遣風潮，逐漸在台灣吹拂開來。勞動彈性化，讓工作的穩定性消失，個人生涯的可預測性降低。日本的飛特族（Freeter，或稱自由工作者）和單身寄生族，都是這個趨勢的副產品。日本一九八五年實施勞動彈性化，二〇〇四年，有將近一千六百萬人屬派遣、定期契約或部分工時工，約占全國五千萬勞動人口的百分之卅二。同時過半數職業女性以飛特族身分（兼職、工讀、派遣、契約員工）就業，這些就業現象均影響職場中的勞資互動。

　　人們在職場中生活，彼此之間就會發生相互交往和相互作為。又職場的行為必須遵循一定的行為規範，才有秩序。職場互動的表現可分為兩個方面，一是職場行為方式；二是職場行為規範。職場互動的內容雖然千變萬化，但是其形式不但是職場的行為準據，並且也是形成社會現象的主要根源。

壹、勞資關係的意涵

　　勞資關係最簡單的定義就是：「勞方」與「資方」的關係，也就是勞工與雇主之間的關係。若從法律的觀點而言，則勞資關係應指勞方與資方兩者基於彼此所訂之僱傭契約而產生的「權利義務關係」。再從社會心理的角色來看，則勞資關係應可指勞方與資方彼此之間所存在的人際、情感甚至是道義等關係。從上述的勞資關係之定義來看，勞資關係實具有以下幾項重要的特性。這些特性對於各種勞資關係問題的處理，確有極密切的關係：

表 6-1　勞資關係的意涵

特性	內涵
集體性	就集體的勞資關係，則指勞動者之團體（如工會等），以維持或提高勞動者之勞動條件為目的，與雇主或雇主整體的關係而言。
從屬性	勞動者係在從屬的地位上提供其職業上的勞動力為主要義務，因此，勞動者在勞務的提供過程當中有服從雇主指示之義務。
對等性	對等性義務乃指當事人之一方不為某一項義務之履行時，他方可免為另一項相對義務之履行而言；而所謂非對等性義務則指當事人之一方縱使不為某一項義務之履行，他方亦仍不能免為另一項義務之履行而言。例如，勞動者之勞務提供與雇主之報酬給付為有對等性。
共益性	指勞動關係中，契約之履行，對勞動者與雇主二者有其共同利益之點而言。
經濟性	勞動者盡了勞務給付的義務，從雇主獲得一定的報酬，這種勞務就是勞動者的經濟價值，這種出自勞動者本身的勞力，在勞資關係中含有經濟的要素。
法律性	勞資關係本即由於僱傭關係而產生，所以勞資關係在法律上完全是一種契約的形式，乃是經濟要素與身分要素同時並有的一種特別法律關係。
公益性	勞動從社會生活看，實在包含有公益性質，例如勞動分配、勞動時間、工資、勞資爭議等等，凡是與勞動有關的事情，莫不與社會公益發生密切的關係，還具備有社會生活上公益關係的特質。

（資料來源：作者整理）

貳、勞資互動的因素

工業革命初期，資本家集資設廠購買機器，需要龐大的投資，而招徠工人卻只花費一紙通告。機器有所損壞，必須付出鉅額的修理費用，而工人如果染患疾病甚至遭受到傷害，雇主卻可以置之不理。於是，「機器重於人力」，成為當時資本家所共有之觀念。他們為了追求利潤，更不惜剝削工人。在「低工資、長工時」的壓迫下，工人的精神與肉體苦不堪言，因而引起了社會的同情與政府的重視，乃在立法上採取保護工人的行動。而後科學逐漸發達，技術不斷進步，但「機器」的「效能」仍有賴「人」去「發揮」。所以，工業中人的因素遂逐漸為資本家所發現與重視，大家開始體認到：機器是人發明的，也是人製造的；機器固然寶貴，應予愛惜，但是製

造和使用機器的工人，則是生產的重要分子，至少應該得到和機器同等的愛護。何況機器雖然很貴，只要有錢，極易添置。而技術好的工人，則需數年乃至十數年的累積經驗始能養成，不是花錢可以立即辦得到的。「人力重於機器」的新觀念，乃逐漸在工業界中形成。

自由契約的勞動制度，雖使勞工與雇主在表面上居於平等的地位；但在實際上，勞工仍然是一個被剝削者。因為兩者所擁有的財力明顯的不平等，故所有勞動者與資本家所簽訂的勞動契約，都是片面地有利於後者。在此情況下，受僱者不得不致力於本身的團結，以求確保自身的法律權益。多數受僱者遂起而組織工會，期以團體的力量，彌補個人交涉能力之不足，於是而有「團體協約」之締結，使勞資關係從片面式、服從式的，轉而為權利義務、平等互惠式的。它不僅使勞工的地位得以提高，工作和生活有所保障，而且使勞資關係進入一個嶄新的階段。在權利與義務的對比之下，結合了勞資雙方的利害關係，促使勞資雙方互助合作，努力增產，以求勞資利益之均衡發展。

如前所述，近代勞資關係的形成，是在人類的經濟生活進入機械工業時代之後，由手工業一而為機械工業，使生產力、生產方式、生產組織和生產關係都起了變化；從中世紀的傳統習慣與各種限制中擺脫出來，逐漸脫離了政治干涉和宗教拘束，而躍進於近代自由企業的發展與競爭。人民的經濟活動得到解放，生產事業才蓬勃發展，工業在經濟上的地位，遂由商業的附庸，一躍而為經濟之主流。而工業躍進的結果，又使經濟上發生了三個大的演變：第一，是勞力就業化，使勞動者的地位獲得合理之調整。第二，是資本大眾化，股份公司成為生產組織主要的型態。第三，是管理專門化，企業的行政權歸諸專門人員管理。在這三種演變之下，促成勞工地位的穩固與改善，也拉近了勞資之間的距離，使勞資關係由「對立狀態」進入「共存共榮」，而且發生事實上的「交融」。

勞資關係的範疇相當廣泛，它所涉及的因素相當多。因此，要明白指出哪些因素影響勞資關係，的確不是一件容易的事。不過，我們發現，如果能從開放系統（open system）的觀點來看勞資關係，亦即視勞資關係

為一個開放系統，則較容易找出影響勞資關係的因素。美國著名的勞資關係學者約翰鄧洛普（John T. Dunlop）教授認為一個勞資關係系統的主要部分有：

表 6-2　勞資關係系統的內涵

因素	內涵
行動單元	勞工、管理者（包括資方與其代表）及政府。
外在環境	生態系統（ecological system）、經濟及技術系統（economic and technological system）、政治及法律系統（political and legal system）以及社會系統（social system）。
轉換過程	產出（包括實質的及程序的法規）。
反饋系統	法令、規章或措施的效果亦反饋至環境及勞資系統本身。

（資料來源：作者整理）

　　當勞資關係系統的轉換過程失靈時，則別的系統（如環境系統中之一）便可能暫時接管此系統。例如，當憤怒的工人把工廠燒掉，軍警出面鎮壓時，政治系統便不得不暫時接管勞資關係系統。勞資關係系統的三大主角可以是個人也可能是團體（有組織的或其他方式）。他們各自均具有一些實質的或程序性的目標，也具有一些達成目標之方法的基本信念，此即所謂的價值；他們自身當然亦均具備某些能力（例如智慧、人格特性、知識及影響他人之力量等）。而他們所處的直接環境（immediate environment）常常同時具有兩種性質：助力（facilities）與阻力（constraints），前者係指有助於其目標之達成者，後者則是不利於其目標之達成者。例如一位勞工的直屬主管對此一勞工而言，有時是助力（如果此主管經常給予鼓勵、支持的話），但有時則變成阻力（如果他管得太緊的話）。另外，三個主角及其所處的直接環境，自然都受到其更大的外在環境系統的影響，究此，不難看到勞資關係的複雜性。

參、勞資關係的挑戰

今日社會的勞資關係，除了呈現快速變遷的情形外；若以先進國家的實況及整體社會的脈動，隨著整體結構的變化，我們推估勞資關係於未來社會將會出現新的互動方式，亦將對現有的勞資關係帶來新的挑戰。這些情況包括：

表 6-3　勞資關係的挑戰

項目	內涵
勞動結構的變化	在可預見的未來，婦女勞動力和銀髮族勞動力的比例將提高。由於生育率的下降、家電產品的普及和工作觀念的改變，婦女進入勞動市場的比率將會再提高。此外，隨著國人平均壽命的延長，老年勞動力比重亦會逐漸增加。這使得以青壯年男性為主的勞資關係將趨向兩性和多種年齡組群的多元化勞資關係。
勞動市場國際化	由於國內基礎工程的勞工短缺，政府乃於一九八九年起，允許專案引進外勞，現有外勞人數已達四十五萬餘，分屬泰國、菲律賓、印尼、越南等國家。使台灣勞動市場趨向國際化。本國籍和外國籍勞工在同一企業共事之情形將極為普遍，不同國籍的勞工對勞資關係帶來新的挑戰。
服務業比例增高	勞資關係與工作特性有關，隨著社會變遷，根據已開發國家的經驗，在我國未來的社會中，就業人口中參與服務業的比例勢將提高到百分之六十左右。由於勞資關係與就業結構關係密切，因此就業結構的差異，必然影響到勞資雙方彼此的互動。
生產方式的改變	台灣多年來之經濟發展，所依賴的充沛與低廉勞動力逐漸喪失。因此，勞力密集生產方式必須提升為資本、技術智慧密集生產方式。此一種轉換過程中，導致勞工工作性質變動、技術層次的提升、工作成本的提高，均會對企業內勞資關係產生衝擊。
高科技產業發展	從當前的產業結構和產業發展來看，我國的製造業在高科技產品有增加的趨勢。隨著高科技產業的發展，將使得資本、研究發展、技術基礎等與原有產業相距甚遠。同時，面臨著高科技人員的待遇提升，使得人工成本大增，而技術和智慧權移轉的權利金也將付出高額代價，此對企業內勞資關係將造成劇烈影響。
新工作族群加入	新工作族加入企業，他們對「工作倫理」有新的詮釋；新工作族不易效忠組織，而在乎自己的專業；工作目的與意念的變動、配合著技術層次的變異等，均會對原先的勞資關係產生衝擊。

產品競爭的加劇	當我國加入 WTO，此將更開放國內市場，導致進口替代產業與服務業的壟斷利潤下降。倘若那些產業的經營效率未能有效提昇，則其勞動條件之改善會因而受阻，而處於調整過程中的勞、資、政間之衝突勢必難免。
公營事業的移轉	公營事業移轉民營已是政府既定的政策，在移轉過程中，資遣員工難以避免，此對公營事業機構勞資關係的和諧將有所影響。
多國企業的挑戰	由於土地價格高漲、環保意識抬頭、相對工資提高等因素，造成企業透過對外投資以維繫其生機。此舉對企業之經營會產生重大的衝擊，勞資雙方在業務緊縮或資遣（甚或關廠）或職務上的變動之爭議將會提高。再者，海外分公司或子公司的經營因為需回應投資國和國際組織對多國籍企業運作的規範，勢將帶來新的勞資關係。
勞資爭議的改變	長久以來，勞工抗爭的訴求重點，以權利事項的爭議為主，也就是說勞資雙方基於法令、團體協約、勞動契約之規定所為權利義務之爭議；隨著勞工權利意識高漲，勞工的爭議訴求已轉為要求調薪、縮短工時或其他勞動條件之提昇。

（資料來源：作者整理）

　　然而目前我國面對國外強烈的競爭壓力，勞工亦逐漸體認到，為使企業維持競爭能力及永續經營，在權益的爭取上，必須考量雇主的負擔能力，因此未來的勞資爭議訴求重點，將會朝向 1.工作環境之安全、舒適、減少職業災；2.能夠隨著企業成長，並作一生涯規劃，專長訓練；3.參與企業經營，由資訊獲得，到參與協商、決策等工業民主潮流；4.工作生活品質提昇，各種福利及工作生活品質能符合社會一般階層需求，並由物質層面到精神層面，由量到質、有形到無形層面之工作及生活豐富化、人格化。

肆、勞資倫理的重建

　　勞資倫理係指勞資之間的倫理關係，包括勞動者倫理與雇主倫理。勞動者倫理為員工對雇主應有的行為規範，亦即勞工對其所從事的工作及該工作所涉及的關係，不論直接或間接，均須盡道德上之義務，此等義務又可包含工作、服務、勤慎、忠實及契約結束後的義務。雇主倫理為雇主對員工應有的行為規範，其所須履行的義務則包含工資給付、照顧及契約結束後的義務。

　　近年來，勞資倫理遭到嚴肅的考驗，若干雇主不再像以往負起照顧勞工的責任，而隨意資遣勞工，以逃避退休金；而部分勞工亦不再像往常負起對雇主忠誠的責任，在要求加薪或提高福利時，亦未考慮自己相對付出了多少，只一味爭取權利而未善盡義務與責任。這些缺乏倫理觀念的行為正是勞資爭議的根源。因此，要使勞資之間和諧合作、相互依存，要能經由合理的勞資倫理才是正本清源之道。

　　為善盡企業組織的社會責任，並因應台灣當前經社環境的轉變及「福利社會」的潮流，勞資倫理之建立應朝以下方向進行：

一、塑造企業文化

　　企業文化乃是一種「價值觀」，是一種以「人」為重心所建立起來上下一致共同遵循的價值體系，使得每一位員工都清楚的了解到自己努力的方向，也了解大家努力工作背後的真正意義和理念，這樣的過程不但使得上下之間的溝通頻率變得特別活絡，而且能夠激發員工旺盛的工作意願與互助合作的團隊精神，諸如：麥當勞、IBM、全錄、波音飛機等公司就是因為具備有強而有力的企業文化，所以能夠躋身世界一流大企業的行列中。日本在二十世紀七〇年代，員工的主要需求在於三 C：汽車（Car）、冷氣機（Cooler）和彩色電視機（Color TV），著重在物質方面，而企業也以此目標激發員工。後來隨著外在環境和員工需求的改變，乃提出新的三 C 概念：企業文化（Corporate Culture）、溝通（Communication）和創造力（Creativity）。近年來美國企業界也有感於勞資對立的破壞性與勞動生產力提昇的必須性，乃提出教育訓練員工的三 C 概念：人際溝通能力（Communication）、事務分析能力（Comprehension）、數理分析能力（Computation），紛紛表現出美、日等國對企業內部溝通的重視與努力。國內企業也有運用企業文化，成功地激發員工工作意願使企業迭創佳績的例子，像宏碁電腦公司的宏碁文化、震旦企業的三意文化（使員工願意、樂意、滿意），充分顯示出企業文化的確是一項消弭勞資爭議、再創企業活力的動力來源。

二、權利義務對等，報酬貢獻相稱

一個公平的社會，人人得以享受應享受的權利，也必須善盡應盡的義務，而一個健全的企業，也應本此原則，對於各項生產要素的貢獻提供合理的報酬，以維持生產的不斷提高，更具體的說就是單位產出勞動成本的提高也必須伴隨著勞動生產力的提高，才能使企業與勞方互蒙其利。就我國而言，由於勞資雙方均能體認到企業發展與勞工利益相輔相成、密不可分的關係，因此資方適時調整工資、改善環境，以提高工作效率，而勞方亦在生產力方面不斷提高，使企業的經營更有活力、更具效率。今後應在此一和諧良好的基礎上繼續努力，業者對於勞工的貢獻給予合理報酬，而勞工亦本著權利義務對等觀念，在各個不同的工作崗位上，以生產力的提高及工作表現來促進企業的發展，進而獲得的報酬與重視。

三、擴大勞工參與管理活動

由於工業革命的衝擊和社會結構的轉變，勞工的工作愈來愈細分化，工作重複單調而無樂趣，失去控制生產的成就感，而組織結構趨向金字塔化，中間管理層又逐然萎縮，升遷機會減少，使得勞工追求參與的意願日益提高。再加上勞工的教育水準與知識領域逐漸提高，勞方愈希望從參與工廠管理方面得到滿足，以彌補工作中精神的損失。勞資關係需要適度的參與，所以勞工多參與是好事，不是壞事，勞方可經由參與瞭解公司經營的成敗與他有切身關係，讓勞方參與更高層次的管理，可以使勞資合作關係達到更高境界。

四、重視勞資一體，謀求勞資和諧

因為勞工生活，此不僅對社會安全有所助益，且因為勞工生活的改善、購買力的提高，刺激企業生產，對經濟成長有其相當的貢獻。但隨著經濟的日趨發展，對勞動力的需求日增，勞工教育的普及，勞工之權利意

識日益提高，勞資問題亦漸受到關切。不過經濟發展為立國的基礎，無論農業社會或工業社會，開發中國家或已開發國家，發展經濟一直是全民提高生活水準、享受福利的泉源，也只有經濟的持續成長，人民的利益才能獲得增進與保障。因此在經濟愈發達、勞資關係愈密切的時刻，唯有勤奮的勞工，才能使企業具有競爭力，立於不敗之地；另一方面也唯有企業能夠持續健康的經營，才能保障勞工的就業機會、改善勞工生活。勞資雙方應相輔相成、和衷共濟，建立互相「尊重、關愛、誠信」的良好關係，彼此多為對方著想，以「家和萬事興」、「以和為貴」，來加強團結、謀求和諧、發揮勞資倫理、維持生產秩序，才能使企業組織獲得更健全的發展。

五、建立正確職業觀念

職業觀念就是對職業性質、職業內涵、職業價值的判斷，每一個人應該針對個人的性向、興趣，才能選擇適合的職業。正確的職業觀念必須具備職業神聖、職業平等、勞資神聖、基層做起與服務社會等特質。

六、培養職業道德

近年來，由於受到社會投機風氣及功利主義的影響，國民就業意願低落，勞動參與率因而大幅降低，致產生營造業、製造業等行業勞動力不足及「缺工不缺人」的現象，潮流所趨，影響我國社會型態重大的變遷，而在職業道德的倫理層面出現了一些「見異思遷」取代了「腳踏實地」、「浮誇不實」取代了「誠實可用」、「敷衍塞責」取代了「積極負責」等怪異的現象，因此工人紛紛跳槽、雇主關廠歇業，仿冒品、偽藥、假酒、違禁藥品、經濟犯罪、走私偷渡、人頭公司、利益輸送等案件層出不窮，實為我國經濟發展中的一股逆流。因此，重振職業道德已成為刻不容緩的當務之急。

結語

　　勞資關係是企業經營之本，為企業成敗之所繫。其中所關係的人力資源更是企業最寶貴的資產，任何企業為求永續經營與發展，必須重視良好的勞資關係使企業人力能穩定於工作崗位上，降低曠職率、離職率，提高員工滿意度。勞資關係的增進需藉由有效的管理策略，針對社會的變動、人們工作的態度與意念進行適切的回應，以達成企業成長的目標。亦即經由個人的進展推及到群體，以達成組織系統的整體發展。勞資關係中強調運用人力發展與規劃的策略，以達到對組織成員做到：「需才」、「求才」、「用才」、「留才」，其終極目標對個人言是在於提高員工滿意度，對組織言是增進生產效能；究此，足見良好的勞資關係對整體社會的重要性。

　　隨著社會變動、經濟環境的急速改變，今日的企業應不斷加強人力資源管理活動，以提高企業成員的素質，有效運用人力資源，方能因應多變的經營環境，增進企業的效能，達成企業經營的目標。勞資關係猶如車之雙輪，必須穩定且健全的發展才能順利運轉，達到合則兩利、分則兩害的關係。否則不健全的勞資關係將減緩企業的成長，更將危及企業的生存，不但是資方關切的事，也與勞方休戚與共，而勞資糾紛引發的社會成本更是龐大，最後也將由勞資雙方必須以誠懇、平等、互惠的原則，強調勞資關係的合諧、合作，以健全發展彼此關係，在同舟共濟、共利互存的前提下，為謀個人的專業的成長、促進經濟發展、社會繁榮進步而作出貢獻。

第七章　職場文化

壹、職場文化的興起

　　文化是社會關係及其功能之基本價值的具體表現，它可指引社會成員或團體應如何思考、感覺與行為，在何種情況下哪些行為該做或不該做，使社會生活的互動行為更為標準化、不易越軌，也有一既定的模式可循，可使人際間的互動更能順利且穩定。文化使一個社會的價值更加有系統化。這就是說，它集合、包含、及解釋一個社會的價值多少成為有系統的。經由文化，人們發現社會與個人生活的意義和目的。個人了解文化愈徹底，他愈明白它是生活計畫的一個總體。在文化中及經由文化意義與價值乃成為整合的東西。職場文化（Corporate culture）又稱企業文化，企業文化的興起有兩個基本的意義：一個是實踐方面，一個是理論方面。

第一，實踐方面

　　在中國古語中，「文化」本來是指「文治教化」，與「武力征服」相對應。「文化」一詞可追溯自《易經》上所記述「觀乎人文，以化成天下」的所謂「人文化成」，它包括詩、書、禮、樂等文化典籍和禮儀風俗在內的社會生活各方面因素融凝匯合而成的文化。就中、外對文化的概說，除了適足以說明其主要意涵外，並且可證諸此概念的久遠。職場文化觀點受到矚目源自於大批優秀企業的出現，二十世紀七〇年代世界性的石油危機，人們發現有一批很成功很優秀的企業順利地度過了難關，它們生氣勃勃，獲利豐厚。當人們對這些成功的企業進行探究時，發現了一個共同的現象，那就是這些企業有優秀的企業文化，是企業文化的成功建設讓企業獲得了生機與活力。企業的高效益和高生產率，其有目共睹的原因也在於獨特的企業文化的建設。

　　企業間的競爭是隨著會經濟發展而越演越烈。企業要在激烈的競爭中取勝，只能依靠文明競爭。目前，企業為了增強自己的競爭能力而經常採用的辦法有：第一，精心設計和製作新產品；第二，採用先進的設計和工藝來進行生產；第三，提供優良的服務，視顧客為首要；第四，對事物的變化的反應力求全面、迅速。企業能夠做到技術的變化隨市場的變化而改變，能根據顧客觀念、思想、時尚、趣味、愛好等方面的變化而進行調整，它是社會文化新潮的敏感器；第五，採用豐富的促銷手段。因此，企業間的競爭必然要求每個企業重視企業文化建設。可以說，企業文化的興起也是競爭時代的產物。

第二，理論方面

　　企業文化在理論方面的探討，是因為為了解開二次世界大戰以後日本在世界經濟舞台迅速崛起之謎，美國的專家和學者曾多次對日本各種公司的管理藝術進行研究，他們把日本企業成功的奧秘歸結為日本企業獨特管理的成功，寫成了《日本第一，美國要吸收教訓》、《Z 理論——美國企業界如何迎接日本的挑戰》、《日本企業管理藝術》等。透過學者與企業家們的共同努力，在理論界形成了職場文化探究的熱潮。由於企業文化對工作職場供給一個最重要的基礎，它鼓勵對同僚與社會一般地忠心及熱誠，積極性的表現在事實上至少是對所屬組織的一種認同。

　　企業文化之所以能夠成為世界性的潮流，與當今世界變得越來越開放有關。這種開放表現為：第一是資訊的開放；由於現代視聽技術的發展，使得任何地方發生任何重大事件都能很快地傳遍世界各地。第二是科學、文化、思想和技術的開放；各國不僅在科學、文化、思想和技術方面進行交流，而且也進行了更多的合作。第三是市場的開放；在當今世界，幾乎沒有任何一個國家不進行對外貿易，加入或爭取加入國際關貿總協定的國家越來越多就是一個例證，一個國家若採用閉關鎖國的政策，在當今的世界則無異於自殺。第四是經營的開放；當今世界經營的開放表現為絕大多數的國家都允許其他國家到本國投資辦企業，並給予種種優惠。

　　一個企業要在開放和競爭的環境下生存，它必然要面對各種各樣的問題，其中一個很重要的問題便是如何對待當地文化。人們往往對自己的文化不假思索，視為理所當然，這是因為它早已與我們自身融為一體，無法分割了……只有當我們拿自己與其他社會的人們相比較時，才會意識到人們在文化方面的差異。因此，在本國企業文化建設得很好、經營也很好的企業，當其要到國外或國內其他在社會、經濟、文化差別很大的地方擴大業務、進行投資時，在企業文化建設方面一定要有所調整，以適應當地的文化，如在進行企業文化建設時應考慮當地的風俗、習慣、輿論、思維方式、行為準則和價值觀念等等。只有這樣，企業才能夠成功連起職場文化。另外，由於世界變得越來越開放，同時競爭越來越激烈，各國相互間的學習也在增加。如日本的管理藝術、美國的管理思想，都成為他國研究學習與吸收創新的東西。各國相互間管理經驗的學習，無疑也推動了企業文化的興起。

貳、職場文化的創意

　　文化在這裡不是指人類行為及其成果，而是指人類所「學習」的事，即派生出行為的思想體系。文化影響人們的價值標準、範例和準則而使行為方式標準化的能力，成為人的第二天性。文化是一種特殊的客觀現實，在社會中，文化價值可以經由教育被有目的地吸收。文化是無機的物質世界和生命世界之上形成的「超機物」。有人認為文化的價值是歷史的，應採用開放性的文化學說價值觀，重視歷史性、整體性和意志性，而逐步廢置強調現實性、單一性、物質性的封閉性價值觀。

　　文化的界定，我們可以中、外學者的觀點加以闡明：依據英國學者泰勒（Tylor）的定義，文化乃是「一種複雜的整體，包括知識、信仰、藝術、道德、法律、風俗及作為社會一分子所獲得的任何其他能力。」龍冠海認為：「文化是人類生活方式的總體，包括人所創造的一切物質的和非物質的東西。從個別社會的立場來講，一個社會的文化是該社會所建立的，由一

代傳到下一代的，生活方法之總體。至於什麼是職場文化呢？威廉·大內
認為，「職場文化是一種價值觀念和意識，是由傳統、風氣、價值觀和支持
性環境組成。一個公司的文化由其傳統和風氣所構成。文化還包括一個公
司的價值觀，及確定活動、意見和行為模式。……理論文化具有一套獨特
的價值觀，其中包括長期雇用、信任以及親密的個人關係」。職場文化主要
由價值觀和企業家精神構成。職場文化包括了經營環境、價值觀念、英雄
人物、文化禮儀和文化網絡等要素，並將價值觀念視為企業文化的核心。
就職場文化的內涵分析，則分別有：

表 7-1　職場文化的內涵

類目	內涵
二層次論	職場文化有廣義狹義之分，狹義的是指與經營活動有關的價值觀及員工的凝聚力；廣義的除此之外，還包括企業中管理者及一般員工的文化素質、文化心態、行為及與文化建設有關的措施、組織、制度等。
三層次論	職場文化是一種人類文化現象，包括企業的物質文化、制度文化和精神文化。物質文化是基礎，精神文化是核心、靈魂，制度文化是中堅力量，三者是三個由大到小的同心圓，即三個層次。這種看法受文化人類學中關於文化概念的影響較大。
五層次論	職場文化應該有五個層次，樹立和普及一種對企業和職工都有益的價值觀，這是企業文化的第一個層次，也是企業文化的核心。提高企業家的素養是企業的第二個層次，第三層次是企業職工的文化，第四層次是指企業家要關心整個社會文化的發展，第五層次是企業家要提高參與人類福祉的意識。

（資料來源：作者整理）

　　對職場文化的特殊理解。即不是單純地從文化人類學的角度或管理的
角度理解企業文化。認為企業文化是一種以全體職工為中心，以培養具有
管理功能的精神文化為內容，以形成企業具有高度凝聚力的團體精神為目
標，使企業增強對外的競爭力和生存力，增強對內的向心力和活力的管理
思想和方法。

參、職場文化的要素

職場文化主要包含了價值觀念、企業意識、管理方式、企業規範、企業英雄人物和企業形象六個方面。

第一，價值觀念

企業價值觀念是企業文化的核心。關於企業價值觀念，包括以下內容：

表 7-2　企業價值觀念的內涵

觀念	內涵
價值觀念與企業的價值觀念	價值觀念是人們對客觀事物是否具有價值和價值大小的總的看法和根本觀點。企業價值觀念則是企業全體（或多數）職工一致贊同的關於客觀事物和人是否有價值和價值大小的基石，是作為一個組織未獲得成功而具有的哲學觀的核心，價值觀念給所有企業人員提供了一種有共同方向感覺並引導他們的日常行為。如果一個企業存在作用力很強的文化，價值觀念無疑在其中產生決定性的作用。作為企業價值觀念，首先必須是為企業所認為有價值的東西，並為企業努力追求的目標、理想和宗旨；其次，作為企業的價值觀念，必須是為全體（或大多數）職工所接受的。如果確定的企業價值觀念並不為企業職工所接受，成為企業每個員工或大多數企業員工的行為指南，那麼，這種價值觀念就不能稱之為企業的價值觀念，成為企業文化的有機組成部分。正因為如此，企業價值觀念有時也稱為共有價值觀念，而企業一致的價值觀念存在與否以及企業職工對價值觀念的接受程度便是衡量企業文化存在與否以及強度如何的重要標誌。
價值體系和組織的最高價值	任何一個社會的文化對其成員皆有制約的作用，否則該行為便會受到團體的非議。企業價值觀念如果存在，一定會自成體系，並有一個最主要的主題作為其最高價值。對於企業來說，有價值的對象不可能只有一個，而會有很多。這類對象可以是物質客體，也可以是思想觀念。如利潤指標、產值指標、顧客意識、質量觀念、創新思想等，對於企業來說都具有極為重大的價值。企業本身的價值也不會只有一個，而是有很多，他們可以是物質價值，也可以是創造新觀念、新文化的價值。這許許多多對於企業有價值的對象，以及企業本身所具有的多種多樣的價值，集合起來就成為一個企業的價值體系。若企業全體或多數成員對於企業價值體系有共同一致的看法或認識，則其就是這個企業全體共享的價值觀念體系。由於每個企業的產品、技術、市場情況等方面都各有特點，所以在發展過程中形成的價值觀念或者領導倡導的價值

	觀念都應該有企業自己的特色，以使職工覺得自己與其他企業的職工不一樣。如美國幾家大公司宣揚的價值觀念，像利奧‧伯內特廣告公司的「做了不起的廣告」、美國電話電報公司的「為人人服務」等都很有特色。
企業價值觀念的培育和塑造	任何社會的文化在建立和模塑社會人格方面，都是主要因素。一社會中各個人雖有各種獨特的差異，但在其人格上也有個人不能逃避的一種文化標記。個人雖有選擇和適應的能力，但他的社會人格大半乃文化的產物。企業的價值觀念要能成為全體職工的共識，離不開培育和塑造這個環節。對企業價值觀念的培育，首先應該找出對企業來說最有價值的事項，經由簡潔明確、易記好懂、富於個性、形象生動、針對問題和符合廠情的語言將其表達出來，通過領導的反覆灌輸和以身作則的引導，通過宣傳體現企業價值觀念的英雄人物，以及在實踐中有意識的豐富和發展，以引起全體職工的共鳴，並內化為一種內在價值。

（資料來源：作者整理）

第二，企業意識

　　文化能普存於人類的社會，是因為文化不僅提供滿足個人需要的行為模式，並且也是個人行為的嚮導，同時對社會秩序具有維持穩定的效果。這使得文化在人類群體中扮演著規範體系的角色。企業意識表現為職工對企業性質、地位、特徵、企業的興衰存亡以及個人的前途命運是否與企業依存等的看法。企業意識一般包括職工對目標的認同感、對企業的歸屬感、自豪感、滿意感和使命感等幾個方面。職工的企業意識越強，對企業的興衰存亡越有責任感、使命感，對在企業工作越是感到滿意、自豪和依賴，則其工作起來就越有衝勁，這種熱誠會促成企業生產的一種高昂的有特色的士氣，從而推動企業的生產和經營活動。可以說，企業意識是企業生存和發展的基礎，也是企業的一項有意義的無形資產。

第三，管理方式

　　文化的內容是用以改造、完善人的內心世界，使人具有理想素質及培養、教育、發展、尊重的意義，表示人們的生活和活動達到一定的發展水準。另外，人們對文化概念，也同時是指人對自然有目的的影響和

改造；從人自身塑造而言，是指人對自身精神、肉體和心靈的培育，人類為了提升自己的本性而增進的知識。因此，歸結而言：「文化是社會所創造的，也是人和社會生活一切的總和。」企業文化作為一種企業管理思想演變過程中適應當今時代要求的最新管理思想，它首先體現了一種獨特的管理方式或管理風格。為企業文化理論奠定了重要基礎的《Z 理論》一書，通過對日本和美國企業管理風格的研究，提出了「Z 型組織」的管理模式。這種管理模式能夠增加信任、微妙性和親密性，它與美國的管理風格不同，但與日本企業的管理風格相近，其特點是：（1）實行長期或終身雇用制，使職工在有職業保障的前提下更加關心企業的利益；（2）對職工實行長期考核與逐步晉級的制度；（3）實行以培養適應各種工作環境的多專多能人才的制度，如進行工作轉換；（4）實行一種既嚴守各種現代科學技術控制手段，又注重對人的經驗和潛能進行細緻有效啟發誘導的含蓄控制手段；（5）採取集體研究與個人負責制結合的「統一思想模式」的決策方式；（6）樹立員工間的平等關係，以自我控制代替等級指揮，以建立一種上下級之間的親密關係。由此來看，獨特的管理方式在企業文化建設中有著特殊的意義。當然，一個企業究竟採用何種管理方式，與企業的生產目標、生產設備、價值觀念、職工素質等有著很大的關係。從企業文化建設的實踐來看，大凡優質企業都有其一套獨特的管理方式。而這套獨特的管理方式，作為企業文化的一個組成部分，又促進了企業文化的整體發展。

第四，企業規範

　　文化規範是指每個團體、社區或社會所必備的一套標準與規則，以作為組織成員之間或成員與外界間互動的一種手段或依據，這種行為標準與規則即稱之為文化規範。企業規範反映了為全體人員所接受和共同遵守的行為準則。它主要包括了：

表 7-3　企業規範的內涵

項目	內涵
習俗禮儀	習俗禮儀實際上就是企業管理、工作等活動中一定的行為規範，它是在長期的日常工作中慢慢形成的習慣性的行為模式。這種行為規範對實現某種工作效果的影響不一定是直接的，但它對於協調人與人之間的關係以及對價值觀念的認同是必需的。這些習俗禮儀有人生禮儀形式，如在生日、婚禮、喪葬等事件中為職工舉行的相應的祝賀或慰問；工作禮儀，如工作期間或前後的活動、稱呼等；社交禮儀，如慶典、集會、聯歡會和酒會等。習俗禮儀是在企業各種日常活動中經常反覆出現的、人人知曉又沒有明文規定的東西，它們是有形地表現出來而又程式化了的並顯示內聚力程度的文化因素。
文化網絡	社會的文化系統是一種知識系統，作為一定的文化規範，既履行反映社會關係的職能，又行使調節職能。一種觀點，認為文化是通過符號和形象——如語言和藝術——所獲得並轉相傳播的行為模式。文化網絡是指企業文化傳播中的非正式傳播渠道。企業信息傳播的正式渠道一般是官方文件、備忘錄、會議等，而文化網絡傳播企業信息一般是透過一些有活動特點的人實現的，是由人組成的網絡。企業的文化網絡一般表現為文化掌故、小道消息和小集團行為。將企業的價值觀和企業規範等以形象的方式灌輸給廣大員工，從而加強了企業的文化建設。企業中文化網絡傳遞消息的整個過程有幾種重要的角色，是：「講故事者」、「牧師」、「耳語者」、「閒聊者」和非正式的團體成員。
規章制度	作為企業文化內容的規章制度指的是能夠激發職工的積極性和自覺性的規章制度，它是人們設計出來做為人與人之間相互關係的一些約束條件。它包括用來決定人們相互關係的任何形式的制約，其中最主要的就是民主管理制度。要求嚴格的硬性的規章制度雖然是為生產經營活動所必需的，對職工也能起到約束作用，但對於職工積極性的發揮作用並不大。企業文化的理論則側重於對職工精神層面的約束，透過建立一套有利於上下級之間溝通、有利於職工主動性、積極性、創造性發揮的民主管理制度和有關制度，促進企業生產的發展。

（資料來源：作者整理）

　　在企業中的禮儀形式則有七種，他們是：第一，問候儀式，即對如何稱呼、如何站立及什麼程度的爭論或激動是可以容忍的認知；第二，賞識儀式，即對某人或因出色地完成一項工作，或晉升、退休、或達到留任標準時而舉行的活動；第三，工作儀式；第四，管理儀式，即經理們在處理

日常事務時所進行的各種正式會議、計畫框架、成本曲線評價、複審技術等；第五，防患於未然的儀式；第六，慶典；第七，研討會或年會。習俗禮儀作為企業價值觀的體現，往往透過隨和、自然、輕鬆、幽默和戲劇化的方式，將企業的價值觀深入人心。

第五，企業英雄人物

企業中的英雄模範人物是企業文化建設成就品質化的最高體現，也是企業文化建設進一步深入開展的希望之所在。企業英雄的標準是：

表 7-4　企業規範的內涵

特性	內涵
獨特性	完整企業價值觀念（或企業精神）的化身，不僅有體現企業價值的模範，也有灌輸價值觀念、培育企業精神的領導以及企業價值觀的卓越設計者，內部英雄輩出，群星燦爛，但卻幾乎找不出兩個完全相同的、可以相互替代的英雄。
理想性	卓越的體現企業價值觀或企業精神的某個方面，它是企業文化的支柱和希望。
先進性	英雄有著不可動搖的個性和作風，他們所做的事情是人人想做而又不敢做的，他們在其卓越的體現企業價值觀的某些方面，取得了比一般人多的成績。
典範性	英雄的行為雖然超乎尋常，但離開常人並不遙遠，他們所做的是普普通通的人也可以學做的事情。
持久性	英雄給人的鼓舞作用不會隨著英雄本人的去世而消失。

（資料來源：作者整理）

企業的英雄是企業的中流砥柱，因為他們能起到如下的作用：（1）他們使成功變得可以達到而富有人情味；（2）他們提供了一整套的角色模式，為全體員工樹立了行為榜樣；（3）他們對外作為公司或企業的象徵，是企業形象的一部分；（4）樹立了績效標準；（5）激勵作用。正因為企業英雄在企業文化建設中起著支柱的作用，因此，如何培育、塑造、認定和獎勵英雄，便是我們在企業各項活動中不可忽視的一個方面。

第六，企業形象

　　文化對社會結構供給材料與藍圖。它使社會行為系統化，使個人參與社會不必時常重新學習和發明做事的方法。文化將個人與團體所有各部分的行為變成有關係的和協調的。企業形象是企業文化的重要內容之一。對一個企業的企業形象進行考察，可以使我們洞悉這個企業的企業文化建設的總貌。企業形象是指公眾對企業的整體印象和評價，它是長期以來企業給公眾留下的可以信賴的印象。企業形象實際存在的文明總體狀態，也是企業形象的物質化要素。企業向外提供的物質產品和物質服務、廠房和設備情況、企業的地理位置和廠內生態環境、企業的經濟效益和物質福利待遇等，都是企業形象的很重要的方面。特別是公眾對企業產品質量的評價，往往會涉及一個企業的興衰存亡。第二是企業職工形象。有良好的職工隊伍，往往是保證生產順利進行從而生產出優秀產品的關鍵因素。因此，企業全體職工的形象如何，直接影響到一個企業的整體形象。所以，有人形象地將企業職工喻為企業形象的血肉。根據職工對企業形象樹立所起的作用，企業全體職工可分為五類人：一是企業的領導層，他們對企業形象所起的作用往往是最大的；二是在直接與外界打交道的崗位上工作的職工，他們的敬業精神和友好態度，能夠使公眾對企業形象的評價起到潛移默化的作用；三是企業的英雄模範人物，他們使公眾對企業的形象認識變得真實、可親、感人和敬重；四是企業的知名人士，他們可以從某一個側面體現企業的風貌；五是其他普通職工，他們的素質和外觀，都會對企業的形象產生影響。第三是企業的組織形象。企業的組織制度是否嚴格而又健全、企業組織的知名度如何、在同行業中的地位如何，這些都是企業形象的重要方面。

　　企業形象對企業的作用是不言而喻的。在當今時間就是金錢、資訊就是財富的時代裡，良好的企業形象作為一種形象的、長期的活廣告，已引起了企業家們的重視，所以，不少企業都力爭為自己樹立一個良好的形象，以爭取更多的顧客。企業為樹立自己形象而做的活動有：（1）重視名牌產

品的開創。（2）重視建立企業標記。企業有明確的標記，有利於公眾更快的了解企業，提高企業的知名度。（3）重視對企業家形象的宣傳，因為在某種程度上企業家代表了整個企業，擴大和提高了企業家的知名度，無疑也擴大和提高了企業的知名度。（4）重視公共公關活動的開展，處理好企業方面的關係。

肆、職場文化的類型

文化的主要功能是調節與自然、個人與社會的關係。文化被看作是人的社會活動，是人類特有的生活方式。就是說，文化是為個體參與社會，與他人互動的依據。而社會本身是文化的直接表現和具體作為。文化存在的方式和發揮作用的領域是文明。社會歷史過程要在物質因素和精神因素、人同自然、人同社會的相互聯結、相互作用的統一之中才能達成，因而文化成為社會職能體系。文化是社會歷史進步實質的表現，顯示社會和個人之間的密切程度。文化的運作，影響著人的個性的全面發展。換言之，文化是人類團體中普遍存在的人為現象，是人類為了求生存，以生物的和地理的因素為根據，在團體生活和心理互動的過程中創造出來的人為環境和生活道理及方式。文化被創造之後，由於人類心理傳授的作用，它有繼續存在、繼續增加，因而在時間、空間及內容上有其差異的傾向。根據不同的劃分標準，企業文化可以劃分成不同的類型。

一、以市場風險與績效反饋之間的關係為依據

依據企業面臨的市場風險的大小和企業職工對成功的決策獲得反饋的速度分類。其所劃分的企業文化的類型有四類，即：

表 7-5　以市場風險與績效反饋為依據的企業文化的類型

類型	內涵
強人文化	這種文化的企業，往往是風險很大、績效反饋很快的企業，如電影公司、出版公司、風險投資創業公司等。具有這種高風險、快反饋特點的企業，在對員工的要求方面表現為：必須堅強、樂觀，具有強烈的進取心和競爭意識、風險意識。強人文化的特點就是崇尚個人明星，重視機遇的作用，對儀式與禮儀非常看重。強人文化的優點是能夠適應高風險、快反饋的環境，以承擔風險為美德，勇於競爭，不追究過失，能夠承認個人的價值。其缺點是企業人員之間的合作意識差，短期行為嚴重，沒有長期目標和追求，爭當個人明星，集體意識不夠。
拼博文化	這種文化的企業，往往是風險極小、反饋極快的企業，如房地產經濟公司。這些行業真正的風險並不大，但其生產與銷售的好壞卻能很快知道。這種文化看重扎扎實實的工作，重視全體人員的團結協作，重視工作的程序化、標準化。它造就的是努力為事、盡心盡力的員工。在這種文化下的企業，工作的數量扮演著重要的角色，優勝群體是大家效仿的榜樣。這種文化的優點是行動迅速，適合於完成所需工作量極大的工作。其缺點是往往缺乏思考、反應不敏，使勝利者變得愚蠢和忘乎所以。
博弈文化	這種文化的企業，往往是風險很大、反饋很慢的企業，如石油開採、航空航天方面的企業。這些企業的投資動輒就是給百萬甚至幾億美元，但其見效卻很慢，因此它要求人們具有禁受長期考驗的耐力，要求人們凡事仔細權衡和深思熟慮，一旦下定決心，就要堅持初衷，不應碰到困難就半途而廢。這種文化的明顯特徵就是崇尚創造美好的未來，重視上級，重視專家，重視權威，重視邏輯與條理，不能夠容忍對工作不負責任的現象，也不能夠容忍不成熟的行為。這種文化的優點是其對高風險、慢反饋的環境有很好的適應性，常常可以導致高質量的發明和重大的科學突破。其缺點是對短期的問題往往重視不夠，而且有時慢得讓人生畏，使人失去奮鬥的激情。
過程文化	這種文化的企業，往往是風險小、反饋亦慢的企業，如銀行、公共事業公司等。其員工的工作和收入往往在短時間內不亦受到影響。這種文化對人的要求是遵紀守時、謹慎周到，要求員工完美無缺、井然有序。過程文化崇尚過程和細節，要求人嚴格按程序辦事而不過問其在現實世界中的意義，重視細節，重視小事，認為小事能夠扮演重要的角色。這種文化的優點是有利於穩定，但其也容易抑制人的創造性，成為產生低效率和官僚主義的溫床。

（資料來源：作者整理）

二、以文化在企業中的地位為依據

從文化在企業中的地位角度看，企業文化有兩種基本的類型：

表 7-6　以文化在企業中的地位為依據的類型

類型	內涵
主體文化	主體文化是與企業內正式組織並存的文化，它在企業文化中居於支配地位，是企業大力推行和提倡的「正宗文化」。
次屬文化	次屬文化是與企業內非正式組織並存的文化。非正式組織內有自己約定成俗行為規範和價值準則，有自己的文化圈子和文化氛圍，它們是企業中的次屬文化或稱副文化，它們在企業中處於被支配的地位，不是企業大力提倡和推行的文化。

（資料來源：作者整理）

三、以職場文化對員工控制的方式為依據

從企業文化對員工的控制方式看，職場文化有兩種類型：

表 7-7　以職場文化對員工控制為依據的類型

類型	內涵
強制性文化	強制文化是指職場文化中的制度文化部分。這種文化的特點是要求職工遵循和執行的，它對不遵循和執行這種文化的人採取強制和懲罰的措施，因而帶有不可抗拒性。
非強制文化	非強制文化是指企業中的觀念文化，如價值觀念、經營哲學、企業精神、文化禮儀等等。這些文化能夠為職工所接受，並不在於其強制性，而是依靠宣傳、提倡、示範等非強制性手段而為職工所自覺接受和認可的。

（資料來源：作者整理）

四、以職場文化所反映的基本內容為依據

從職場文化所反映的基本內容看，可以分成五種類型：

表 7-8　以職場文化所反映的基本內容為依據的類型

類型	內涵
市場 服務型	把竭誠為社會、為顧客服務作為自己的宗旨,他們視顧客為上帝,重視服務質量,以向顧客提供一流的服務為己任,他們注重市場、注重信息,能夠根據顧客的需求變化而迅速做出反應。
競爭 創新型	推崇員工的創新行為,提倡開拓精神,支持革新,看重革新,容忍因革新和創新而出現的失敗。企業中的職工崇尚個性,有敢於冒險和向困難挑戰的精神。
團結 協作型	具有團結協作型文化的企業,其內部往往有良好的人際關係和團體精神,企業的凝聚力也比較強。在這類企業中,人們推崇的是集體主義精神和團結奮鬥的風氣。
科學 求實型	具有科學求實型文化的企業,尊重知識,尊重人才,尊重科學,知識、人才、科學是這些企業取得進步的源泉;求實、勤奮、嚴謹、實幹是他們的工作作風,在這些企業中,科學具有至高的權威,知識具有無上的價值。
社會 奉獻型	具有社會奉獻型文化的企業,強調艱苦奮鬥、大公無私、樂於奉獻和獻身的精神,企業向職工灌輸一種奉獻光榮、視社會責任為己任的思想,員工大多具有強烈的企業意識和奉獻精神。

（資料來源：作者整理）

　　總之,對於職場文化的分類,我們可以從不同的角度進行劃分和分析。我們對職場文化進行分類,這只是一種理論上的分類,現實生活中的企業,其企業文化往往是同時兼有幾種類型的特點,單一類別的企業文化是不存在的。

伍、職場文化的特徵

　　人們將文化定義為社會發展的產物,是為人們所創造出來的物質成果和精神成果的總和。這樣,文化便與自然物分離開來,成為人類社會特有的東西。就上述定義,則可看出第一,從社會意識的觀點,文化是對社會存在的反應,是處在一定社會相互關係中的人們製作、創造和直接生產的;第二,每一個時代的精神生活,構成該時代的精神文化的內容;第三,文化是人類活動成果,同時是人類精神、財富生產、分配和消費過程;第四,文化的核

心是知識為人類認識世界、改造世界的主要依據；第五，人類的生活方式，是文化水準的具體體現。職場文化具有各種不同的特徵，這種特徵是由文化的基本內容和企業的個性所決定的。具體地說，職場文化具有以下特徵：

表 7-9　職場文化的特徵

類型	內涵
獨特性	社會制度不同、地區不同，文化的特點也不同。而企業文化作為職場的一種文化，它既存在於國家的社會文化之中，又同各企業的歷史、類型、性質、規模、心理背景和人員素質等因素相關，從而在企業經營管理的發展過程中，必然會形成具有本企業特色的價值觀、經營準則、經營作風、道德規範、文化禮儀等，也即每個企業都會因這些方面的差異而使自己的企業文化獨具特色。這也是我們要求每個企業必須按自身的特點去進行有效管理的原因。
綜合性	職場文化包括了價值觀念、企業意識、管理方式、文化禮儀和企業形象等因素，它融合到了企業的各個方面。同時，這些因素也不是單獨地在企業內發揮作用，而是經過系統分析和加工的方法，在企業內融合成為一個有機的整體，並進而形成整體的文化意識觀念。
整合性	指企業文化具有強大的凝聚力，具有調整企業員工思想和行為的功能。並非所有的文化都會具有凝聚的功能，恰恰相反，有的文化具有離散、不整合的功能。而企業文化作為一種最新的管理方法，具有很強的凝聚力和向心力。企業文化的目標就是要通過精神力量的作用，把企業全體人員組織成一個有機的整體，顯示企業共同的價值、目標和追求，使個人對企業產生信賴感、可靠感和安全感，企業文化建設的好的企業，還可使員工有一種對企業的依賴感和歸屬感。因此，企業文化能夠使員工認識到企業的共同目標和利益，攜起手來，齊心協力的為企業的目標去努力和奮鬥。企業文化透過文化的手段，規範了員工的思想和行為，逐步使全體員工的行為趨於一致，從而發揮了整合的作用。
實踐性	任何一個企業的文化，都不是憑空產生的。一切企業文化都具有實踐性的特徵，即企業文化是在生產管理和生產經營過程中總結和提煉出來的。這種在實踐中煉凝出來的企業文化，反過來又可以指導企業的生產經營與管理活動。企業文化的強烈的實踐性，正是它區別於別的文化的一個重要方面。
滲透性	職場文化能夠潛移默化的作用於人的心靈，使企業的價值、規範、準則、禮儀等在職工的行為方面產生持久的作用。職場文化可以彌補企業管理中單純依靠「法制」的不足，而且可以避免一般激勵方法引起的企業各種行為的短期化等不良後果，使企業的行為更加合理，企業經營永續發展。

（資料來源：作者整理）

陸、職場文化的功能

所謂功能，是指一個系統影響、改變它系統以及抵抗、承受它系統的影響和作用的能力，是一個系統從周圍環境中取得物質、能量、資訊而發展自身的功用。中外學者對職場文化的研究表明，該文化對一個企業的活力，對一個企業發展的前景等都有著十分重要的影響。企業文化的功能有很多方面，主要功能有：

表 7-10　職場文化的功能

類型	內涵
協調功能	職場文化能夠協調企業和社會的關係，使社會和企業間能夠和諧地共處。職場文化建設中很重要的一個內容便是使企業自己能夠適應公眾的情緒，滿足顧客不斷變化的需求，及時調整自己的行為。
導向功能	由於職場文化基本上反映了企業全體人員共同的價值觀、共同的追求和理想，因此，這種強有力的文化就自然成為引導全體工作人員的有力工具。它能夠使員工個體的思想、觀念和追求與企業所要求的特定目標相一致，使員工為實現企業的共同目標而努力。《企業文化》一書中指出：人員是公司最偉大的財富，管理他們的辦法並不是直接由電腦報表而是經由文化的微妙暗示。強有力的文化是引導企業行為的有力工具，它幫助員工們做得更好。
激勵功能	職場文化是一種以人為中心的文化，它強調個人自由而全面的發展，強調員工的自我管理和自我啟發，造就一種人人都受尊重的氣氛，在這種企業氛圍下，員工會有一種被賞識感、自由感、信任感和滿足感，這些感覺能夠促使員工努力工作，精神煥發，使潛在的勞動積極性得以發揮。
約束功能	職場文化的約束功能，可分為標準約束和內化約束兩種，而內化約束則是其主要的方法。它透過企業成員共同擁有的價值觀念和行為準則，在企業中相互組合滲透，從而控制、協調和監督著員工們的日常行為。如職場文化中的一些非正式的、約定俗成的群體。規範或共同的價值準則，雖然沒有強制的性質，但它們在個體心理上所起的影響和作用，有時反而比權威與命令更有效力，更能改變人的行為。在大多數情況下，有強有力文化的公司，職工都知道他們應該做些什麼，而這正是企業文化對人的約束功能。

振興功能	透過職場文化建設，使企業擺脫困境，走出低谷，持續發展，增強競爭力，這種例子比比皆是，也是企業文化具有振興功能的表現。職場文化之所以具備振興功能，在於文化對於經濟具有相對的獨立性，即文化不僅能夠反映經濟，而且會反作用於經濟，在一定條件下，文化能成為經濟發展的先導。此外，文化不僅對經濟有振興作用，而且對企業的教育、科學以及整個企業的文明總體狀態都有積極的作用。
凝聚功能	經由職場文化，可以溝通企業內部各方面的聯繫，使人們的態度、知覺、信念、動機、習慣和期望等受到影響。在強有力的職場文化影響下，企業員工的思想可以得以統一，並對企業產生一種使命感、認同感和向心力，從而使企業發揮出巨大的整體效應。
應變功能	職場文化像其他的文化一樣，具有持續性和穩定性的特徵，但是，職場文化也具有相當的靈活應變的能力，即面對企業環境的變化，它能夠及時的對自己做出調整，以適應新的變化。

（資料來源：作者整理）

以上七種功能是職場文化的主要功能。除此之外，企業文化還具有創新功能、美化功能、育人功能、融合功能等。當然，我們所說的企業文化功能是指那些優秀企業所具有的功能，並不是任何企業文化都有這些功能。

結語

職場文化的基本表現在凝聚企業社群並形成組織運作的依據。但文化並非凝固不變的東西，它有其形成、發展、演變過程。文化傳統在塑造人、造成人的社會實質同時，也被人引申和再創造，企業文化具有開放性、可塑性、能動性、實踐性、改造性等性質，它使企業成員產生共同的思想、心理、語言，共同的信仰、價值觀和行為規範，成為群體的一種巨大向心力。

　　透過文化理論研究人類文化的形態、價值、結構、功用及發生規律，所以，職場文化研究具有多重含意。一則是組織運作創造的工具，借助於可以適應環境、改造環境；另則是企業存在的方式，歸結為在自然和社會中自由的發展；從現象學角度，職場文化作為符號體系，是企業實踐過程中產生符號的意義，以傳承人類的智慧。究此，可深知職場文化在企業經營的意義及重要性。

第八章　職業選擇

前言

　　《從第一天就發光》這是威廉・懷特（William White）針對青年學子職業選擇出版的新書（天下，2006），該書開宗明義便提及：「從就業的第一天起，先弄清楚組織的工作目標，確保你的努力專注在哪些優先要務上。」我們都知道，一個人要生存、要發展，就必須進行勞動；我們也知道，當今社會的勞動分工在不斷發展，職業在不斷地分化。一個社會總是需要有各種各樣的人物去填補不同的職位空缺，去扮演不同的職業角色。我們要提出的問題是：一個社會是如何分配人力資源的？人口的職業分布、行業分布是千百萬人選擇的結果，還是社會分配的結果？勞動者如何合理地進行職業選擇，使得個人的能力、興趣與社會職業勞動的條件相匹配，使得個人的職業選擇意象與社會實際職位的數量與結構相結合，使個人能選擇到基本滿意的職業，順利地走上職位，成為個人職業生涯中的一個良好開端？當今青年職業選擇有何特點？對職業選擇過程中出現的問題又如何解決呢？對這些問題的回答都會或多或少地牽涉到職業選擇問題。

　　職業選擇問題可以從三個方面進行研究，即一方面是職業選擇個人，另一方面是個人選擇職業，勞動者與職業應該是一種雙向選擇的關係。另外，職業選擇個人和個人選擇職業要能順利進行，還涉及一個兩者如何匹配的問題。生涯可以規劃嗎？人生是否可以規劃與管理呢？人生中的事物有些完全無法掌握，有些可部分掌握，有些則是完全可以掌握。例如天災地變、突來的意外、交通的阻塞、景氣的變化是人無法掌握的；考試分

數的高低、業績的好壞、健康的狀況是部分可掌握的，要讀書則是能夠掌握的。無法掌握的事花時間去煩惱也是沒有結果，可以掌握的事不去努力也是沒用，生涯規劃的功能之一便是去認清何者可掌握，何者不可掌握，並將時間與精力集中在可掌握的部分，以便產生最大的效果。如果放任而不作任何規劃，原本可掌握的部分也變為不確定，便會增加風險，降低達成性。每個人心中都有理想要去實現，然而客觀的條件允不允許、個人特質適不適合，以及成功因素能否掌握，都會影響到實現的可能性。職業選擇與個人的生涯規劃有關，為個人據以訂定生涯目標，及找出達到目標的手段，其重點在於協助個人目標內的機會，達成更好的撮合，且應強調提供心理上的成功。在整個生涯歷程中，因為年齡及成長階段、環境等的不同，所扮演的角色及所擔負的任務也是有所改變。因此，在擬定生涯計畫時，必須審慎而周到的考慮到每個階段的需要。選擇職業宜朝向：

　　一、做自我想做的事，喜歡自我所做的事；過自我想過的生活，喜歡
　　　　自我所過的生活。
　　二、生涯規劃是一種生活型態、生命意義的選擇。
　　三、生涯規劃是一種自我肯定、自我成長、自我實現的手段。
　　四、生涯規劃是一個不斷探索自我與探索工作，抉擇並學習，以投入
　　　　工作世界的工作。

等方向努力，方能協助目標與組織內機會的撮合，達到個人志業的擇定和組織適才適所的延攬。

壹、職業擇人的內涵

　　在進行職業選擇之初，應先建立基本的觀念：

表 8-1　職業選擇應先建立的觀念

項目	內涵
評估 自我的能力	包括性向、才智、志趣、健康等狀況，均應正確的加以有效評估。
認識 所處的環境	舉凡時代發展趨勢、社會型態的演變、人際關係及自我所能掌控的資源等，均應全面的認識。
確切的 檢討過去	目的在於集結既有的優良條件，消除以往習慣上的缺點，期能去蕪存菁，以利再接再厲，開創嶄新的局面。
堅決的 把握現在	亦即「往者已矣，來者可追」、「二鳥在林，不如一鳥在手」，不必追悼過去，也不用幻想未來，要能堅決把握現在，經由現在的辛勤耕耘，未來將獲得豐碩的成果。
長遠的 考慮未來	必須要眼光遠大，策劃要周詳，不可有因循苟且，或是得過且過的不負責心態，切勿有「船到橋頭自然直」的僥倖想法。

（資料來源：作者整理）

　　職業的職能是指該職業在社會生活中的功能。例如，醫生的職能是治病救人；警察的職能是保護人民，維護社會秩序，打擊各種違法犯罪活動；教師的職能是系統地傳授知識，培養各種人才。其次，職業的社會功能是不斷分化的，而功能的分化又會導致職業的分化。仍以醫生為例，在古代，一個醫生可能既能為病人做外科手術，又能拔牙，又能為產婦接生等，但隨著生產的社會化和專門化，一職兼備數種社會功能的醫生已不能適應專門化的要求，更不能滿足人民生活提高後對身體健康所提出的更高要求，於是，醫生這個職業就分化出了外科、內科、婦科、兒科、口腔科等領域。職業的另一個構成要素是特定的工作崗位。工作崗位是一整套能使從事該職業的勞動者發揮其工作能力的條件，包括勞動場所、物質技術和人事協作關係等。如果一個工作崗位沒有起碼的條件，即使是最優秀的勞動者也無法發揮其所擁有的能力，醫生沒有手術台就不能開刀動手術，教師沒有學生也就不成其為教師。

　　以微觀角度看，任何一種職業都在職能和崗位兩方面對勞動者有所要求，即任何一種職業都要求從事這種職業的勞動者具備特定的條件。這種

條件包括學識要求、工作能力、技術熟練程度、思想品德、身體素質，甚至性別、年齡、身高和其他特殊的能力。

　　從宏觀角度分析，一個國家的經濟與社會要發展，必然要求每一種職業都能找到理想的、符合自己要求的勞動者，實現全社會範圍內勞動力與職業之間供需的平衡。這種平衡既包括數量上的平衡，也包括質量上的平衡。數量上的平衡是指每一種職業基本上不出現勞動力匱乏現象，有充分的勞動力，但又不出現社會嚴重的失業等現象。

表 8-2　成功的擇業特質

擇業特質	內涵
擬定擇業計畫	1. 設定特定的目標 2. 擬定時間表 3. 研討計畫 4. 決定付出何種代價 5. 寫下來 6. 每天思考如何達成目標
冷靜判斷思考	1. 個人特質與經驗——如興趣、性向、受過的訓練等。 2. 個人的背景情況——如父母親的社經地位、自己的宗教信仰、所處的地緣位置，甚至於有沒有貴人相助等。 3. 個人的地理環境——例如當時的社經狀況、職業結構的趨勢、政府的政策等。
自己訂定步驟	1. 確立目標——參考自己的性格、需求、價值觀及環境等。 2. 研擬計畫——要有步驟、有財務預算、有時間進度。 3. 採取行動——不要坐而言，而要起而行。 4. 自我評估——可行嗎？是不是打高空呢？ 5. 自我監督——鞭策自己，永不懈怠。

（資料來源：作者整理）

貳、個人對職業選擇

　　每個人在人生的一定階段都會面臨職業選擇，對個人來說，一生中會有很多選擇，諸如選學校、選朋友、選戀人、選職業、選居住地等，不過

對個人來說，職業選擇在人生的道路上具有更為重大與深遠的意義。因為個人所從事的職業會直接或間接地影響到個人生活的其他方面。同時，職業選擇既是個人一生中的重要事情，也是社會的重要事情，因為它直接關係到國家、集體和個人的利益。因此，對勞動者的就業意願、擇業動機、擇業特點及其影響因素進行分析，一方面可以使個人更好地認識社會、選擇合適的職業，同時也可以對勞動者進行就業指導，以保證社會上各種不同的崗位都能找到合適的勞動者，實現最大的經濟效益和社會效益。

職業的選擇需要探詢個人的興趣、了解自己的興趣，所謂興趣是指個體的喜好，或對某事物的關心與好奇等。在教育及職業決定中，興趣占很重要的地位。雖然有些興趣會終生與我們同在，有些卻也會有所改變，因此個體發展過程中，會產生某些新的興趣，也有些舊的興趣會褪色。

有關的學者對興趣的分法、看法與見解互有不同，依美國學者荷倫（Holland）的分類是以工作特性及工作者的人格特質來區分，所以說它是興趣或是人格類型都可以。亦即選擇一種職業，就是一種人格的表現。物以類聚，不同類型的人，會去從事和自己類型相同的職業。

表 8-3　工作特性及工作者的人格特質

類型	內涵
實際型 （Realistic）	實際型的人需要機械能力或體力，以便處理機器物體、工具、運動設備及動植物有關之工作，比較屬於清楚、具體、實在及體力上的工作。大部分工作需在戶外進行，比較不需與人有深入的接觸，所以其社交技能並不十分重要，智力及藝術能力也不那麼需要。這種人大概比較不善社交，是情緒穩定、具體化的人，適合從事技能、體力性工作，如農業工作、汽車修護員、飛機控制、電器工程、加油站工作……等。他們常有以下之特徵：順從、坦白、誠實、謙虛、重視物質、自然、有恆、實際、溫和、害羞、穩定、節儉。
研究型 （Investigative）	研究型的人運用其智能或分析能力去觀察、評量、判斷、推理，以解決問題。他們喜歡與符號、概念、文字有關之工作，不必與人有太多接觸。從事如生物、物理、化學、醫學、地質學、人類學……等工作，具有數理及科學能力，但缺乏領導能力，常有下列的特徵：分析、獨立、溫和、謹慎、精細、批判、內向、理性、好奇、重視方法、保守。

藝術型 （Artistic）	藝術型的人需要藝術、創造、表達及直覺能力，藉文字、動作、聲音、色彩、形式來傳達思想及感受。他們需要敏銳的感覺能力、想像及創造力，在語文方面的性向也高過數理方面的能力。他們喜歡從事的職業，譬如作曲家、音樂家、指揮家、作家、室內設計師、演員，具有文學、音樂、藝術的能力，但通常缺乏文書事務能力，常有以下特徵：複雜的、崇尚理想的、獨立的、無條理的、富幻想的、直覺的、情緒化的、不實際的、不從眾的、善表達的、衝動的、獨創性的。
社會型 （Social）	社會型的人具有與人相處、交往的良好技巧。他們對人關懷、有興趣，具備人際技巧，並能了解、分析、鼓勵並改變人類的行為。他們自我肯定，有積極正向的自我概念。喜歡從事與幫助他人有關的工作，如老師、宗教人士、輔導員、臨床心理學家、社工員……等，具有社會技能，但通常缺乏機械和科學能力，常有以下特徵：令人信服的、助人的、有責任的、合作的、溫暖的、社會化的、友善的、同理的、善體人意的、寬宏的、仁慈的、敏銳的。
企業型 （Enterprising）	企業型的人運用其規劃能力、領導能力及口語能力組織、安排事物及領導、管理人員，以促進機構、政治、經濟或社會利益。他們喜歡銷售、督導、策劃、領導方面的工作及活動，以滿足他們的需求。如業務人員、經理人員、企業家、電視製作人、運動促進者、採購員、推銷員……等具有領導能力及口才，但缺乏科學能力。通常有以下的特徵：冒險的、精力充沛的、善於表達的、野心的、衝動的、自信的、引人注意的、樂觀的、社交的、武斷的、外向的、熱情的。
傳統型 （Conventional）	傳統型的人需要注意細節及事務技能，以便記錄、歸檔及組織文字或數字資料。他們通常不是決策人員，而是執行人員，他們給人的印象是整潔有序、服從指示、保守謹慎的。他們喜歡從事資料處理、文書及計算方面的工作，如簿記人員、速記人員、銀行人員、金融分析師、稅務專家、成本估計師等，具文書及計算能力，但缺乏藝術能力。常有下面之特徵：順從的、有良知的、謹慎的、抑制的、缺乏彈性的、有條理的、實際的、節儉的、缺乏想像力的、保守的、有恆的、守本分的。

（資料來源：作者整理）

　　荷倫這六種類型，代表六種不同的興趣與人格特質，它可以幫助個體了解自己對哪種類型的工作較適合，同時也協助個體了解工作環境及內容。然而人不是很單純只具備某「一」種特質或某「一」種興趣而已，他常常是具備兩種或更多種類型的興趣與特質；當然，以其中某一種最強，而其他

較弱。舉例來說，一個實際型的人，也會具備研究型、傳統型的某些特質，而較少具備社會的特質，亦即實際型與研究型及傳統型的人，在某些特質上有共通的地方，如不善交際、喜歡做事、不善與人接觸、較男性化……等等，而與社會型的人（善交際、比較感性）很少有一致性的共通處。因此，實際的人如果從事實際型的工作，適配性最高，從事研究型及傳統型的工作，適配性亦不低，但如從事社會型的工作，就很不能適配了。

參、職業選擇的理論

對職業選擇進行研究的理論與觀點可以分為三大類，即偶然性觀點、理性決定論和社會文化等綜合因素決定論。

一、偶然性觀點

這種觀點認為，一個人之所以成為某種職業中的一員，是由於機會，而不是由於個人選擇的結果，強調個人選擇職業並無多大的目的性，更不是個人在許許多多的職業中精心選擇的結果。持這種觀點的人認為，職業選擇在很大程度上是自發的、非理性的，並受環境壓力的影響。比如說，一個人之所以成為某種職業中的一員，僅僅是因為某個偶然因素的作用。一個學生決定在大學學習中文可能是因為他在入學考試時語文獲得了最高成績，一個中學生選擇了職業中學也許僅僅是因為有人告訴他汽車司機的薪資很高，離開學校走向工作的關鍵決定只是由於偶然的不滿或某種機會的誘惑。不過，偶然性觀點還強調，偶然性只是指進入職業是因為機會或迫於環境壓力，並不是完全缺乏理性。

二、理性決定論

理性決定論將職業選擇與個人的成熟連繫起來進行考察。該理論的代表人物是美國社會學家金茲伯格（Eli Ginzberg）與美國心理學家蘇伯（Donald E. Super）。

117

　　金茲伯格的理論觀點在他的《職業選擇》一書中得到了充分的發揮，他是從青少年心理發展的過程進行分析的。金茲伯格等人認為職業選擇是一種過程，他基於人們的選擇觀念，而這種觀念要經過若干年才形成，它不是某一時刻一下子就完成的決定。在職業選擇過程中，包含一連串的決定，每一個決定都是個人興趣、能力、機會和價值之間的折衷調和過程。這個過程可以分為三個階段，即：

表 8-4　職業選擇階段的內涵

階段	內涵
理想階段	這一時期實際上是人的少年時期，其特徵是個人在幼年和兒童時期設想自己長大成人後要成為什麼樣的人或要當什麼樣的人。如「我長大了要當個科學家、當個醫生等」。這種幻想並不受個人能力或真正機會的制約，因為在空想中，一個人要想成為什麼樣的人的願望都是可以實現的。
試驗階段	這一時期通常從十歲到十二歲之間開始。這個過程也因個人智力和心智發展的不同而有所不同，一般智力和心智發展早的少年開始得較早，而發展遲緩的則較晚。在試驗時期，個人常根據所希望的對未來的設想來修正自己的選擇。當然這一時期個人雖已脫離了少年時的盲目、隨意性幻想，但考慮問題時還比較主觀，往往只根據個人的興趣和價值判斷進行行動，而不太考慮其他因素。
現實階段	這個階段開始於十六歲和十八歲之間。這一階段往往是人們正式的職業選擇決策階段。上兩個時期的主觀選擇，到了這個時候就必須和個人所處的客觀環境之間的矛盾進行折衷調和。這個時期往往是以縮小個人選擇的範圍為特徵。具體來說，現實期又可分為三個小的階段：其一是探索階段，在該階段，青年人試圖把自己個人的選擇與社會的職業崗位需要等現實條件連繫起來；其二是結晶階段，在這一階段，青年人開始專注某一種職業目標，並努力推進這一選擇；其三是特定化階段，在該階段，青年人為了特定的職業目的，進入更高一級學校學習或接受專業訓練。

（資料來源：作者整理）

　　美國心理學家蘇伯提出的是一種職業發展理論。他將個人的職業選擇過程與其自身自我概念的建立和發展連繫起來，認為職業發展是一個「妥協過程」，在這個過程中，天生才能、神經系統和內分泌組成、起各種作用

的機遇、對工作時得到的上級和同事的讚許程度的評價等因素相互作用，形成了個人的自我概念。這種自我概念是一個持續發展的實體，它不斷地隨外界的環境變化而進行調適。蘇伯的職業發展理論主要包括以下方面的論點：

(1) 人們的才能、興趣和人格各不相同。

(2) 人們所具備的才能、興趣和人格特點可以勝任相當多的職業。

(3) 每一種職業對人們的能力、興趣和人格特性的要求都有特定的模式，但對職業和個人來說，仍有改變的餘地。即個人雖不具有從事某種職業的能力、興趣或人格特性，但經過種種努力，仍可以去從事這種職業。

(4) 人們的職業偏好和資歷、人們的生活與工作情境以及人們的自我概念，都會隨時間和經驗的變化而改變，這使得職業的選擇與調適成為一種連續的過程。

(5) 職業選擇與調適的過程可以概括為一系列的生活階段。按生活階段的點可以分為成長、過渡、探索、固定、維持和衰退幾個階段。其中，探索階段又可分為空想、試驗和現實幾個時期；固定階段又可分為嘗試期和固定期等幾個時期。

(6) 個人職業生涯的模式是由家庭的社會經濟地位、個人智力水平和人格特性，以及個人所遇到的機會或機遇決定的。

(7) 可以對個人職業發展的不同階段進行職業指導，這種指導一方面可以提高個人的職業能力，增加個人對某種職業的興趣；另一方面也可以為個人尋找職業提供現實的幫助，並有助於個人自我概念的發展。

(8) 職業發展的過程實際上是發展和形成一種自我概念的過程，它也是一種折衷調和的過程。在這個過程中，自我概念的形成是由遺傳的個人特點（如天資聰慧否）、個人生理和心理的特點、個人扮演各種角色的機會，以及個人在扮演各種角色時獲得他人的評價等眾多因素互相影響、互相作用的結果。

(9) 個人與社會、自我概念與現實之間的折衷調和，是人們把自身放入社會的職業角色的過程。這種角色扮演也是一個人從青少年時對職業的空想，到後來的職業選擇諮詢商談，再到工作初任等的系列演進過程。

(10) 一個人對工作的滿意程度（進而是對生活的滿意程度），由個人的才能、興趣、人格特質和價值觀能否找到相應的歸宿，或者說以上諸方面的宣洩程度而決定。

(11) 職業選擇的各個階段可以通過指導而加以改善，這裡既包括培養人的職業才能與職業興趣，使人達到成熟，也包括幫助人在職業選擇上的試行選擇和幫助人的自我概念的發展。

蘇伯職業發展理論各階段的詳細內容包括：

表 8-5　職業發展理論各階段的特色

階段	年齡	內涵
成長階段	出生到十四歲	是自我概念的建立時期。在這一階段的初期，個人慾望和空想起支配作用。經由逐漸接觸社會，對社會現實發生興趣。其能力是次要的。它包括三個時期，即空想期（四歲至十歲），個人的慾望起支配作用，經常想像未來的社會分工及可以擔當的職業；興趣期（十一歲至十二歲），愛好成為志願和行動的決定因素；能力期（十三歲至十四歲），個人能力逐漸增加，開始考慮職務所需要的條件（包括訓練）。
探索階段	十五歲至二十四歲	青年人一般在學校、閒暇活動和勞動中研究自我，並進行職業上的探索。它包括三個時期，即暫定期（十五至十七歲），在空想、議論和學習課程中開始全面考慮個人的慾望、興趣、能力、價值觀、僱用機會等，並做出暫時性的選擇；過渡期（十八歲至二十一歲），當進入勞動力市場和進行專門訓練時，著重考慮現實，尋求自我概念的實現；試行期（二十二歲至二十四歲），進入似乎適合自己的職業領域並有將此職務當作今後終身職務的傾向。
確立階段	二十五歲至四十四歲	這是發現適於自己的領域，並力圖使其成為自己永久性場所的階段。在這個階段的初期，有的人經過試行後，再轉做其他工作；也有的人不經試行就固定於一項工作，這一現象在專門職業中尤為常見。它包括兩個時期，即：試行期（二十五歲至三十歲），在似乎適合自己的工作中，感到不滿足，轉換職業後發現了終身職業；穩定期（三十一歲至四十四歲），在職業類型明確後，便努力使工作穩定下來，確保職位。對於大多數人來說，這是富於創造性的黃金時期。

維持 階段	四十五歲 至 六十四歲	這一階段人們所關心的是如何保持住自己確認的職位崗位，極少有人到新領域去冒險，多數人按既定方向按部就班地工作。
沉潛 階段	六十五歲 以上	隨著體力和智力的減弱，在工作中開始出現遲鈍的現象。個人在這一時期的角色也由「參加者」演變為選拔者和旁觀者。它包括兩個時期，即：減速期（六十五歲至七十歲），這是按規定退休的前期，此時人的能力減退、工作鬆弛，因而改換所負擔的職責或工作；引退期（七十一歲以上），引退的年齡界限因人而異，但是離最終停止工作的時間已不再久遠。對此，個人的態度也不盡相同，因而有一個適應新的自我概念的過程。

（資料來源：作者整理）

　　總之，蘇伯認為職業選擇是有目的性的，它由自我概念的形成、轉變和實現組成，也即職業選擇是一種理性的決定過程。薩帕的理論比起金茲伯格的理論已有很大的進步，他把個人對職業的選擇看成是持續一個人一生的一種活動，這種用發展的眼光對職業選擇進行分析是比較可取的，也比較符合現實的情況。但是，蘇伯的理論偏重個人的心理，論證過於微觀，對影響個人職業選擇的社會結構因素（諸如社會、經濟、文化等）論述不夠，正因為這樣，有一些學者嘗試著用其他的理論或方法來解釋個人的職業選擇過程。

三、社會－文化影響論

　　理性決定論對職業選擇進行研究的核心是放在個人心理發展的過程上，而社會文化影響論則把研究的重點放在個人所不能控制的社會結構上。一些社會學家認為個人的職業選擇受到社會因素的影響，尤其是社會結構的影響。如英國社會學家華森（Tony Watson）認為，一個人要得到某種工作受客觀因素和主觀因素的影響。客觀因素包括某些資源，如金錢、技能、知識或體格。主觀的因素包括個人的動機、興趣和期望（如謀生、獲得權力或得到工作滿足）。所有這些因素都受到結構性因素的影響。結構性因素又分為二類，即與工作相關的結構性因素，如職業結構、勞動力市場等，另一類是非工作性結構因素，如個人的家庭、階級、性別、種族和教育背景等。華森認為以上各因素互相影響，並對個人的職業選擇產生影響。

表 8-6　職業選擇產生影響的因素

項目		內涵
社會總體與擇業關係	政治制度	對擇業的影響表現在政府制定的一系列制度、方針政策，如國家法律、法規、人口政策、勞動就業政策、教育政策對職業選擇的影響上。
	人口政策	人口政策可以影響一個國家人口數量的多少和人口素質的高低。人口數量的多寡影響著就業者的供應量，特別是當勞動力人口年齡構成在一段時期裡過於年輕時，必然會使得就業的供給量增大，給選擇較為理想的職業帶來一定的困難。當這種勞動力人口年齡構成保持一定時期以後，又會出現勞動力人口的年齡構成偏於老化，這時，就業的供給又會減少。
	就業政策	這種政策從根本上影響了勞動者的擇業權和用人單位的用人權。用行政手段，就理所當然地影響了基本工資、經濟榮枯，乃至於職業選擇和職業流動的機會。
	社會習俗	是在現實生活中，在社會上流傳久遠、制約性較大的習慣勢力，如習慣、傳統、風尚等等因素制約著人們的擇業和就業行為。
生產方式與職業志願	產業結構	它是指不同產業的勞動者的構成及關係。從人類社會發展的歷史來看，社會經濟發展水平不同，其產業結構也各不相同。大多數社會經濟發展低的國家，其在產業結構上的表現是以農業生產為主，而像美英日等社會經濟發展高的國家，其在產業結構上的表現則是以第三產業為主。
	技術發展	科技的發展和進步對勞動者職業選擇的影響表現在三個方面：第一，科技的發展和進步使得社會對勞動者進入職業的要求提高了。科技的飛速發展，使得知識和高素質的勞動者越來越成為推動經濟和社會發展的重要資源，勞動技能越來越以知識為基礎，因而，對勞動者具備從事某種職業的專門技術或技能的要求也提高了。第二，科技革命將會淘汰一些舊職業，創造一些新職業，也即引起產業結構的變動。科技進步使得傳輸、郵電、金融、保險、建築、計算機等行業飛速發展，為人們提供了大量的就業機會，並促使人們在面對新職業時，改變傳統的擇業觀念，以便及時地把握住機會。第三，科技進步使得勞動條件改善，從而為人們從繁重的體力勞動中轉為以智力為軸心。
	經濟形式	經濟形式是指生產資料的所有制形式，是生產資料所有者和勞動者在生產、分配、交換和消費中的經濟關係。
	經營形式	經營方式是經濟形式的具體實現形式，是生產資料所有者為了實現其經濟利益，運用生產資料或其他經濟手段，進行生產經營活動的方式。由於不同經濟形式和經營形式的勞動組織在收入分配、福利待遇、勞動條件等方面存在著差別，因而勞動者在選擇職業時自然會對此有所考慮。

家庭與職業選擇關係	家庭是職業選擇環境重要的結構性因素。	主要表現在以下四個方面： 第一，幫助子女樹立職業目標； 第二，培養子女掌握一定的技能和能力，為今後的升學、就業做準備； 第三，直接決定子女的職業（包括升學的）志願； 第四，父母的擇業意願直接影響子女的職業選擇。 家庭對個人職業選擇的影響是任何其他因素都替代不了的。兒童對父母所從事職業的評價及社會對其父母職業的評價、父母對於各種職業的看法，都會直接影響子女長大成人後的工作志願，而父母為子女所進行的各種人力投資，又會為子女長大成人後的職業選擇帶來種種便利。
教育與職業選擇關係		對絕大多數人來說，教育之所以重要，是因為它與個人的職業世界有著極為密切的聯繫。一個人所受的教育總量和類型對職業選擇和職業成就有著決定性的作用。即教育是一種過濾器，它能有效地將一些人屏除於某些職業的大門之外，也能有效使一些人獲得某種職業機會。經由教育，使少數出身低微的人可以實現「早為田舍郎，暮登天子堂」的宿願，以此改變自己的職業地位。教育對勞動者職業選擇的影響是經由其他子因素而實現的，如教育的結構、教育的類型、教育者的行為、教育的內容等。

（資料來源：作者整理）

　　總之，一個人的擇業意願和行為是受多方面的因素影響的。沒有一個單獨的因素能夠決定勞動者一生的職業選擇。

肆、青年的職業選擇

　　每個人在工作中所重視的不同，有人重視報酬的高低，有人重視環境良好與否、主管是否賞識、或同事之間相處如何，這形成了每個人不一樣的工作價值觀。如果自己所重視的工作價值觀能在工作中得到滿足，就是最適合個體的工作了。因此，生涯抉擇時應謹慎考慮自己的工作價值觀是什麼，去尋找最能配合的。如此一來，你就知道你在工作中最重視的是什麼、最不重視的是什麼；然後，把工作所能提供的是什麼做個比較，就知道這個工作適不適合你了。隨著社會開放的進一步深化和勞動制度的改革，現代人的擇業觀念開始發生了變化，尤其是年輕人擇業觀念的變化表現得更為明顯突出。這些變化主要表現為以下四個方面：

一、選擇的多樣化

在傳統經濟體制下，勞動者就業的門路非常單一，勞動者沒有選擇職業的權利，企業和工作崗位也不能選擇所需的勞動者，即使讓勞動者自己選擇職業，大多數人希望自己有一個安穩的工作。以格蘭諾維特（Mark Granovetter）認為，新古典勞動力市場模型離現實太遠，尤其是忽略了匹配問題（matching），在勞動力與職業的匹配上，重要的不是價格問題，而是資訊的如何獲得問題。社會網絡在尋找職業的人與職業需求之間充當了橋梁作用，而且有三個優點：（1）豐富性。（2）隱蔽性。（3）傳遞性。

二、個人利益與社會利益兼顧

近年來青年的職業觀念還發生了一個很明顯的變化，那就是在職業選擇時更注重物質利益，對個人利益在職業上如何實現成為青年人職業選擇的重要考慮。為此，生涯規劃著重於：

表 8-7　生涯規劃著重的因素

特性	內涵
獨特性	人儘管會有雷同之處，但絕不會完全相同。因此，進行生涯規劃，無論是任何一個人，都有其獨特性，都有其專屬的生涯規劃，絕對不會與他人相同。
一生性	從生到死一輩子的事情，具有終生的特性。如果今天作一個生涯規劃，明天又有另外的生涯規劃，就不能稱為生涯規劃，只能算是計畫而已。
發展性	生涯規劃就學理而言，依年齡劃分以下四個階段，隨著早熟的傾向、資訊發達等因素，年齡層可能再往下降低： a.自我發現期：約在三十歲以下。 b.自我培養期：約為三十至四十歲之間。 c.自我實踐期：約為四十至五十歲之間。 d.自我完成期：約為五十歲以上。
全面性	指所規劃的一生中包羅萬象，亦即對一個人生涯規劃所考慮的點、線、面極為廣泛，幾乎無所不包。

（資料來源：作者整理）

三、自主性增強

　　二十世紀三十年代以來對各種勞動力市場的研究表明，勞動力市場的訊息很不完備，分布也不均勻，即存在供求之間的不對稱（information asymmetry），為獲得訊息，求職者必須依時間序列走訪各單位，即進行有關工作的尋找過程。斯蒂格勒（G. Stigler）認為訊息是一種稀缺商品，其獲得需要花費時間、努力和金錢。因此理性的求職者在工作尋找過程中會遵循「適合原則」，尋求的是滿意或次優職業，而不是最優職業。

　　針對當前青年職業選擇觀念的變化，學校和社會應該做些什麼呢？

表 8-8　協助青年就業的因素

項目	內涵
建立職業的價值觀	從家庭、學校、社會三方面入手，從早期開始對青年進行多種形式的勞動與職業的教育，以端正擇業態度。
開展職業指導工作	進行職業測驗與職業鑑定，對求職者的心理能力、個人興趣、能力傾向與個性特徵進行測驗與分析，然後做出鑑定，使個人對自己適合於從事何種類別的工作有一個大概的了解。清楚地認識自我，這是職業選擇時不至於盲從他人的出發點。
提供職業資訊服務	使個人能夠較好地認識和把握職業世界的特點。職業信息包括四個方面：一是關於職業性質、工資待遇、工作條件及提升的可能等方面；二是關於求職者的最低條件；三是關於準備就業而設置的教育培訓計畫，以及提供這種訓練的教育機構、學習期限、學習資格與費用；四是關於就業機會。
開展職業諮詢工作	幫助青年及學生根據職業測驗與鑑定及有關職業的訊息，確定自己的職業目標。
指導職業生涯途徑	積極地幫助求職者找到適當的職業。成功的職業指導可以大大減低勞動者擇業的盲目性與隨機性，幫助勞動者按自己的特點和愛好選擇職業，也使用人單位找到符合自己要求的人力資源。

（資料來源：作者整理）

　　總之，關於青年人的職業選擇和指導，這是一項系統的工程，它有賴於個人、家庭、學校和社會的溝通與努力。

結語

　　生涯規劃是屬於想成功的人，我只想平凡過一生，用不著規劃。事實：生涯規劃的方法有很多，規劃的目的是讓人們找到自己的舞台，盡興地演出。所以不分男女老幼，小至販夫走卒，大至商業名人、各界菁英，甚至家庭主婦、在校學生等，都可以規劃自己生涯。生涯合理信念：生涯規劃的目的是突破障礙、激發潛能、自我實現。生涯規劃是屬於每一個踏實的人。積極朝向培養本身能夠以自我了解為基礎，並對未來可能從事的職業進行相關資訊蒐集的能力，整合及評估相關生涯資訊的能力。了解就業市場狀況，並能以以上所具備的能力為基礎，從事最合適職業的選擇。工作上的調適及生涯拓展，亦即藉由新的學習機會而使得個人的生涯踏實實踐。

第九章 職業生涯

前言

　　俗話說：「男怕入錯行，女怕嫁錯郎」。選擇行業是一生中很重大的決定，它對一個人的生活有著多方面的影響。也就是說，一個人選擇什麼樣的工作就會有什麼樣的「生活型態」，因為工作與生活是息息相關、互相影響的。面對不同的工作型態，你就得在人際交往、家庭生活、休閒……等做各種不同的安排。那麼工作的選擇對生活型態的影響究竟是什麼呢？首先，你選擇了某種職業，它決定了你的興趣、能力是否能充分得到發展。假如你選擇時是依著你的興趣、能力、個性、好惡的話，它會讓你感到好像穿對了鞋子，很適合，並且能有所發揮，生活也會充滿了希望、成就與滿足；假設選擇時忽略或未顧及興趣、能力，則生活會感到空虛、無聊、厭煩與不滿。

　　生涯抉擇將決定一個人在什麼地方工作或居住。例如一個從事農業生產的人，不可能跑到熱鬧的都會區工作或居住；一個選擇從事貿易工作的人正好相反，較可能選擇熱鬧繁華的大都市，而不太可能到鄉下或山邊。大都會與鄉村的生活型態當然有明顯的不同。另外，做推銷員須終日在外奔忙，會計人員則整天埋首於辦公室內整理帳目。不同的生涯抉擇，影響一個人的生活作息與工作時間。選擇服務業（例如餐飲、美容、旅遊……等）的人，與選擇坐辦公室辦理業務的生活作息非常不同。前者的工作時間較長，不是正常的上下班，假日也照常工作；後者卻是朝九晚五的固定時間、假日休息。不同的工作決定了與什麼人一起工作，建立怎樣的人際關係。選擇銷售珠寶的行業與社會福利工作，所接觸的對象就很不同。前

者面對的是經濟狀況較良好的人群，而後者接觸的是生活困苦需要濟助的人。面對不同的兩群人，工作員的穿著、言談、態度，甚至型態都不同的。另外，工作時間的長短也會有所影響。晚班工作或假日不休息的工作族，其休閒方式與朝九晚五且每週只工作五天的辦公族，就大大的不同了。不同的工作當然也會影響家庭生活型態，一個做夜市生意的商人，白天在家，晚上工作，與已經上學的孩子相處的時間、方式，自然和一般家庭不同，很可能父母子女一整天都見不到面，也可能很少在一起吃飯、聊天。有時為了要督導孩子，只好讓孩子帶著作業到生意場所做功課，以便一面工作，一面督導或照顧孩子。既然工作與生活型態有這麼密切的關係，因此，在做職業選擇時，除了考慮：我想以什麼維生，什麼能符合我的興趣、能力外，尚須考慮：我想過怎樣型態的生活，在怎樣的環境下工作，和什麼樣的人工作，每天工作時間作息如何，休閒生活型態如何，家庭生活怎樣……等等。這樣的考慮下所做的抉擇，才會使工作得滿意、生活得愉快，度過真正快樂的人生。

壹、生命週期與職業生涯

　　職業經常是人們用來評量一個人的社會階層、經濟所得，甚至預測其價值、態度及生活型態的主要標準，也是一個人在現代社會所擁有諸多角色中的主要角色。職業的選擇深受二大因素的考量：「個人生涯」與「外在環境」；亦即個人因素與環境因素影響著個人職業的選擇及生涯的發展。其中個人因素是主觀的，受到個體生物週期及學習等因素的左右，因此在職業的擇定上宜依個體發展循序漸進。至於外在環境的因素是客觀的，尤以近年來受到科技發展、價值變異，社會面臨著瞬息萬變、空前的變遷亦影響著個人對職業的抉擇，此時，我們宜如何把握？使個體與外在環境相互配合，建構周延的職業生涯，以發揮所長裨益社群，達到「人盡其才，適才適所」。

　　職業與個人的生涯息息相關，職業的獲取是一項長期的過程，依照生涯發展的觀點，則包括了個人的全部生涯，亦即從幼兒直到成人，循序漸進。而每一階段均有其特殊的發展任務需待完成，經由該階段的逐步實施，使個人獲得職業的生涯，並建立個人生活型態，以促使個人能過一種經濟獨立、自我實現及敬業樂群的生活。

表 9-1　生涯發展的階段

階段	年齡	內涵
生涯準備期	十二至十八歲	這是一個發現自己個性、特質，積極去學習、體驗，以使自我人生更加豐富的時期，也是學習人際關係與培養工作基礎能力，藉由體驗與學習累積人生資本的時期。在家庭方面，則是準備獨立的時期。生涯發展的主要任務：發展和發現自己的需要和興趣；發展和發現自己的能力和才幹；學習職業方面的知識，尋找未來的角色模式；從測試和諮詢中獲取規劃的資訊；查找有關職業和工作角色的可靠資訊；發展和發現自己的價值觀、動機和抱負；接受教育；進行自我測試，以發展一種現實的自我意象；尋找試驗性工作和兼職工作的機會，測試早期職業決策。
生涯成長期	十九至三十歲	確定未來的方向與職業觀，訂定出自己的專業領域，提升專業能力，在社會上和職場中，充分發揮自己能力的時期；對社會和職場的各領域積極投入，使自我成長。同時這也是結婚、建立家庭的時期。生涯發展的主要任務：學會如何找一項工作，如何接受工作考驗；學會如何評估一項工作和一個組織的訊息；通過挑選和測試；作出有效的第一項工作選擇；克服缺乏經驗帶來的不安全感，發展一種信任感；達成一項正式可行的和心理的契約，保證個人和雇主的需要都能滿足；承擔責任，成功地履行與第一次正式分配有關的義務；發展和展示自己的特殊技能和專長，為提昇或進入其他領域的職業成長打基礎。
生涯定型期	三十一至四十歲	確立在社會和職場裡的指導地位，致力於專業能力的精進，在組織中深受肯定。藉由工作能力的充實，使得個人能在社會上擁有許多活動觸角。五十歲以後的生涯規劃也已擬定，並且能積極為人生的目標建立周全的準備。家庭方面，為居住、育兒、教育等最忙碌時期。生涯發展的主要任務：尋求良師和益友；根據自己的才幹和價值觀以及組織中的機會和約束，重估當初決定追求的工作；準備作出長期承諾和一定時期的最大貢獻或者流向一個新的職位和組織；應付第一項工作中的成功感或失敗感。

生涯 成熟期	四十一 至六十五歲	是人生在職場上最為圓熟的時期。在組織內外的地位都已確立，不僅在工作上，在社會上也能深受肯定，人格與精神皆達到相當的圓融。在家庭方面，是幫助孩子成長的時期。生涯發展的主要任務：堅持技術上的競爭力，或者學會用已經驗的智慧代替直接的技術能力；發展所需要的人際和群體技能；發展必需的監督和管理技能；學會在一種政治環境中制定有效決策；應付「嶄露頭角」的年輕人的競爭和進取；應付中年危機和家庭的「空巢」問題；為高級領導角色做準備；從主要關心自我，轉而更多地為組織福利承擔責任；負責地操縱組織機密和資源；學會操縱組織內部和組織外環境的高水準能力；學會在持續增長的職業承諾與家庭的需要之間謀求平衡；開闊視野，從長計議，現實地估量在社會中的角色，如何身為有貢獻的個人並適時推銷成長觀點，以獎掖後進。
生涯 完成期	六十五歲 以後	職業生活畫下句點，與社會的關係逐漸減退，將工作經歷活用於社會，生活內容與精神皆十分淡薄，就人生做「最後的修飾」。家庭方面，因孩子都已獨立，故以老夫、老妻為生活重心。生涯發展的主要任務：在業餘愛好、家庭、社交和社區活動、非全日制工作等方面，尋找新的滿足源；學會如何與配偶更親密地生活；估量完整的職業，著手退休；在失去全日制工作或組織角色後，保持一種認同感和自我價值觀；在某些活動中依然傾心盡力；運用自己的智慧和經驗；回首過去的一生，感到有所實現和滿足。

（資料來源：作者整理）

貳、職業養成與生涯規劃

　　生涯規劃會因為每個人人生目標的差別而有所不同。在社會中，由於每個人對自己的期望有所不同，其所追求的目標自然也會不同。小時候，每個人都會想要為自己編織一個未來的夢，有人想當老師、有人想當科學家等等，然而長大以後，有人實現了夢想，當然也有人改換了夢想。總之夢想在人的心中，是一道光亮的指引，有了這道光，人生才有方向；有了這個方向，你才能一步一步走向美好的未來。因此，要想擁有充實美好的未來，首先，要為自己設定人生的目標。

　　生涯規劃的價值在於釐清個人願景，有效的認識自己，客觀的認知環境與所需資源，並用合理可掌握的方法，逐步的將其整合，以達成目標，完成個人使命。所以總結生涯規劃的目的是認識自己、掌握人生、實現理想、發揮生命最大的可能性。生涯準備兩大工夫：

表 9-2　生涯規劃的內涵

項目	內容
分析及探索 自己的特質	1. 了解自己的興趣 2. 了解自己的工作價值觀 3. 了解自己的能力
認識工作世界 瞭解趨勢	1. 認識工作世界 2. 如何得知職業資料 3. 獲得就業機會資訊的管道

（資料來源：作者整理）

　　訂定生涯計畫和人生目標選擇常常是不易的，因為其間涉及到仔細的思考和下定決心。其過程使人們需考量要用什麼標準以訂下優先次序。不同的標準，所訂下來的優先次序也就不同，如果分不清潫，就會發生衝突而不知所措。我們每天的生活都是經由時間而組織起來的。因此，時間的把握與規律，對每天生活充實是非常的重要。時間的測定不正確，便不能有計畫的規劃生活，縱然是建立了計畫而不能按計畫去實行，則再詳實的生涯規劃也無法達到原先預期的目標。把握時間，按部就班地履行，則每天的生活也必定是充實與有所成就。對於一件事能夠有正確的判斷，才能有堅實的人生規劃。這當然要依據自己的能力和知識，再加上有實踐計畫的行動力和積極性，個人生涯才能有所成就。一旦把計畫表列好了，就要按部就班地履行，才能達成原已設定的目標。為此，在形塑職業時，係經由下列階段循序達成：

表 9-3　生涯規劃的階段

項目	內涵
職業認知	出現於幼兒時期，若以學齡而言，亦即屬於學前教育及國小的階段。該時期的兒童會幻想著成人的行為，並且透過觀察周遭，模仿父母兄姊、師長的行為，試圖扮演其角色。此階段的目標是：經由教育的機會達到職業認知與基礎能力的培養。
職業導向	在國小教育的後半期及國中教育的前半期。由於此時期有較多的機會認識到社會的內涵，對職業的認知已能有較為清晰的概念。是著重在個人的喜好和興趣；因而會促使個體開始關注所感興趣的工作與自身能力的比較；並且能將個人的注意力擴展到個體以外的環境，以配合個人的選擇。使工作價值觀念注入個人價值觀念中，俾便自己未來的生計發展建立更為明確的目標。
職業試探	是希望能夠對工作世界有更寬廣的接觸，以期認識到工作的狀況、特性、運作方式等。此階段的生涯發展內涵宜注意下列幾項： (一) 能清楚認識到自己的興趣、價值觀、能力、個性等人格特質。 (二) 學習對自我教育，掌握各種職業訊息等資源運用的技巧。 (三) 認識各種職業的性質及所需的技能。 (四) 認識職業內涵會隨著技術進步有所轉變的特質。 (五) 認識到各種教育領域的本質及目的，以及進入該領域的途徑，並由生涯發展的觀點預估各項教育領域，及在未來所能提供的職業種類。 (六) 評斷此行業所提供的生活型態是否為個人所期望。 (七) 知道如何達成有效率的工作安排及休閒生活的方法。 (八) 了解人際關係及受僱技能在職業上的重要性。 (九) 認清到為了達到各種不同的目標，他所必須做的決定，並認清個人及環境的因素對其未來發展的影響，適切地考量到各種可能的正面和負面因素所導致的結果，以做為選擇正確發展方向的參考。 (十) 考慮個人在各種組織中應有的生活及所扮演的各種不同角色。 (十一) 以周延的評量、完整的資訊，做為達成預定生計目標的有效計畫。
職業選擇	注意到職業選擇所要考慮的因素，並能夠透過對自己能力、興趣、價值等主觀因素的評量，對工作條件的客觀衡量比較，以做為職業選擇的基礎。是以其重點是在使個人確定進入工作世界的路徑。在此過程中，對職業的選擇由於常受自我觀念的影響、經驗的堆砌而發生變動；因此，必須有系統的逐步檢視其職業的偏好，學習成就及經驗累積，並且經由客觀的評量工具，以真正了解個人的能力與偏好，以裨益未來生計的選擇。
職業計畫	「計畫」提供了行動的明確步驟、方案，也提示了檢視行為的標準和依據。而職業計畫是植基於計畫對行動的影響性和重要性的基礎，強調對一個人生計過程的妥善安排，在這種安排下，個人得以依據各計畫要點，按部就班充

	分發揮自我潛能，並妥為運用環境資源，達成其既定的目標。良好的職業計畫，除了能提供當事人經由自我了解，認知發展自我的最佳途徑，以達到獲取經濟需求的滿足外，並且可以使個人清楚掌握自己與對工作環境的充分了解，以為必要應變、調適的參考，達到適應環境的功能；甚至由完善的計畫，學習到抉擇的技巧，達成生涯遠景的最佳發展。
職業準備	職業準備所強調的並非預先建立一些主觀目標，而是在於學習到應有的工作態度、處世藝術，對工作世界領域的了解，對職業機會的抉擇能力。職業準備應包含： (一) 職業知識 　　1.一般知識。 　　2.專業知識。 　　3.與專業相關的知識。 (二) 職業技能 　　1.專業技能。 　　2.與專業相關的技能。 (三) 職業態度 　　1.成熟、理性的適應能力。 　　2.建立正確的人生觀。 　　3.在將來就業時要善於建塑自己。 　　4.建立正確的職業觀念。
職業安置	在完成某階段學業具備充分的工作技能，以便順利進入職場領域。此階段宜注意： (一) 蒐集職業資料。 (二) 運用職業資料：經由對職業資料的蒐集和了解，並配合自我探索，以便做為應徵工作的準備。 (三) 廣泛使用可能資源。 (四) 面談的技巧。 (五) 工作決定的技巧 　　1.工作本身的因素，包括：升遷、福利、工作環境、安全性等。 　　2.謀職者本身的因素，包括：自我能力、興趣、性向、人格特質、自我價值觀念、個人教育及生活背景等。 　　3.外界的影響因素，包括：父母長輩的期望、師長的建議、同學的建議與勸說、社會潮流的趨勢、社會對此工作的觀感等。
職業進展	隨著個人志業的發展、人生目標的建立，以既有的工作為基礎，把握終生學習的態度，以促使在生涯階梯上循序漸進的發展。

（資料來源：作者整理）

面對變動不羈的未來社會，個體必須維持一個彈性和動態的性格，以便適應快速變遷的時代脈動；此外，欲在新世代中發揮個人和環境的「最適」適應，「均衡生活」的人生觀和社會適應技巧也將是成功生涯的關鍵。

參、職業生涯的規劃原則

生涯發展可由個人和組織兩方面來分析，個人方面從事的生涯規劃，主要工作有：

表 9-4　生涯規劃的原則

項目	內涵
澄清自我	目的在認清自己的興趣、能力、生理與心理狀況和價值，從清楚的了解自己之後，再經由工作來實現自我。亦即是客觀謹慎地自我分析，包括個人的夢想為何？甚麼工作曾讓你有失敗的經驗或讓你極力的避免？哪些地方應加強？須充實哪方面的知識與技能，或加強自我訓練？
評估生涯	目的在了解自己在內部和外部勞動市場中，競爭的優勢與劣勢，包括教育、經驗、人際關係、目前工作表現、個人的生活型態、居住地點、理財觀念、財物目標、休閒理念、婚姻觀念、家庭責任……等等。考慮自己以及家人所希望的生活方式。審視前面規劃的目標，是否能幫助個人達到所冀望的生活方式。
分析環境	目的在了解組織與職業的內外在環境，包括經濟、科技、社會、地理、政策、供需等狀況，以及組織的領導結構、策略和報酬系統等。在生涯發展中，組織從事的是生涯管理，主要的工作有招募與遴選、績效考核、報酬、潛能評估、人力資源發展、生涯諮商和生涯資訊等。

（資料來源：作者整理）

在生涯規劃的路徑中，當員工的工作或職位有所變動，無論是水平的轉換或垂直的晉陞，均可透過組織內人力資源發展的活動，培養個人具備所需的能力與特質，使生涯路徑得以繼續發展與前進。依據柯利茲（J. Crites）的看法，於生涯規劃的過程中，個人須培養五種能力：（一）自我評估（二）職業訊息（三）目標選定（四）生涯規劃（五）解決問題。以上能力的培

養與目標的達成，可經由人力資源發展達成。綜上所述，由於個人與組織密不可分的關係，使得個人的生涯規劃不能脫離組織，須在組織中落實；而組織中的人力資源發展，除達成組織的目標與需要外，須配合員工生涯發展的需要，使其具有能力達成生涯規劃，並藉由促成個人與組織的發展目標。

生涯規劃的方法很多，計分兩大類：便捷的生涯規劃法和系統化生涯規劃法。

一、便捷的生涯規劃法

表 9-5　便捷的生涯規劃法的內涵

項目	內涵
自然發生法	最常見的情形是在學生聯考後，在填寫志願時，並未考慮自己的性向、志趣，只要找到分數所能錄取的學校、科系，便草草地簽下了自己的一生。
目前趨勢法	跟隨現在市場的趨勢，盲目地投入新興的熱門行業，例如：與日俱增的「股票族」。
最少努力法	選擇最容易的科系或技術，但祈求有最好的結果。
拜金主義法	選擇待遇最好的行業。
刻板印象法	以性別、年齡、社會地位等刻板印象來選擇。如：女性較適合從事服務業。
櫥窗遊走法	到各種工作場所走馬看花一番，再選擇最順眼的工作。
假手他人法	由他人替自己決定和選擇。這些人包括： 1.父母或家人——因為過去、細微末節的事是由他們決定的。 2.朋友或同僚——因為他們是你最好的朋友，不會害你的。 3.老師、指導教授或輔導員——因他們是專家，應該有超人的見解。 4.牧師、神父或神明——因他們是最有智慧的人，能夠洞燭機先、鑑往知來。 5.社會——因為你是社會的一分子，必須履行公民的責任，造福社會和鄉梓。

（資料來源：作者整理）

以上七種方法，通常被稱為知識導向（Knowledge-oriented）、配合導向（match-oriented）、或人群導向（people-oriented）的生涯規劃方法。

二、系統化生涯規劃法

上述七種便捷的方法，雖然可以讓你在短期內選定一個生涯，但是其缺失確是顯而易見的。為了彌補這個缺失，以下將介紹一套系統的生涯規劃方法，其優點有四：其一協助認識自己的特質及價值所在；其二協助迅速而完整地認識工作世界；其三協助找出適合自己人格特質的工作；其四協助瞭解工作只是人生的一部分，而非所有。這個系統法，包括下列步驟：

表 9-6　系統化的生涯規劃法的內涵

項目	內涵
自我覺知	領悟到生涯規劃的重要性，積極規劃自己的生涯。了解到想找到一份如魚得水的工作，需要投注大量的精力與努力：藉著各種測驗來剖析自己，透過各種管道以蒐集相關行業的訊息，並在過程中不斷地修正自己的目標。
期許允諾	在做生涯規劃時，必須先和自己簽訂一份合約：要求自己一定要堅持到底，不達到目的決不罷休。否則所有的努力，都將付諸闕如，功虧一簣。
設定方向	人若沒有理想，就如沒有舵的船，永遠無法達到目的地。憑著過去的經驗和直覺，選定一個方向，滿懷著好奇心和求知慾，準備發現生命中的奇花異草，並掘出源源不斷的生命之泉。擬定計畫，考慮後果，但別忘了要勇往直前。
認識自己	誠實的自問： 1.我是誰？ 2.我的興趣是什麼？ 3.我有哪些技能是可以賴以維生的？是高人一等的？ 4.我有哪些人格特質，使我獨樹一格、與眾不同的？ 5.哪些東西是我生命中所不可或缺的？ 6.我的優點是什麼？缺點在哪裡？可以透過自我反省來評估自己，也可以透過親朋好友的建議來定位自己，更可以透過各種客觀的測驗來剖析自己。
認識職業	除了要認清自己身處的政治、經濟、社會和文化因素，還要了解： 1.職業的分類和內容。 2.各類職業所需的技能。 3.各類職業所需的人格特質。 4.各類職業的報酬率。
確立目標	在了解自我、認識工作世界後，要整合各種因素，並評估其可行性，在修訂方向後，定出一個具體可行的目標和方案。這些過程是一個生涯決定的過程。

（資料來源：作者整理）

結語

　　經濟全球化已進入關鍵期，對其效益所形成的反撲日增，對經濟活動和社會安定造成影響。部分國家所爆發大規模工潮即為實例，某些科技創新所創造的就業機會卻遠不及其所取代的就業機會多，此一趨勢使越來越多工人的飯碗不保。社會對未來感到焦慮。每當工業化國家的經濟表現趨緩，社會就惴惴不安。而全球化似乎讓公司和其員工的命運脫鉤。在過去，公司賺錢就表示工作安定、加薪有望；但今日的跨國公司賺得越多，似乎也越常常宣布要裁汰員工；即使僥倖保住飯碗，不安全感也油然而生。這一切都使全球政、經領袖必須證明他們在新全球資本主義遊戲下仍可運作，可以為絕大多數人、而非少數公司主管和投資者謀福利。經貿全球化是擋不住的國際潮流，這不但是由於生產科技的進步拉大了工業先進國家與開發中國家間貿易商品技術層級的差距，使工業國家能在自由貿易下分享較大的貿易利益，從而無不在加速推動貿易自由化；而且由於交通及通訊技藝的飛速進步，大幅降低了資訊傳遞的時間及成本，也改變了跨國企業對零件、最終產品的生產基地考量。國際間經貿活動的國家界線逐漸隱晦，不僅有形的商品如此，且很多服務業也有明顯的全球化趨勢。同時，在此全球化趨勢中，個別國家因經濟發展階段、經濟規模及地理位置的不同，在其繼續追求經濟發展的途徑上扮演著不同的角色。根據社會發展的趨勢及生涯規劃的理念，「培養傑出的員工」已成為構築組織發展的重要環節，從此可見，員工的生涯規劃，是應付未來並持續保有競爭優勢的主要動力。同時重視個人生涯規劃是維持組織成長的一項長期且專業性工作，為滿足需求各異的員工，必須針對員工學養、個人潛能、專業技能、管理層級和組織機能等，透過長遠而有系統的培育計畫，並能與員工生涯規劃產生呼應的互動效果，以達到組織與個人雙贏的目標。

第十章　生涯輔導與職業發展

前言

　　如同希臘聖哲蘇格拉底所言：「知道你自己。」和英國著名管理學者查理・韓第（C. Handy）在二〇〇七年的新書強調「界定你自己」一般，生涯輔導是要協助一個人對其一生中所承擔職務相繼歷程的預期和計畫，包括一個人的學習、對一項職業或組織的生產性貢獻和最終退休。個體職業生涯規劃並不是一個單純的概念，它和個體所處的家庭以及社會存在密切的關係。每個人要想使自己的一生過得有意義，都應該有自己的職業生涯規劃，特別是對於青年朋友而言，正處在對個體職業生涯的探索階段，這一階段對職業的選擇、對青年朋友今後職業生涯的發展有著十分重要的意義。因此，在討論青年朋友生涯輔導問題之前，必要瞭解職業生涯的階段模型。

　　一個人整個一生所從事的職業按先後順序可分為早期生涯、中期生涯和晚期生涯三個發展階段。在這三個時期中，又可以將一個人的職業生涯分為四個階段：探索階段、創立階段、維持階段和衰退階段。

　　職業的選擇是一個發展的過程。在這個過程中，每一個步驟都與前後步驟有著密切的聯繫，共同決定著未來職業的發展趨向。同時人是作為一種生物存在著的，他有著自己獨特的生命特徵，因此職業選擇的趨向必須依賴於個人的年齡和發展，不同年齡和發展階段的特徵都與職業生涯的選擇和發展是一種相互依賴、相互作用的過程。每個人都是作為不同的個體存在的，不同的個體之間的個性、能力、興趣不同，當他們即使是面對同一環境時所獲得的現實機會也是有很大差異的，因此，當一個人在作出職業選擇的時候就必須在個體特徵和現實機會之間取得平衡。

　　從職業生涯階段模型中可以知道，大學生時代正處在職業生涯的探索階段。蘇伯對職業發展研究認為探索階段又可以分為三個時期：（1）嘗試期（十五至十七歲）；（2）過渡期（十八至二十一歲）；（3）初步試驗承諾期（二十二至二十四歲）。依據這一結論，大學時代應該跨越了過渡期和初步試驗承諾期兩個時期。在這兩個時期，大學生的個體能力迅速提高，職業興趣趨於穩定，逐步形成了對未來職業生涯的預期；事實上在初步試驗承諾期，許多學生往往需要就自己的未來職業生涯作出關鍵性的決策。因此，大學生就業指導的主要工作在於學生職業興趣的培養和職業生涯教育，引導學生瞭解和嘗試現實社會中的各種職業，積累一定的社會工作經驗，幫助學生在未來較短時間內實現個體人力資本、興趣和職業的匹配。

壹、生涯輔導的意涵

　　美國史丹福大學教授麥克唐納（Henry B. McDaniel）對輔導的定義：「輔導是一種合作的過程，學校輔導人員的任務，在如何幫助個別的學生；其責任有二：一是使學校教職員認識每個學生的各種需要、資料與指引的方式；二是給與個別學生以機會與幫助（包括教育的、職業的、心理學的技術與材料），使他們經由自己的思考，去解決他們的問題，達成他們的願望。」（張慶凱，1982）為此，輔導人員必須充分了解學生生理與心理的成長發展，及其所處環境的各種情況，運用輔導的專業知識與技術，以有組織、有步驟的工作計畫，為學生作熱忱的服務。並且根據所搜集到的有關個人自身及未來工作與生活所需的全部事實，以啟發同學明智地計畫他們自己的行動。易言之，輔導的終極目的，在使學生認識其自身的各種需要與能力，在學習、生活與職業等方面，用自己的思考與判斷作最佳的選擇，並以最有效的行動，來圓滿達成其最終的目標或志願。隨著科學的進步、工業的發達、社會的發展、經濟的繁榮，人們的生活方式有了顯著的改變，人與人之間的關係更趨密切，這些進步固然為人們增加許多便捷，但同時也為人們帶來若干新的困擾。為了適應複雜萬端

的社會，除了仰賴完整的教育外，經由妥善的指引與協助，亦成為必需。而這種妥善的指引與協助便是「輔導」的任務。托拉斯勒（A. E. Traxlor）與韓福瑞（J. A. Hamphreys）便曾明確指出輔導的目標是：（劉焜輝，1980）

一、了解個人的能力。

二、關心個人的能力、興趣及其他資質。

三、促進個人在環境中能獲得充分的滿足及良好的適應。

四、發展個人自行做最適切的決定，以及自己解決問題的能力。

五、個人對於社會應有獨特的貢獻。

職業輔導觀念的產生雖然是發跡在一九〇八年，因帕深思（Frank Parsons）有感於社會就業問題的嚴重性，於美國波士頓創立「職業輔導局」（Vocational Bureau of Boston），並首先使用「職業輔導」（Vocational Guidance）一詞，引起美國各州各地公私立團體紛紛響應並且設立機關，展開對青年的職業輔導工作。然而此一輔導觀念的提出，事實上可以追溯到更早的時間。在十八世紀末葉人類未發生工業革命之前，社會上的職業種類不多，很少有特殊性的職業出現，職業類別單純，並且只是飽食暖衣的來源憑藉，因此「克紹箕裘」、「子承父業」成為職業遞嬗的固定模式，在這種社會運作下，遑論職業問題或是職業輔導。可是自從十八世紀末期工業革命以後，以機械替代人工生產，使人類生活產生巨大的變化，人口集中城市，產品大量增加，生產型態和制度大幅改變，社會上職業種類與就業機會亦益趨複雜化和特殊化，人類面對此新的環境與新的生活，必須以新的訓練和技能才能適應社會。青年需要在社會上安身立命，不獨面對著職業訓練的問題，也面臨職業選擇、職業適應等問題。結果許多青年在職業上得不到成功，在工作上感到苦惱。事實上社會新的職業日益增多，許多人對職業名稱都感到陌生，又焉能洞識職業的內容。父母與兄長已無法具備這許多知識以幫助子女選擇職業，也沒有充分時間照顧自己子女的細微問題。因之輔導青年職業的責任，乃漸漸由家庭轉嫁到社會機關與學校身上。同時隨著工業生活的複雜化，各大都市也開始感覺有幫助青年選擇

就業的必要，職業輔導工作便在此種環境下產生。由於這些現象的出現，
職業輔導隨著時代驅使而成為一項專業性的輔導工作。

　　職業輔導漸次地在有志之士的推動下，建立起輔導的規模與工作內
涵。美國職業輔導學會（National Vocational Guidance Association）在一九
三七年曾對職業輔導給予一個新的定義，它說：「職業輔導是一種幫助個人
（學生）選擇職業、準備就業、獲得職業並謀求進步的過程。」（張慶凱，
1984）亦即，職業輔導是一種幫助個人的過程，以便在職業上做最佳的選
擇與調適。職業輔導的內涵是以職業為核心，強調如何選擇職業、安置就
業，乃至就業後的適應與發展。其主要內涵包括下述四項工作：（楊朝祥，
1984）

表 10-1　生涯輔導的意涵

項目	內涵
職業選擇	職業輔導的目的在協助個人尋求適當的職業，因此首先即須透過各種測驗工具的使用、資料的傳遞介紹，以及個別和團體輔導或諮商過程等方式協助其了解自我及工作世界，進而選擇所要從事的職業。
職業準備	個人選定職業方向後，即進入準備就業的階段，其中包括(1)職業準備及(2)在職準備兩種，前者泛指在實際就業之前必須接受的教育或職業訓練，後者則係就業與職業準備同時進行，在工作崗位上接受在職訓練。
職業安置	此項工作為職業選擇與準備的延續，目的在根據個人所作的選擇與準備，落實於適當的工作上。因此輔導人員必須協助個人蒐集有關就業機會的資料，並作好求職的準備，以求每個人在適當的工作上均能適才適所，使才能得以發揮。
延續輔導	延續輔導是職業輔導的最後一個步驟，其目的是針對就業後的個人，了解其對工作環境的適應及工作進步的情形，並幫助其在職業上求發展；另外對工作情況不能調適的人則給予工作調適的輔導或者提供轉業指導，以使個人能適合其工作或者另找工作。

（資料來源：作者整理）

　　職業輔導的工作，雖然引起許多慈善團體的響應，紛紛設立機關，展
開對青年的職業輔導。然而由於有感於隨著社會的分化，學校逐漸取代家

庭成為教育人格、傳遞技能、授與知識的主要場所，而且教育內涵必須配合著社會的發展趨勢，滿足求學者的需要，引導青年順利進入社會，適應未來的生活。因此，在校期間，必須有充分的訓練、準備與規劃，期使他們於就業後能勝任愉快、敬業樂群，獲得工作上的滿足。同時根據推動職業輔導的經驗，光是由社會機關幫助青年就業尚嫌不足，必須自在學時期開始協助學生作職業的準備、職業選擇，然後於畢業前再加以輔導就業安置方為萬全。因之漸漸把這種職業輔導的觀念與做法傳入學校之中，使得職業輔導的基礎重點，並不放在社會而是置於學校之中。

經由對職業輔導的定義及內涵說明，可以發現傳統的職業輔導較侷限於工作本身的選擇，且偏重人與事的配合，而忽略與工作有關的個人情緒與人格因素，似有偏頗之處。隨著時代的變遷，人們更加重視由工作中反映個人的價值、實踐個人的理想，避免職業落入「為生活而工作」，成為徒然獲取生活物質所需的工具等偏狹意念。使得狹隘地以職業選擇與適應為著眼點的職業輔導，已不再適合現代社會的要求，同時隨著心理學上有關自我發展、自我分析的研究，正可提供傳統職業輔導概念不足之處的學理基礎；而管理學者韓第（C. Handy）亦強調工作、休閒、生活三種為最佳的結合，因此而有所謂生計輔導一詞的出現。生計輔導隨著行為科學的建構和相關理論的提出，強調的是：「協助個人建立並接受一個完整而適切的自我概念（包括職業自我），同時由此概念轉化為實際的生計選擇和生活方式，藉適切的角色行為，以滿足個人及社會的需要；其內涵包括：生計認知、生計導向、生計輔導、生計選擇、生計準備、生計安置、生計發展等部分。」（楊朝祥，1984）

生計輔導的出現除了是針對職業輔導的變革、擴充外，與美國聯邦教育署長馬倫（Sidney P. Marland）於一九七一年倡議的「生計教育」（Career Education）觀念有密切的關聯性。馬倫博士為了改變過去傳統教育中教育系統與社會隔離的障礙，使學術與就業準備在生計課程引導下，讓學生作最有利的選擇，以使人能盡其才，發揮教育的實用性。因此主張：「生計教育從義務教育開始，延伸至高等及繼續教育的整個過程，它教育下一代在

心理上、職業上及社會上的平衡與成熟的發展，使每位國民成為自我認知、自我實現及自覺有用的人。這種教育同時具備學識及職業功能、升學及就業準備。它強調在傳統的普通教育中建立起職業價值，使學生均具有謀生能力。因此其基本目標是培養個人能過豐饒創造、有生產價值的人生，這是發揮教育真實價值的整體構想。」（許智偉，1981）為了達到這項構想，自然須賴「生計輔導」的推動以茲配合，亦即生計教育經由教育的方法，生計輔導則透過輔導的服務，兩相配合以促使個人生計發展得以落實，而學校正是實施此種輔導措施最佳的園地。

　　早期的職業輔導工作以帕深思（Parsons）所提的概念為核心，並且經由心理測驗及職業資料的充實，逐步建立起輔導架構。及至五十年代，由於受到人文心理學的研究成果影響，使職業輔導的內涵注入了生計發展的概念，而呈現明顯的轉變。到了七十年代，受到對職業價值觀、生活型態與目標等個人生計發展有密切關係的主題的探討，使得這項輔導領域除了在理論與工具方面繼續充實外，並將範圍擴及個人一生所扮演的角色，使輔導範疇逐漸擴大到含涉個人整體生活的發展，真正發揮生計輔導揭示的功能。

　　透過生計輔導的發展歷程，我們可以明顯看出生計輔導與職業輔導間的關係，在輔導的內涵上，生計輔導不僅包括了職業輔導，同時將輔導範圍更為擴大，而形成廣及人生的終生輔導歷程。根據上述對生計輔導的說明，我們可以將此輔導工作歸納為生計輔導是一種策略模式，此項策略不僅以解決就業問題為主，同時在協助受輔導者獲取有助於其生計發展的知識、態度與技能，以促進個人自我的成長，並解決其生活適應上的困難。其性質著重終生性及全面性的發展，除須針對個人終生不同階段與不同需要的目標設計輔導過程外，更應積極協助各種不同的人，如：學生、社會青年、成年人、老年人、婦女、殘障等，使其在各職業歷程中獲得充分而正常的發展，從根本上培養健全的個人。因此，生計輔導可說是一個人一生學習的發展過程，其目標在輔導個人如何生活、如何學習及如何謀生。換言之，生計輔導是考慮到個人生活方式的每一層面，同時提供許多的機會與經驗，以幫助個人生計的順利發展。

　　為了達到生計輔導揭示的目標，該項輔導工作的內涵係包含下列六項：（林幸台，1987）

表 10-2　生計輔導揭示的目標

項目	內涵
決策技巧的培養	生計發展為一連串決策的過程，因此必須協助學生及成人學習決策技巧，同時協助個人在面對各種抉擇情境時，能界定問題，蒐集並運用資料，以提高生計決策的能力。
自我觀念的發展	決策與計畫均為個人自我觀念的產物，因此必須協助學生及成人在覺知職業過程（occupational awareness）之前或之中，對自我有深入的了解，而有關職業與生計發展方面的資料，亦不應僅限於若干表面的事實狀況、消息，還應包括與個人期望、價值觀有關的訊息，以發展正確的職業自我觀。
個人價值的澄清	教育、休閒、工作或職業相互關聯，構成或影響個人的生活方式，而皆與其價值觀念有密切關係，因此必須協助學生或成人澄清或建立個人適切的價值觀。
自由選擇的機會	生計輔導的重點不僅在強調教育系統中某些特定課程的選擇，同時亦注重生活中其他各種可能的選擇，以及與選擇有關的個人特質、期望及其選擇結果；各種選擇適當與否，是以個人特定的標準來比較其相互間的利弊，力求配合個人所追求的生計或生活方式，作自由而適切的選擇。
個別差異的重視	自由社會最重要的是承認個人的才能有所差別，發現並培養其潛能，同時給予個人充分的機會，以獨特方式去發展及表現才能。生計輔導過程中，必須特別注重此種個別差異之現象而予以適切的協助，以進一步發揮個人獨特的潛能。
適應變遷的彈性	為適應快速變遷的社會狀況與職業環境，必須協助個人培養應變的計畫、考慮彈性的目標及達成目標的多種途徑等變通方法。

（資料來源：作者整理）

　　生計輔導與職業輔導，雖然在發展上有其先後的關聯性；然而，隨著其援用理論的差異、輔導架構之別，使得二者之間在輔導重點、輔導時機、輔導主題、輔導型態、輔導過程，甚至輔導組織、輔導人員等方面都有其不同的意涵，經由下表的比較，我們將可清楚區劃出二者間的差異性。

表 10-3　職業輔導與生計輔導的比較

名稱	職業輔導 （vocational guidance）	生計輔導 （career guidance）
定義	協助個人選擇職業、準備就業、工作安置與就業後的適應。	協助個人建立並接受一個統整而適切的自我概念（包括職業自我），同時將此概念轉化為實際的生計選擇與生活方式，藉適切的角色行為，同時滿足個人及社會的需要。
重點	以職業選擇、準備、就業及適應為重心。	以自我了解、自我接受及自我發展為主。
時機	遭遇求職困難或就業後發生適應問題時。（短期）	終身的發展。（長期）
主題	以職業選擇與適應為主。	以整體的生計發展為主，不同時期有不同的主題。
型態	以解決問題為主，注重輔導的處理功能。	以發展為主，注重刺激探索的功能。
過程	以測驗、資料的使用為主，強調個人與職業的配合。	強調知識、技能及觀念的培養與發展，以達成生計成熟（career maturity）的目標。
組織	注重輔導本身的系統。	注重輔導與教育的配合（含生計教育的概念）。
人員	獨立於教育之外，由輔導人員自行負責。	融合於教育之中，由輔導人員與教師、家長及社區中相關的人員共同配合。

（資料來源：林幸台，《生計輔導的理論與實施》，1987：12。）

　　根據行政院主計處所發表的統計資料指出：我國大專畢業青年中，有高達四分之一是屬於低度就業。這種被稱之為「教育性失業」的情況，不僅影響青年的生計，同時也造成國家高級人力的浪費，形成此問題的原因為：

表 10-4 「教育性失業」的原因

項目	內涵
盲目升學主義	受到傳統士大夫觀念的影響及社會慣以文憑做為價值評斷標準,使國內升學風氣鼎盛、升學主義瀰漫,導致學生對自己的興趣、性向、能力並未做深切的了解,便盲目地投入升學歷程。
欠缺就業技能	受到盲目升學的影響,學生一窩蜂擠大專院校,並未事先釐清自己的現況和未來的發展,導致學習效果不彰,而且學校又未能適時指引導正;教師普遍存在「就業乃是畢業以後的事情」,使得教學與就業技能培育脫節,造成學生畢業後對整體就業環境茫然不知,亦缺乏適當的工作技能。
不具就業能力	由於同學在選讀科系及課程時,並未與未來的生計發展相互連接,同時由於缺乏必要的謀職技能訓練,學校亦未提供就業安置的輔導,使得畢業後跨入社會未能尋得適合的職業。
能力不符需求	許多的學生因為盲目升學的結果,等到畢業並且尋得職業之後,才發現自己所要從事的工作,與自己的能力、興趣不符,想要更改已經來不及了,如果從事的話,則又有種種的困難或不願意,因而在工作崗位上混混過日,如此不僅不能在工作中求發展,亦造成人力的浪費。
不能保有職位	許多的人在工作崗位上工作一段時間之後,雖然自己的能力、興趣能與工作配合,但是由於在校期間,學校並沒有提供有關人際技巧、職業道德、職業倫理的訓練,以致在工作崗位上,不是不知如何與人相處,就是缺乏專業精神、專業道德,而到最後終於不能保有其位。
不能久任其職	近年來各行各業流動率的偏高也是職業輔導沒有辦好所造成的一個現象。許多的國中、高職、大專學生在畢業並且就業之後,頻頻轉換職業,不能安於其位,推究其原因,並不是他們不能保有其位,而是他們沒有正確的職業觀念,幹一行怨一行,經常轉換工作,而至最後終於一事無成。
欠缺生涯觀念	儘管「職業不分貴賤」人人都能上口,但由於欠缺對職業的正確看法,加上殘存士大夫觀念的左右,導致大專畢業青年偏執於「勞心工作」、「役人而不役於人」。導致許多較屬勞力、基層的工作乏人問津,也間接產生人力運用失調的現象。

(資料來源:作者整理)

　　由於職業興趣培養和職業生涯教育是一個長期實踐的過程，然而我們只有在學有所成之後才能考慮職業的問題，因此容易產生「所學」與「所為」的斷層、「所期」與「所能」的落差。當現在的大學生面對就業環境的壓力也大大增加，特別是在人才市場的激烈競爭，使得大學生在就業過程中暴露出種種的調適，使生涯輔導便日顯重要。

貳、生涯輔導的功能

　　生涯規劃的三個要項：第一，生涯的發展是一生連續不斷的過程。第二，生涯包括了個人在家庭、學校、社會和工作、休閒等活動的經驗。第三，生涯規劃是有目標性和階段性的。生計輔導是一種綜合性的輔導策略，其重點放在人的全部生涯，即從幼稚園直到成人，依照生計認知（Career Awareness）、生計導向（Career Orientation）、生計試探（Career Exploration）、生計選擇（Career Selection）、生計計畫（Career Planning）、生計準備（Career Preparation）、生計安置（Career Placement）、生計進展（Career Advancement）等八個階段，循序漸進，而每一階段均有其特殊的發展任務需待完成，經由該階段的逐步實施，使學生獲得謀生的技能，並建立個人生活型態，以促使個人能過一種經濟獨立、自我實現及敬業樂群的生活。它除了藉此輔導措施，以改善個人選擇職業的技巧及獲得職業技能的方式外，並使學生清晰地辨認未來生活的重心，以塑造出個人生活的模式，使每個人能享受成功及美滿的人生。

　　根據赫爾和卡瑞瑪（E. L. Herr & S. H. Cramer）所提大學教育階段的生計輔導工作內涵有下列十二項：（E. L. Herr & S. H. Cramer, 1983）

一、了解學生的能力、價值觀和嗜好，以作為未來教育與職業選擇之基礎。

二、準備有計畫的去輔導學生，以達到未來的教育或工作目標。

三、培養學生個別能力，以便在未來作適當的教育或職業選擇。

四、顧及學生本身的動向，並協助解決未來繼續教育時可能遭遇的問題。

五、了解解決問題與決策決定間的相互關係。

六、發展一套正確與有彈性的知識，以作為未來教育與職業決定的基礎。

七、了解學校教育是由很多生活上的試探與準備機會所組成。

八、了解讀、寫及計算等能力間之相關技巧，以及未來教育與工作將面臨問題的處理要領。

九、認清與別人在工作上、思想上或相處上的技巧。

十、重視職業、生計，與生活型式間的關係。

十一、強調服務不同人群的工作觀念。

十二、重視休閒時間的有效使用。

由於此種特徵，此階段的生計輔導主要工作，應該是引導個人對於生活環境有較充分而正確的了解，並使其認識生計過程、辨識各種職業所需具備的知識與技能，由輔導活動的實施幫助個人能自職業名單中逐漸選取自己較為喜好和有興趣的職業。因為此階段的輔導特徵，是在使學生透過各種簡便或可觀察的學習情境及模擬狀況，以便了解有關職業的技能、人際關係。經由此種輔導，促使受輔者將工作價值觀念注入個人價值觀念中，俾便自己未來的生計發展建立更為明確的目標。

參、生涯輔導的作為

我們可以了解生計計畫在整個生計輔導中所占的地位。生計輔導強調的是使個人透過主、客觀因素的衡量，以選擇適切的生計目標而持續不斷地發展自我，達到自我實現，充分發揮每一個人的特質和能力。而生計計畫的過程，使得個體不僅有機會對自己的能力、性向、興趣作全盤的檢視，同時對外在資源和客觀環境作完整的評量，使個體充分而有序地發揮自我，以達到生計輔導的目的。為了達到此目標，生計計畫中應包括下列主要內容：（楊朝祥，1984）

表 10-5　生計計畫的內涵

項目	內涵
關於 自我認識方面	(一) 個人的興趣、性向與人格特質。 (二) 個人選定之目標。 (三) 個人的需求、態度及自我觀念。 (四) 個人的人際關係。 (五) 個人的工作經驗。 (六) 個人作決定之方式。 (七) 個人的特點。 (八) 個人的教育與學習歷程。 (九) 個人的價值觀。
關於 所選擇的行業	(一) 個人選定該行業的原因。 (二) 欲達到該行業的方式。 (三) 達到該行業所需具備的能力、訓練及教育。 (四) 達到該行業可能得到的助力。 (五) 達到該行業可能遇到的阻力。 (六) 進一步了解該行業的具體作法。
自我 與職業的配合	(一) 獲得必須訓練的安排。 (二) 獲得必須教育的安排。 (三) 排除各種阻力的計畫。 (四) 爭取各種助力的計畫。

（資料來源：作者整理）

　　一般而言，計畫是對行動的預先規劃。再詳密的計畫可能會因為臨時變動的因素，而需要做必要的修正，因此在從事生計計畫時，必須在計畫的步驟上預留彈性，以確保生計計畫內容的適切性與有效性。亦即個人需要定期的檢視，計畫中預定目標的達成情形和主觀客觀環境的因素，做必要的評估和調轉，才能使這份發展藍圖指引個體發揮能力，達到自我實現的目標。

　　除了生計準備外，在生計輔導的另一項重要工作就是「生計安置」，「生計安置」是指當學生完成生計準備，或某一階段的學業後，將由受教育階段中進入工作世界，或轉入另一個教育階段，針對學生個人的狀況，所提供給學生一些必要的協助、輔導和指引，使學生順利進入生計發展的下一個階段，並能在下一個階段中適應良好及有所成就。「生計安置」的工作內

涵，大致上可區分為「升學安置」與「就業安置」等兩個主要範疇。生計安置正屬於「生計準備」和「生計進展」兩階段之間，在生計輔導歷程中，自然有其重要性，一項完整的生計安置輔導措施，將可以協助受輔者以充分的準備跨出就業的第一步，或是正確地選擇再升學教育的機會。

一、升學安置：升學安置是指學生為了未來職業緣故，必須再進入另一教育階段學習，以便獲得更深入的生計技能和廣泛的生計知識。升學安置輔導可以幫助學生了解所選擇的教育，對他未來生計發展的意義和價值，使學生在良好的準備下，經由教育過程以獲得最佳的適應及發揮。一般而言，升學安置的輔導措施如下：（劉焜輝，1980）

表 10-6　升學安置的輔導措施的內涵

項目	內涵
了解學生的能力與志願	1.舉行各種測驗，如學習成就、興趣、性向、智力等測驗，了解學生能力所在。 2.調查學生之志願、個人與家長之期望如何。
由老師作有關升學指導	1.舉行專題演講或專題座談，釐清學生升學觀念的問題，並給予正確觀念。 2.舉辦升學輔導系列活動，使正確的升學觀念更普及。
蒐集各有關升學的資料	1.使學生了解各學校的性質與目標。 2.使學生能獲得有關將來希望升入學校的課程資料，以及與現在自己所就讀學校課程的配合情形。 3.使學生了解進入這些學校所需具備之資格，以及將來若要有高的學業成就，必須具備什麼能力。 4.了解這些學校，將來在自己生計進展階段，其出路、升學或就業的影響。 5.分析並預估社會未來的需要和發展情況，以做為選擇的參考。
選擇適合個人升學方向	根據學生對本身能力及升學資料的了解後，再選定所欲升學的學校類別及有關的科系。
準備各升學考試的事宜	1.使學生熟知考試注意事項、考試科目、時間。 2.在正常教學的情形下，使學生了解各科目的考試內容、重點，使學生在升學安置之重要關卡——入學考試中，表現出自己的能力。 3.舉辦模擬考試，使學生適應考試的方式。

（資料來源：作者整理）

升學安置輔導直接關係著學生升學的適當與否，個人的未來生計進展亦間接影響整體社會的人力素質、人力資源及社會發展。為了達到理想的目標，其輔導的措施不僅有賴輔導人員的努力，更賴全體教師、學生家長等攜手合作，方足致之。

二、就業安置：「就業安置」是指在學生完成某階段學業後，輔導學生學習尋求工作的技能，以便順利選擇適當工作，進入工作世界。

一般而言，就業安置的實施，需要先有求才與求職者的資料，然後在二者間做最佳的配合、安置，而安置後必須追蹤了解，方才完成全盤的輔導程序，其輔導的措施如下：

表 10-7 就業安置的輔導措施的內涵

項目		內涵
蒐集職業資料	求職者的資料	(1) 經由各種測驗，如興趣、性向、智商等測驗，了解學生能力所在。 (2) 調查學生之志願、個人與家長之期望如何。 (3) 蒐集學生在學校的學習成就、擅長的學科。 (4) 了解學生的身體健康、家庭經濟情形等。 (5) 廣泛蒐集學生個人資料，如姓名、出生年月日、籍貫、通訊處、工作志願、希望待遇、專長、學經歷、參與的訓練、考試、政治背景、信仰、語言能力……等。
	求才者的資料	(1) 所屬行業。 (2) 地區分布情形。 (3) 所屬行業人力供需情況。 (4) 工作性質與任務。 (5) 該工作所需具備的資格條件及技術專長。 (6) 謀職方法。 (7) 晉升機會。 (8) 工作環境和工作安全性。 (9) 在職訓練辦理情形。 (10) 技術轉用的難易配合程度。 (11) 職業前途。 (12) 就業展望。

強化謀職態度	就業安置是希望協助學生學習尋求工作的技能，以便順利選擇適當的工作，進入工作世界。由於技術的變遷、地域性的遷徙、興趣的更迭等，都有可能使工作者在其生涯中重新謀求新的職業。因此，學校在輔導學生就業之外，亦應提供學生謀職技巧的輔導，以便他們在必要時自己尋找職業。
培育謀職技巧	1. 蒐集職業資料：職業資料包括二類，一部分是有助於了解工作性質的資料，例如：職業分類典；另一部分則是有助於掌握就業機會的資料，例如：求才快訊、就業通報等。 2. 運用職業資料：經由對職業資料的蒐集和了解，並配合自我探索，以便做為應徵工作的準備。 3. 廣泛使用可能資源：職業資料的取得途徑甚多，除了學校的就業輔導室之外，尚可由政府辦理的就業服務單位、報紙廣告、師長親友轉介，甚至以自薦函的方式，以便取得就業資訊。 4. 面談的技巧：一般的求才單位為對求職者有進一步的了解，往往會安排求職者面談。面對陌生的雇主，若事先能有充分的心理準備、齊備的證件、資料，應徵工作的清楚了解，穿著整齊得體；面談時沉著鎮靜，將能使雇主留下深刻印象，增加獲得工作的機會。
工作決定技巧	求職者可能同時由職業資料獲得若干適合自己的就業機會，在篩選抉擇的過程時，不妨考量到： (1) 工作本身的因素，包括：升遷、福利、工作環境、安全性等。 (2) 謀職者本身的因素，包括：自我能力、興趣、性向、人格特質、自我價值觀念、個人教育及生活背景等。 (3) 外界的影響因素，包括：父母長輩的期望、師長的建議、同學的選擇與勸說、社會潮流的趨勢，社會對此工作的觀感等。
辦理追蹤輔導	就業安置完妥，並非表示生計安置即告落幕，事實上求職者是否滿意於現行的工作？是否能於職位上充分發揮所長？求才者對於工作者工作表現是否滿意？雇傭雙方是否能建立良好的關係？都有賴必要的追蹤輔導。

（資料來源：作者整理）

結語

　　教育是傳遞社會文化的歷程，凡人要滿足其需要，以維持生活，必須能適應環境；個人要圖謀其自身的發展，更必須能充分適應環境。不過人

類要圓滿地適應其生活環境，除了靠本身的能力以外，還要利用前人的生活經驗。因此，教學的內涵須與社會的關係相配合，亦即以人生全體的經驗為依歸；而社會的需求、個人的志趣，應為教育的重心所在。使學校成為社會中心的學校。生計輔導便深受此種「以社會需求，個人志趣」為中心的教育思潮影響，希望經由教育的實施及相關的輔導的措施，使學生能適應真實外在世界的實際情況。哲學家懷海德（Alfread N. Whitehead）便於其所著的《教育的目標》一書中提及：「教育應該是造就智能充裕與具有工作能力的人。」（許智偉，1981）大專院校生計輔導工作的目標與功能，不僅是希望導正過去教育中「學、用失衡」的現象，同時以具體的措施，配合生計教育的內涵，達到教育與工作之間有合理而順利的轉移，以提供青年在高度都市化和全球化社會裡的需求。並促使學生對學習和教育的目的有清楚的認識，對未來要從事的工作具有充分的智能和熱誠，能清楚釐定未來生計的重心，以建立個人的終生生計發展。

第十一章　生涯輔導與未來發展

前言

　　每個人的生命中，總要有些理想與方向，才知道生涯路該往何處去。生涯規劃是個人對自我過去成長的歷程進行檢視，並且預想未來的人生進度，有計畫的擬定工作、事業、家庭、人際關係、自我成長、實現等生活目標。生涯規劃常因個人理想的不同而有差異性，有的人可能較重視事業的發展，有的則執著於情感的追求。隨著社會的多元化，在生涯規劃的過程中就有愈多不能掌握的因素，每個人固然要努力實踐自我的目的，但是因為社會外在的因素，或是其他無法掌握的力量，例如家人的病變、婚姻的挫折等，使您無法按照當初所規劃的生涯路發展，但是，人生並不會因此而沒有希望，或是找不到其他別的路可走。

　　青年學生所面臨生涯發展的前提如下：一、進行務實的職業選擇。二、使早期的職業幻想變為可以實現的目標。三、根據家庭、社會、經濟等背景條件，評估可能的限制。四、獲取適當的教育或訓練。五、發展進入工作世界所需要的基本技能。

　　生涯規劃不僅是事業、職業的追求，重要的是生活型態的選擇。透過生涯探索、澄清、計畫、執行，以使自我的差異與潛能激發出來，面對自我內在的特質、背景、需求、性格等，以設計一套適合於個人的生涯目標。例如：要做好老闆，就需不斷的吸收新知、強化經營、管理等專業知識與技能。人生短暫，成功或失敗，不過是個人的感覺，就如同飲食的口味，各有不同，努力的人不一定會成功，但是成功的人絕對是努力而勤勞的。

壹、生涯規劃能力

青年屬於生涯發展階段中的試探（exploration）階段，其主要任務為在學校及各種工作環境中，進行自我觀念修正、角色試探、職業試探。主要重點為：

一、認識並接受生涯選擇的需要，同時獲得有關的資料。

二、了解興趣和能力，以及工作機會的關係。

三、認清與能力和興趣相一致的工作領域。

四、接受訓練與培養技能，方便於就業，或從事能實現興趣和能力的職業。

職業生涯規劃的意義在於尋找適合自身發展需要的職業，實現個體與職業的匹配，體現個體價值的最大化。職業生涯發展是一個不可逆轉的過程，對於每一個人來說，生命都是有限的，職業選擇的每一個步驟都與個人的年齡聯繫在一起。我們應該承認並正確對待我們在職業興趣培養和職業生涯教育方面的不足和差距，為了彌補這一差距，切實做好生涯能力的增進，可以從下列方面著手：

表 11-1　職業生涯規劃的作為

項目	內涵
自我定位	青年對自身都要有一個客觀、全面的瞭解，擺正自己的位子，相信自己的實力。現在有很多大學畢業生就業的時候，在用人單位面前缺乏勇氣，對比較有把握的事情總是不能大膽接受，尤其是對一些自己嚮往的高職、高薪的單位缺少競爭的勇氣，從而喪失理想的就業機會。清楚自己的優勢與特長、劣勢與不足，知道自己適合做什麼，只有這樣才能贏得競爭優勢。為此，我們首先要準確的評估自己掌握的知識和技能；其次要善於剖析自己的個性特徵，這是職業生涯規劃的基礎。
確定目標	應該知道自己在現在和將來要做什麼。對於職業目標的確定，需要根據不同時期的特點，根據自身的專業特點、工作能力、興趣愛好等分階段制定。

生涯諮詢	建立和機構開設有關職業生涯規劃的課程。職業生涯規劃和發展是一個複雜的、持續的過程，在這一過程中，單憑個人的經驗是很難實現目標的。因此，在這過程中，借助職業諮詢的方式，為個體職業生涯規劃提供建設性的建議，將產生事半功倍的作用。學校在建立職業諮詢機構時應該注意到這類機構必須由一批具有廣博的人力資源開發和管理理論，並精通各種科學測量專家和實際工作者組成。另一方面，學校應該在學生涯開始之際就開設有關職業生涯規劃和發展的課程，從理論上讓每一個大學生都懂得應該為什麼，並且如何去規劃和發展自身的職業生涯。

（資料來源：作者整理）

　　許多人在學校時代就已經形成了對未來職業的一種預期，然而他們往往忽視了對個體年齡和發展的考慮，就業目標定位過高、過於理想化。近幾年，不少畢業生在職業選擇中一直強調大單位、大城市和高收入，甚至為了這些不惜放棄個人的專業特長，不顧個人的性格和職業興趣。同樣，對於那些存有「這山望著那山高」心理的學生，也是職業目標不確定的一種表現。盲目的攀高追求與選擇不僅影響個人目前的就業，同樣會對個體以後的職業發展造成不利的影響。提供同學認知到，生涯規劃失敗的八大原因，以期能有所警惕：

表 11-2　生涯規劃失敗的原因

項目	內涵
自知不明	可利用性向測驗來更瞭解自己。
驅力不足	有的人生涯規劃是船到橋頭自然直，這樣是用運氣來規劃生涯。
目標不清	若願意從一小步開始，設定一個目標及明確的方向，就不會在生涯規劃的十字路口徘徊。
方法不當	宜學習當一位神射手，設定最主要的目標。
缺乏嚴謹	嚴謹規劃未來要走的路，不可只看眼前的高職、高薪資。
資源不夠	掌握資訊、善用資源，就是成功的人。
需求不當	需求過高、過多也不容易成功。
毅力不足	人很容易放棄，堅持才是通往成功的路。

（資料來源：作者整理）

　　總之，科學合理的職業生涯規劃是每一個大學生就業的必要工作，也是每一個大學生職業生涯發展過程中的必然要求。我們每一個人都應該知道自己適合做什麼、應該做什麼，以及怎樣實現自己的目標。

貳、生涯管理作為

　　生涯管理是依照個人與組織的特性加以衡量，生涯管理始於生涯規劃。個人的生涯管理，需依照個人與組織的特性加以衡量，考量的要項如下：

表 11-3　生涯規劃考量的要項

項目	內涵
自我評估	知己知彼，百戰不殆。唯有了解自我，才能適切的訂定出所想達成的目標。自我評估的內涵，以個人的教育背景、個性、體能、專長、嗜好及價值觀最為重要；教育程度較高者，視野較廣；體能好者，可任重耐勞；擁有專長者，能發展特色等。價值觀與生涯目標的釐訂息息相關。如抱持「只問耕耘，不問收穫」的態度者，追逐名利之心較為淡薄，適合專業研究、社會工作職務；相對於「為了收穫而努力耕耘者」，可能會勇往直前，將目標高懸。
環境認知	生涯發展除了受限於自鄉的條件外，客觀的環境因素更是影響深遠，包括組織型態、組織氣候、競爭對手與機會等。
時程安排	時光易逝，人生苦短。為使生涯能依照計畫發展，在時間上必須有明確的階段分隔，不但有助於評估的實施，且有助於自我的策勵與反省。因此，如能順著組織與工作的特性，建立四至五個生涯發展階段，如同沿著階梯逐步攀爬，將較具體可行。

（資料來源：作者整理）

　　由於大專院校具有為學生的未來生計做必要訓練、準備的功能；因此，如何幫助學生規劃職業生涯，幫助學生選擇或改變生計方向，輔導學生了解自己的能力、興趣與價值觀，並幫助學生尋找及獲得工作，成為大專院校生計輔導的主要工作內涵。在此期間宜謹守的生涯規劃的步驟與技巧：

表 11-4　生涯規劃的步驟與技巧

項目	內涵
具體 階段目標	個人可依照各種主、客觀的因素先決定自己大略的方向，然後再經仔細探索，逐步將自己的目標具體化、階段化，例如分為短、中、長期，訂定短、中、長程目標。
考慮 各種途徑	每一個目標的達成，其途徑可能不是唯一的，例如將來想擔任教職工作，可以讀師範院校；亦可先讀一般大學再甄試或修習教育學分以獲得合格之教師證書。因此我們必須針對一個具體的目標，將其可能達成目標之途徑全部詳細列出。
選擇 適當途徑	雖然達成目標的途徑不是唯一的，但是我們在計畫時必須在諸多的途徑之中就最適當的途徑擇一而行，否則朝三暮四，總難達成目標。
安排 執行步驟	再好的計畫，不去實行永遠是空的。將最適當的途徑選定之後，要確實安排執行的時間表。

（資料來源：作者整理）

就個人生涯發展與生命發展相結合，可以區分為下列幾個階段：

表 11-5　生涯規劃的步驟與技巧

角色	主要任務	重大生涯議題
學習者	發展及發現個人的價值、興趣和能力，議定明智的教育策略。	接受個人抉擇的責任；經由討論、觀察及工作經驗，找出可能的職業選擇。
謀職者	學習如何找工作，如何磋商一場就業面談；議定實際且有效的工作抉擇。	果斷的將自己呈現給別人；學習如何評估關於一個工作和一個組織的資訊；忍受不確定性。
新進者	學習組織的訣竅；協助別人；遵循命令；獲得認可。	依賴他人；面對現實及組織真相所帶來的震撼；克服不安全感。
工作者	成為一個獨立的貢獻者：在組織找到一個擔任專家的適當位置。	根據新的自我知識和在組織內的發展潛能重新評估原始的生涯目標；獨立；接受個人成敗的責任；建立平衡的生活型態。
指導者	訓練／指導其他人；介入組織的其他單位；管理小組專案計畫。	為別人承擔責任；從別人的成就中獲得滿足；如果不是位居管理的角色，則接受現有的專業角色，並從橫向發展中發現機會。

贊助者	分析複雜的問題、影響組織的方向；處理組織的秘密；發展新的想法；贊助別人員創意的專案計畫；管理權力和責任。	接觸對自我或所有權的主要關切，變得比較關切組織的利益；管理對高壓力水準的個人情緒反應；平衡工作和家庭；對退休生活的規則。
退休者	適應生活標準和生活型態的變化；找出表達個人天分和興趣的新方法。	在個人過去的生涯成就中找到滿足的同時，也對個人發展的新途徑保持開放的態度。

（資料來源：作者整理）

　　生涯發展三要素為「知己」、「知彼」、「抉擇與行動」，知己是了解自己這個人，向內看，看自己的興趣、能力、價值觀、個性、性向，以及父母的管教態度、學校社會教育對個人產生的影響等。探索外在的世界，包括行業的特性、所需的能力、就業管道、工作內容、工作發展前景、行職業的薪資待遇等。然而當我們經歷生涯的時候，往往不知道自己的需求與條件，甚至對外在的工作環境欠缺了解與認識，因此在抉擇上就常呈現過多的迷惑與徬徨，故而行動的力量也因此消滅甚至疲弱！生涯規劃根據個人的能力、特性做長遠的規劃。任何的生涯規劃法如果能將生涯規劃基本要素納入考慮，採取適合的生涯規劃模式，將使風險降到最低。生涯規劃是腳踏現在，放眼未來，瞭解未來的趨勢脈動，尋求生命中可能適合自己的路。以台灣而言，過去是「學歷時代」──學歷高，薪水就高，社會地位也就水漲船高；但是未來的趨勢是「能力時代」透過具公信力的途徑，取得社會上認可的執照，才是絕佳的保障。在多變詭譎的世界，走一步算一步的心態可以讓自己心安；如果能加上自己積極的態度，跟上時代國際化的腳步，對自己是最佳的保障。生涯規劃的目的是突破障礙、激發潛能，自我實現生涯規劃是屬於每一個踏實的人。

　　雖然說每個人的生涯歷程無法全然相同，但社會多數人的生涯規劃可分為下面四個典型：

表 11-5　生涯規劃的典型

項目	內涵
塵埃落定型	喜歡保守、安定的工作，生活不喜歡變化。喜歡與固定的人交往，習慣用禮俗相互交往。
自我創造型	不斷追求創新與變化，不在乎別人的支持與肯定，但能從小成就中累積自信，相信自己的直覺與判斷。
資產創造型	以累積自己的資源與財富做為生活的目標，凡事考慮效益，並喜歡有挑戰性的工作，與人的關係較偏向互惠有功利取向。
累進技術型	較重視的是個人能力與工作相關技能的累積與提昇，較不重視人與人之間的關係，凡事強調步驟與具體操作。

（資料來源：作者整理）

　　我們的生涯規劃不是要在這四種中選一個；而是在我們以自己條件、狀況所做的生涯規劃，雖然我們每個人對生涯目標的規劃都是不同的，但在生涯的歷程中你不會是唯一與孤獨的，仍有許多人與你有著相類似的軌跡，彼此是可以互相分享與支援的。生涯規劃的實施也不是進行一次以後，就一成不變的；生涯規劃是一個邊實行邊修正的過程。從具體的實行中你才可以發現規劃的方向與步驟如何緊密的與你的生活狀況相連接、相配合。所以不要害怕規劃錯誤，也不要只在口頭或腦海裡進行生涯規劃，我們應該把它落實到生活的行動中。給自己滿足而愉悅的人生。

　　人生當中隱約有各定律：「成長、探索、建立、維持、成熟、衰退」。生涯規劃的目的有五點：第一，探索內在的自我；第二，探索外在的世界；第三，克服障礙與迷思；第四，外在的統合並且發揮潛能；第五，安身立命，不虧生命。「心存大愛、專注為事」。

　　生涯規劃是一個人盡可能的規劃未來生涯發展的歷程，考慮個人的智能、性向、價值，以及阻力、助力，做好事先安排，期望自己能適得其所，而不是一顆擺錯位置的棋子。至於「儘可能的規劃未來」的意義在於「盡人事，聽天命」。對於我們所能做到的，全力以赴；至於生命中諸多個人無法掌握的因子，例如颱風、地震、突如其來的天災人禍等，我們只能以冷靜的心來因應、面對。

　　每個人都有自己的職責，每個人都有自己所嗜好的事，每個人都有適合自己工作，不要忘了自己天生的大命，生涯規劃的重要精神就是「盡量把自己的事情做好」。舉例說明：學生的本分應該是把書唸好，而不是拼命打工，只為賺零用錢、滿足物慾的生活，而把時間錯誤的投資將是一件大錯。

　　進行生涯規劃，培養本身能夠以自我了解為基礎，並對未來可能從事的職業進行相關資訊蒐集的能力。整合及評估相關生涯資訊的能力，了解當地就業市場狀況，並能以以上所具備的能力為基礎，從事最合適職業的選擇。工作上的調適及生涯拓展，亦即藉由新的學習機會而使得個人的生涯獲利。生涯規劃的意義簡要的說共有九個字，就是「向內看、向外看、做決定」。

表 11-6　生涯規劃的意涵

項目	內涵
向內看	看自己的能力如何，了解自己的長處和缺點，因了解而做改變，無法改變則接納，要時時充實自己，增進自己的能力。
向外看	瞭解外在世界，我們不能以不變應萬變，我們應該要以萬變應萬變，跟上時代的腳步，人要把握機會，但要有能力，機會只留給有做準備的人。在今日的時機，我們要懂得在逆境中蓄力待發。局勢動盪不安時，我們要多注意政經新聞，了解社會發展趨勢與工作世界的變化。
做決定	選對事，然後把事做對。不要一直往興趣走，同時也要做好風險評估，舉例說：想當畫家、或哲學家，乃要考慮生存的現實問題，要實現理想，就須做好配套措施；也許，興趣做為副業；或者，與人搭配得很好，如：夫妻協調好一人賺錢一人發展理想。

（資料來源：作者整理）

　　經由生涯規劃技巧，以充實下述生涯能力：

(一) 工作能力：為從事相關工作時最基本的能力，如計算能力、注重安全能力等。

(二) 通識能力：如規劃、分析、授權、面談、甄選人才、觀察、簡報、文字表達等能力，是每種工作都需要的能力。

(三) 自理能力：如節制、適應性、自信心、守時、情緒管理、誠懇等。

表 11-7　各階層管理人員必備的重要資質

順位	初級管理人員	中級管理人員	高級管理人員
1	業務知識／技能	領導統御力	領導統御力
2	統御力	企劃力	前瞻性
3	積極性（行動力）	業務知識／技能	談判力
4	談判力	談判力	領導魅力
5	企劃力	先見性	企劃力
6	培養部屬能力	判斷力	決斷力
7	創造力	創造力	創造力
8	理解、判斷力	積極性	管理知識、能力
9	管理實踐能力	對外調整力	組織革新力
10	發掘、解決問題能力	領導魅力	判斷力

（資料來源：作者整理）

參、未來職場特性

　　「麥肯錫年度最佳論文獎」三位得主之一，戴科沃（Ken Dychtwald）在《搶占 2 億人市場》（Age Power）一書中特別強調未來職場特性是「退休的觀念該退休了！取而代之的，是以更具彈性的方式，持續不斷的工作。以六十五歲做為老年退休指標，已經嚴重脫離現實，必須依長壽比例重新計算！人類的第一個退休時代，是從十萬年前一直到十九世紀末；這段漫長歲月的人們，一輩子都在工作，工作被視為有價值、具生產力的，老祖父不能耕田，就去築籬笆，沒有退休觀念。一八八九年，德國鐵血首相俾斯麥定出全球第一個退休年金制度，選定六十五歲為老年指標。十九世紀末至二十世紀三〇年代初，歐美退休制度陸續出現，進入退休的第二個時代，人類開始有退休概念。六、七〇年代開始，隨著資訊革命與景氣繁榮，『金色年代』（golden years）的退休觀席捲歐美，越早退休，被認為越成功。典型的「美國夢」，一定包括健康富裕、無須工作、躺在海灘曬太陽的場景。這是第三個退休時代。如今，隨著一九四六年至六四年出生的嬰兒潮世代

（Baby Boomer），洪水般沖進退休年齡，第四個退休時代開啟了。五年後的變貌：扶養比二比一，六十五歲後要養活自己。」

　　參照英國著名的管理學者查理‧韓第（C. Handy）所強調：「今日社會的職場趨勢，是充分把握工作，休閒和生涯相結合，而非工作與休閒截然區分和對立的新生涯樣態。」

　　彼得‧杜拉克在《下一個社會》一書中也預言：「未來的人只要體力許可，必須工作到七十五歲。曾經，越早退休，被認為越成功；如今，延長工作年限躍升主流。當人類工作時間從二十五歲延伸至七十五歲，五十歲不再是學習終點站，而是中點站。從五十歲往前看，二十五年黃金工作歲月，在眼前展開，觀念轉變，你可以多賺一輩子！」

　　戴科沃將退休者分為四種類型：

表 11-8　退休者類型

項目	內涵
積極進取者	他們覺得自己年輕、有活力，希望繼續工作，喜歡學習與結交新朋友。
舒適滿足者	他們屬於第三個退休時代，擁有足夠財力過著純休閒式的退休生活，沒有煩惱、壓力與責任。
享受當下型	沒有足夠財務準備，卻一心追求享受當下，雖然得意於自身的趣味與冒險特質，未來卻可能難以為繼。
衰病疲累者	占最大比重，他們多數痛苦地退休，對未來生活沒有準備，失去學習動力，認為自己正朝人生盡頭走去。

（資料來源：作者整理）

　　不久的將來，我們都可能是自主謀生、工作到七十五歲的一代。你希望成為「不老的探險家」，還是「衰病疲累者」？想做不老的探險家，現在就要調整心態，預作準備了。

　　他們的立論，來自以下的驚人數字。一百多年前，全球人口平均壽命約僅四十五歲，能跨越六十五歲門檻獲得老年福利，只有極少數太衰老難以自理者。三〇年代，美國小羅斯福總統開辦社會安全計畫時，沿用六十

五歲為基準，但，當時美國人口平均年齡為六十三歲、而非現今的七十五歲，扶養比（中青年人口撫養老年人口比例）為四十比一、而非現今的三比一。

　　根據經濟合作暨發展組織（OECD）資料，現今義大利的扶養比已接近二比一，二〇一〇年，包括日本、希臘等扶養比均逼近二比一。僅僅是幾年後！這不是遙遠的趨勢，而是迫在眉睫的危機。人口結構將衝擊社會體系，迫使政府延後退休年齡規定或削減老年福利。除非，人類發生重大意外，或人類壽命延長、出生率下降的情勢逆轉，多數人六十五歲以後，都必須想辦法自己養活自己。目前，台灣六十五歲以上人口甫到一成，二〇三〇年將升高為四分之一。目前扶養比約為七比一，但二〇四〇年，台灣的平均扶養比變成了二比一。彼時，年齡中位數將由目前的三十五歲延長至五十歲，亦即年過半百者占總人口一半。如果仍將老年指標定為六十五歲，並以此基準規畫福利方案，政府財政還撐不到那時就會崩潰。學界預估，三、四十年後的台灣，每個六十五歲以上者所能自政府分配的醫療費用大約只有現在三分之一，屆時，人們又怎能仰賴政府照顧退休生活？

　　若以二十五歲入職場、工作到七十五歲計算，五十歲，職場才過一半。屆時，或許五十歲可稱為「青年」，而七十五歲不過是「熟年」而已。同時，新生涯規畫：「週期型人生觀，將取代直線型人生觀」。職場生涯變長，「週期型」人生觀將取代傳統「直線型」人生觀。「直線型」人生觀的教育目的，是為年輕人終身職業做準備，進入職場後，循著職務由低到高，忙到退休，休閒與興趣則留在人生最後階段。「週期型」人生則強調，沿途隨時學習、充電，數十年職場生涯不僅一個劇本，可能有二個、三個、甚至多個。一旦延長工作成為風潮，「週期型人生」取代「直線型人生」，年長者無須固守退休金，而勇於消費、投資、學習，各式顧問公司、外包工作、小型創業、學習課程林立，熟年期將充滿生活形態與個人轉型實驗，人類將開啟一個迥然不同的全新社會。觀念轉變後，高齡工作並非戀棧權位，而是人類活力的展現。

結論

　　掌握生命～每個人都是自己生命規劃之工程師！做自己生涯的舵手，就不會迷失在生涯的迷霧中。生涯規劃的三句真言「有計畫不會忙、有預算不會愁、有信心不會慌」。成功生涯的規劃的秘訣 SUCCESS。用 success（成功）各別探討：

一、Self-accept 從自我悅納開始：接受自我的完美與不完美。

二、Understanding 自我瞭解：學習成長先從自我瞭解開始，因為自己最清楚自己最需要什麼。

三、Courage 勇氣：接受變遷，迎向挑戰。

四、Chance 把握：做好充分準備，把握機會。

五、Esteem 自尊：以最佳的準備，奮力而為。

六、Self-confidence 自我信心：以「豫則立」的信念，把握自我特質。

七、Self-direction 自我導向：生涯規劃最重要的是切合自己為導向。

　　「鐵不打不成鋼，玉不琢不成器。」每個人都要為自我的行為、生活負起完全的責任，才能掌握生涯的成功。這是個多元的社會，也是充滿機會與選擇的時代，每個人都希望能夠掌握自我的未來，其先決條件則是積極進行長期性、前瞻性、發展性的生涯規劃。近年來，社會變遷的腳步加快，整個社會風尚、經濟結構、價值取向都產生巨大的變化。如果想在層出不窮的遽變中，平衡自我存在的空間，只有適度做好生涯規劃，以掌握人生方向。身處多元的社會，自己一定要有所規劃、拿定主意，不要隨波逐流、人云亦云，否則痛苦了自己，也傷害了別人。

　　能面對現實審慎規劃，將有助於個人充滿希望與信心，並產生有目標、有優先順序的步調。近年來，由於終生教育的推廣與生涯發展理念的倡導，遂使個人的生涯發展受到相當的重視。對於生涯發展的正確建立與選擇是

迫不及待的，以增進執行能力、落實生涯規劃、了解自我的生涯發展狀況，使自己能在社會的多元變遷、科技日新月異的發展過程中，不斷的進步與成長，確保未來生涯發展的成功。

第十二章　生涯發展的理論探究

前言

　　生涯規劃是個人透過自我、機會、限制、選擇與對結果的了解，以確立與生活有關的目標，並且根據個人在工作、教育與發展方面具備的經驗，以規劃具體步驟，達成生涯的目標。就個人而言，有了生涯規劃，便有了努力、奮鬥的目標，不再猶豫徬徨、不再迷失自我、不再消極頹廢，使生命有了意義、生活有了重心，變被動為主動，化消極為積極，積極進取以求自我的成長與實現。生涯發展理論的發展趨勢，已推向一個以注重個人發展歷程為重心的境界，顯現出生涯發展是一複雜的過程，而如何將影響此歷程的因素加以瞭解與運用，則是生涯發展不可忽視的重要工作，而生涯發展理論正是探索此問題的最佳途徑。

壹、生涯發展與人生發展

　　生涯的英文是 CAREER，意指兩輪馬車，引申為道路，也就是人生的發展道路。生涯發展大師蘇伯（Super）認為：所謂生涯是指一個人在一生中所扮演的角色的綜合及結果，這些角色包括：兒女、學生、休閒者、公民、工作者、配偶、家管人員、父母及退休者等九項，而九個角色在四個主要場所：家庭、社區、學校及工作場所中扮演。一個人在一生中所扮演許許多多的角色，就如同一條彩虹同時具有許多色帶。與「生涯」有關的名詞，種類相當繁多，包括：生涯規劃、生涯發展、生涯成熟、生涯輔導、生涯教育、生涯管理等等，這些名詞的意義與內容，雖因涵蓋層面與探討

觀點的不同而有差異，但這些名詞都具有「觀照現在、規劃未來」的涵義，所強調的重點，也都是環繞「生涯」概念的重要特質：

表 12-1　生涯的主要概念

項目	內涵
終生性	概括一個人一生所擁有的各種職位、角色。
總合性	生涯並不是某一時段所擁有的職位、角色，而是一生之中所有的職位、角色的總合。
企求性	生涯不僅需適合個人的特質，同時它也是個人企求的。
工作性	一個人所扮演的角色很多，工作是其中最重要的，所以個人的生涯是以工作為中心。
發展性	個人隨著年齡的成長，生理與心理狀況也漸趨成熟，因此對自己產生更清楚的認知觀念，於成長歷程中職業概念逐漸形成，最後以職業觀念與自我觀念配合，達成最後的職業選擇並繼續發展。

（資料來源：作者整理）

孔子的「三十而立，四十而不惑，五十而知天命，六十而耳順，七十而從心所欲不踰矩。」可說是生涯規劃的典範。生涯規劃簡單說，就是面對未來的歲月，做好構思與有所安排。針對未來所預期的目標，配合時間的先後，加以有效處理。成功的生涯規劃應是自我的期許加上突破困境的信心與行動。

凡事只要有所準備、規劃、設計、進行，就可以按部就班照自己預定的計畫去推動。因此，一個人對自己的一生做了很好的計畫、周詳的考量，決定好自我奮鬥的目標與方向，即為生涯規劃。生涯輔導宜把握下列三項基本原則：

表 12-2　生涯輔導的基本原則

項目	內涵
具全面認識與瞭解	由於生涯發展是個複雜的歷程，須顧及的因素很多，生涯發展的理論正可提供我們對於各類影響因素能夠有所剖析與瞭解。即使各種理論各有其特色，所強調的重點也不一致，但是卻相對的提示我們在處理類似的事件時，並不一定要以類似的途徑來解決，應考量個人的背景、特質等因素之不同，而採用不同的解決方式。因此，對於理論的瞭解將有助於對問題有較深刻的透視與解析。
輔導方法適切運用	不同的理論所發展出來的輔導程序與策略是有其差異，所針對問題的重點也有所不同。所以在瞭解理論時，必須對於輔導策略的運用時機及其重點有所瞭解，才能適切的運用各種輔導方式，以協助生計發展的進行。
生涯發展趨勢瞭解	生涯發展注重整體的發展，透過整合性的輔導工作，使學生能適切的調適自我、發展自我。為了達到此目的，生涯輔導必須與社會的發展同步向前推進，而生涯發展理論的內涵則是不斷地將社會變遷的趨勢納入其中。如果我們能對生涯輔導理論之各種新的發展趨勢有所認識，將有助於生涯輔導工作之拓展。

（資料來源：作者整理）

貳、生涯發展理論性探討

　　生涯規劃應充分考量：第一，做自我想做的事，喜歡自我所做的事；過自我想過的生活，喜歡自我所過的生活。第二，生涯規劃是一種生活型態、生命意義的選擇。第三，生涯規劃是一種自我肯定、自我成長、自我實現的手段。第四，生涯規劃是一個不斷探索自我與探索工作，抉擇並學習，以投入工作世界的工作。是以生涯規劃工作是協助目標與組織內機會的撮合。生涯發展的理論中，各有其強調的重心，有的以一生的發展歷程為其探討的重心，如：發展論；有的則是以特有的因素加以發展，如：特質因素、社會因素、決策因素、需求因素、心理分析等等加以考量，而形成不同的理論。因此，在對理論的探討過程中，一方面要了解人們一生的生計發展歷程，另方面要能了解哪些因素會對生計發展構成影響。

　　本節就本質因素論、社會論、決策論、需要論、分析論、發展論等加以分別說明，並指出這些理論所重視的生涯發展方法，以作為進行生涯輔導工作之參考依據。

一、本質因素論

　　本質因素論強調的是在進行生涯規劃之初，應先建立基本的觀念。運用本質分析理論於生涯規劃步驟，強調「謹慎自我分析、確定生活型態」。因為任何成功者都是懂得規劃自我生涯的人，能仔細審慎的規劃符合自己能力、需要和理想的學習、工作、生活、家庭等。唯有夢得夠徹底，才可能真正實現夢想。是以本質因素論強調的主題為：個人人格特質與其職業選擇的關係。認為一個人經過適當的評估後，即可依照自己的能力、特性以及配合行、職業的工作要求，而選擇與個人能力及要求條件相配合之職業。因此，個人的人格特質與其職業的成就有相當程度的關係。所以預先確定個人的人格特質，並分析各種職業所需的條件，再將這兩組資料作合理的比較，以作為個人選擇適當職業之基礎。

表 12-3　本質因素論的基本原則

項目		內涵
基本觀念	評估能力	包括性向、才智、志趣、健康等狀況，均應正確的加以有效評估。
	認識環境	舉凡時代發展趨勢、社會型態的演變、人際關係及自我所能掌控的資源等，均應全面的認識。
	檢討過去	目的在於集結既有的優良條件，消除已往習慣上的缺點，期能去蕪存菁，以利再接再厲，開創嶄新的局面。
	把握現在	不必追悼過去，也不用幻想未來，要能堅決把握現在，經由現在的辛勤耕耘，未來將獲得豐碩的成果。
	考慮未來	必須要眼光遠大，策劃要周詳，不可有因循苟且，或是得過且過的不負責心態，勿有「船到橋頭自然直」的僥倖想法。
進行過程	分析	利用工具蒐集個人特質，如：態度、興趣、性向、家庭、教育程度等資料。
	綜合	整理所蒐集的資料，配合個案研究或測驗，以顯示個人之獨特性。
	診斷	描述個人突出的特質與問題，比較側面圖之資料，探索問題之成因。

	判斷	判別問題可能的後果，及其調適的可能性，據而分析調適之道。
	諮商	與當事人討論有關的調適計畫。
	追蹤	協助當事人執行調適計畫，若有其他新的問題產生，再重複上述各項步驟。

（資料來源：作者整理）

在輔導的進行過程中，前四個步驟主要是輔導員的工作，因此有關資料的搜集、處理與解釋，均為輔導員的任務。而當事人則是在最後兩個步驟必須積極參與，以協助當事人了解並執行其生活計畫。

二、社會論

社會論主要是以社會學理論為背景，所顧及的因素極多。一方面包括自然文化的發展、社會結構、社會制度、社會階層等等之變遷，另一方面亦說明個人在社會組織中的各種關係，以及受到的影響，因此所發展出來的論點甚多。相對的，在進行輔導時，很難由輔導人員來進行，必須透過各方面資源人士的配合與溝通，才能有效地達成預定的輔導目標。

表 12-4　社會論的基本原則

項目		內涵
基本觀念	試探	人生的歷程不斷在做試探。
	準備	了解就業市場的情況與社會環境的改變與變遷。
	教育	包含學校內外的教育與訓練。
	安置	依照自我的興趣、專長，進行適才適所的安置。
進行過程	環境影響	如：父母的職業與收入、父母的教育程度、性別、種族、文化團體、宗教信仰、住區環境、家庭狀況、同伴價值、學校環境等皆會影響個人的職業選擇。
	文化	職業選擇是受到文化激發過程的結果。
	應用方法	使個人處於環境之中，增加個人體驗的機會，而並非只是提供資料而已。並且採取評估與個人工作有關的文化背景、個人經驗與價值。

（資料來源：作者整理）

三、決策論

決策論認為生涯規劃重點是要因應環境的變遷隨時調整設計。因此，工作生涯必須把握「一個觀念、二個重點、三項行動」如下：

表 12-5　決策論的基本原則

項目		內涵
觀念	一個觀念	天生我才必有用。
	二個重點	知識即是力量；等待就是浪費。
	三項行動	勇於嘗試；盡心盡力做好每件事；學習他人的經驗。
方法	澄清目標	我希望得到的是什麼？希望什麼時候達成？
	搜集資料	我應搜集什麼資料？如何能搜集到這些資料？
	預測未來	未來會有什麼社會與經濟的變動？
	解釋經驗	我曾有何相關的經驗？我的經驗告訴我應往哪一方向發展？
	鑑別機會	哪幾條路可以走？還有其他什麼途徑？
	評定機會	我選擇的方向成本和效益如何？成功的可能性多大？
特質		1.職業選擇時，可能會有多種的選擇機會。 2.每一種職業選擇都可能造成不同的結果。 3.個人的選擇趨向於獲利最大而損失最小的途徑。 4.欲作正確的選擇時，個人必須具備預測系統、價值系統以及決策系統。亦即是透過個人的預測系統及價值系統來對個人的需求加以澄清與瞭解，再經由決策系統作最有效率的決策。
目標		1.使學生瞭解職業概況，以及教育與訓練的機會。 2.使學生看清自己的需求，澄清自己所需要的報酬及生活方式。 3.協助人們發展適應的技能，以便能夠應付不斷變化的職業要求。 4.提供並指導學生目前所需要的各種決策技能之訓練活動。

（資料來源：作者整理）

四、需要論

　　需要論強調的主題：認為職業乃是為了滿足個人的需求，指出「需要」是選擇職業的關鍵所在。如果個人有自由選擇的機會，則必將以其所喜好的方式，來尋得可以滿足自我需求而且可以免於焦慮的職業，在此一選擇過中，個人學習到用以滿足其需要的行為，因而影響其能力、興趣及態度的發展，進而左右其執業的選擇與適應。而融合了「需要」的因素提出職業早期決定論，指出個人早期的發展過程中受到家庭環境的影響極大，而其主要來自家庭氣氛與父母的管教態度，這些的童年經驗會影響到個人興趣的發展，以致影響職業的選擇。

表 12-5　決策論的基本原則

項目		內涵
方法	探索	避免以單一的方式對當事人的問題作表面的分析診斷，強調對個人與職業之間的動態關係作深入的探討，特別就其需要、心理防衛機構、或幼年經驗等方面加以分析。澄清、比較、解釋等方法有助於此種探索。
	決定	經過探索、諮商員提供選擇機會，使當事人參與輔導計畫，而此計畫不僅限於職業方面，且可就其整個人格的改變做一通盤規畫。
	執行	當事人若決定應對其自我之某些部分作改變時，即使只涉及職業方面，在最後一階段的工作可就其自我覺察與自我瞭解開始，進行適宜的改變計畫。如涉及不合理的觀念、需要、或不當的經驗之影響，則計畫的重點即在減低這些影響因素的壓力，透過適當的諮商技術，發展適宜的職業行為。其過程宜：進行父母聯繫會議，共同建立健康的家庭氣氛，並協助個人瞭解人格與職業選擇的關係。
要項		第一，生涯的發展是一生連續不斷的過程。
		第二，生涯包括了個人在家庭、學校、社會和工作、休閒等活動的經驗。
		第三，生涯規劃是有目標性和階段性的。

（資料來源：作者整理）

五、分析論

生涯規劃，為個人據以訂定生涯目標，及找出達到目標的手段，其重點在於協助個人目標內的機會，達成更好的撮合，且應強調提供心理上的成功。在整個生涯歷程中，因為年齡及成長階段、環境等的不同，所扮演的角色及所擔負的任務也是有所改變。因此，在擬定生涯計畫時，必須審慎而周到的考慮到每個階段的需要。生涯包含著學習、發展、知覺、角色認知、探索、教育、工作、敬業等內涵。生涯規劃則是個人從內在、外在找到自我學習、生活工作上的平衡點，選擇一種生活方式，把學習、工作與生活理想結合在一起。

表 12-6　分析論的基本原則

項目	內涵
方法	協助個人瞭解自己的興趣、能力、性向、價值與潛能。
	熟悉職業因素，以能區別各種職業。
	提供個人接受職業消息的機會與場所。
	參閱職業資料（如：職業分類典），探索與個人人格類型相近的職業，以作為選擇的目標。
強調	選擇職業正是個人人格表現的一種。
	職業興趣既是人格的呈現，則職業興趣測驗就是一種人格測驗。
	職業刻板印象（Stereotypes）是可靠的，具有其重要的心理與社會的意義。
	從事相同職業的成員，有相似的人格與相似的個人發展史。
	由於同一個職業團體內的人具有相似的人格，他們對於各種情境與問題的反應方式也大體相似，因此塑造出特有的人際環境。
	個人的職業滿意程度、職業穩定以及職業成就，取決於個人的人格與工作環境之間的適合性。
	瞭解到不同人格類型其所適合從事之職業是傾向哪些類別。

（資料來源：作者整理）

六、發展論

發展論認為生涯規劃所具備的特性有：獨特性、一生性、發展性與全面性。發展論是以個人長期發展歷程為其探討重點，強調個人自我觀念的重要性，認為生涯發展是個人從幼年到老年連續的發展過程，其主要的觀點：

表 12-7　分析論的基本原則

觀點		內涵
論點		個人隨著年齡的成長，產生對自己更清楚的觀念。
		個人的職業想像是配合個人的自我想像，而做職業選擇的決定。
		最後的職業選定是職業觀念與自我觀念的配合。
方法		提供適合各年齡的諮商與輔導工作。
		不要限制職業輔導於職業選擇，應及於各方面。
		坦誠告訴想改變職業生活的人們，使他們瞭解其中可能遭遇的情況。
		評估一個人之生計成熟、生計準備之情形，以及其所達成的生涯發展階段。
階段	成長期	相當於兒童期。
	探索期	相當於青春期。
	建立期	相當於成人前期。
	維持期	相當於中年期。
	衰退期	相當於老年期。

（資料來源：作者整理）

這五個階段中，各可劃分為若干小階段，而各自形成一小週期的循環，其每個階段之任務如下表：

表 12-8　分析論的發展階段

發展階段	年齡			
	青春期	成年前期	中年期	成年後期
	十四～二十五	二十五～四十五	四十五～六十五	六十五歲以上
衰退期	嗜好的收斂	減少運動	注意養生之道	減少工作時數
維持期	考驗目前的職業選擇	使目前的職位安全	從競爭中求穩固	維持自得其樂的嗜好
建立期	進入一個主修的領域	就續於一個永久的職位	發展新的技能	做以往想要做而一直沒做的事
探索期	學到參考更多的機會	找機會做自己想做的工作	找出困難全力以赴	找一個好的養老處所
成長期	發展實際的自我概念	和別人發生關聯	接受自己的限制	發展和職業無關的角色

（資料來源：作者整理）

　　對於生計成熟者，協助其蒐集與評估自己和環境之資料，作成暫時性的結論，以為未來發展或決策的依據；對於不成熟者，應從協助其了解個人、社會及其他與教育及職業選擇的因素作起，使其認識這些因素與其職業發展的關係。並參照職業發展任務的要點，逐步發展其職業自我。

參、生涯規劃的實際作為

　　當我們在面對不知的未來時我們必須去控制的二個因素為：自我與環境。因為「自我」為生涯規劃的起點與實踐者，故做好自我管理是生涯規劃的基礎，如能將自我管理做得很徹底，那麼生涯規劃在執行時勢必會更加順利；這是因為自己比別人都要了解自我並且能控制自我的緣故。

一、自我管理的因素，包括：

表 12-9　生涯規劃自我管理的因素

因素	內涵
行動	指的是一切事物或計畫，必須要實際的去做並確實的去完成它。
方法	是處理事物的技巧及概念。
目標	訂定生活的目標，使得生活有一理想可以去追求。
健康	健康的身體是一切的根本。
心理	個人在生活中對事物的看法、態度及價值觀。
資訊	時時刻刻吸收知識和技巧才能提昇自己的能力。
潛能	提醒每個人均有無比的潛力可以發揮，是沒有上限的。

（資料來源：作者整理）

二、製作生涯規劃表

　　此表可兼顧到環境及個人的因素，我們可以利用 6W 的考慮方式：WHO、WHY、WHEN、WHAT、WHERE、HOW 來配合製表時的思考因素以彌補自我思考時的不足部分，除此之外，也應參考配偶或朋友的意見，俾使考慮的事物更為周全、更具實用性。

(一) 首先決定所要考慮的項目，如：購屋、保險、教育費用等，將其寫在左方。

(二) 其次決定年齡的級距，一般以一年為單位較合適，亦可視實際需要增減，半年、二年、五年亦可。

(三) 在右方的空格寫出每個項目的目標，例如：二坪的房子、養老保險、二百萬的教育費用等。

(四) 畫出此目標執行的期間，並寫上達成此目標的過程中所應做的事情（即階段性任務），例如想在三十歲購屋，則你在此時需要一筆錢當頭期款，與日後每月會有 2.5 萬的貸款。

(五) 做整體的檢視和全盤的考慮，並注意各個計畫間的協調性、可能
性，最後再加以修改，例如：經濟狀況能否配合等。

(六) 定期拿出此表，考量最新的情況及未來的走向並酌量修改。

生涯規劃總表

階段任務> 項目v	每月存2千旅遊基金	保費年繳1.8萬	200萬房屋頭款	房貸每月負擔2.5萬		還清房貸			保險期滿	目標v
購屋			| — — — — — — — |							25坪房子
保險		| — — — — — — — — — — — — — — — |								生死合險
旅遊	| — |									國外旅遊／年
~~										~~~

15　　20　　25　　30　　35　　40　　45　　50　　55　　60　　65歲

三、謀職的作為

如何在競爭中超越他人並被雀屏中選，以下我們可以做個小遊戲來幫
助我們了解自己的條件。請您回答每一題，並在（　）中給予 0、1、2 的
分數。

（　）1.您的學歷是：(0) 高中（含）以下

　　　　　　　　　(1) 大學或專科

　　　　　　　　　(2) 研究所以上

（　）2.您的工作經歷為：(0) 工作三年以下

　　　　　　　　　　　(1) 工作三年以上，十年以下

　　　　　　　　　　　(2) 工作十年以上

（　）3.特殊的能力與專長：(0) 無

　　　　　　　　　　　　(1) 一～二項

　　　　　　　　　　　　(2) 三項以上

　　　例：打字、攝影、財管、行銷、籃球、吞火、變魔術……

（　）4.您的家世背景為：（0）一切靠自己

（1）有小山屏障者

（2）有個超級富爸爸

（　）5.您的儀態是：（0）平凡自然、精忠報國

（1）溫柔可愛、謙和有禮

（2）美豔動人、英俊挺拔

〈解析〉以上的小小測驗是企業在應徵及升遷時的參考因素，你拿的分數分析如下：

總分為 0-3 分者：＜青蘋果＞

=>記得要多與人交往、多充實自己、多接觸不同的事物，未來發展無限大喔.

總分為 4-6 分者：＜成長中＞

=>祝福你，你的條件不錯，有很好的基礎，只要掌握目標，全力以赴，目標就在不遠處。

總分為 7-10 分：＜紅蘋果＞

=>恭喜你，你清楚自己的目標與擁有絕對的競爭能力，可以選擇你所想要的事物，有空花一點時間幫助後進者喔。

做完以上的題目，你有何感想呢？在應徵及升遷的五大要素中（學歷、經歷、能力、背景、儀態），學歷在短期間不會有太大的變化；經歷則是因時間的累積而增加；背景一項，除非找個有背景的另一半，否則也不會有太大的改變；儀態一項則可藉由化妝及穿著打扮有小幅的提升。綜合以上各項，當務之急當然就是培養自己的專業能力。

但是該如何培養專業能力呢？總不外乎從深度和廣度二方面著手：

1. 深度方面：上課專心（上班努力）下課複習（下班學習）、多閱讀專業期刊、與專業人士接觸，不放過任何可以學習的機會。

2. 廣度方面：就是要多接觸不同「人」、「事」、「時」、「地」、「物」。

廣度是較容易的部分，但是需要不畫地自限即可，不怕學不會，只怕不想學。最後再和各位分享一個小技巧，每個月月初，找個時間到書局，把相關雜誌的目錄翻過一遍，有興趣的主題就把它看完，這是吸收新知最快的方法。

　　如果一時還無法確認自己的工作方向，以下的論述或許有幫助。一個人在選擇工作時可以完全依靠自己的感覺來做決定，也可以用理性的分析來選擇。因為感覺是屬於你個人的，我無意也不能干預，但我卻能在如何選擇一份工作上做一些分析。其求職的思考次序為：方向→行業→公司，例如：服務業→資訊業→電腦公司。

　　以「方向」的部分而言，當然不外是考慮服務業或是製造業。如果你想從事製造業，專業的技巧、知識及持續的投入，相信是成功的不二法門。至於服務業呢？由於其服務的對象是所謂的人，所以需要考慮的問題就更多了。所以我們應該從了解人類的需求開始。人呢，有四類事物需要管理：

表 12-10　生涯規劃自我管理的項目

項目	內涵
人格管理	人最基本的需求及態度。例如：時間、健康、生涯、心理、教育、飲食等。
風險管理	人們承擔風險降臨時的能力與準備。例如：價值觀。
財務管理	投資理財的規劃與執行。例如：存款、股票、基金、購屋、期貨等。
資訊管理	各類資訊的掌握及運用。例如：書籍、報紙、雜誌、網路、朋友等。

（資料來源：作者整理）

　　這四類管理可以蓋房子來做比喻：首先某人要有蓋房子的動機和計畫（人格管理）→為了讓房子穩固而打下地基（風險管理）→把房子蓋得大又美（財務管理）→隨時注意周遭環境及氣象，使我們生活更安全自在（資訊管理）。這四項需要是循序漸進，缺一不可的。

　　那要如何選擇合適的「行業」呢？有五大要素可協助我們來選擇：

表 12-11 選擇行業的考量因素

因素	內涵
個人成長	是否能學習到多樣化的知識、應對技巧及培養正確的工作態度。
合理報酬	工作時數與工作內容和實際所領薪資是否相稱。
產業前途	未來具有前瞻性的行業。
晉升機會	晉升與否端視自己表現，不受裙帶及年資的影響。
工作價值	是否覺得工作有意義並樂在其中。

（資料來源：作者整理）

　　以下有一表格可以幫你作個分析：首先請將你有興趣的工作寫在行業欄（請參考人生四大管理的相關行業），如：電腦業、證券業等。接著在五大要素上分別給予 0～2 分的分數，0 分－不好；1 分－普通；2 分－很好。最後加總，其總分可作為選擇行業時的參考。

行業	個人成長	合理報酬	產業前途	晉升機會	工作價值	總分

　　在確定了「方向」及「行業」之後，選擇「公司」也是一個學問。這個部分需要注意以下三點：

1. 公司：規模、制度、薪資、福利、教育訓練、異性……
2. 產品：種類、口碑、彈性、服務……
3. 主管：人品、學識、技巧、價值觀……

　　當你考量了以上三點之後，會發現很難有一個公司可以十全十美，你可以考量自己所在乎的事項而加以調整，相信找到一家合意的公司並不會太難。如果你可以順利的選出理想的工作，但對方卻表示有消息再和你聯絡，那就請你好好的培養一下自己的本錢了！

經過以上三個步驟，相信你可以挑選出理想的工作。其實每個人都想要成功，但成功的人為什麼總是少數。原因在於部分的人只看見成功的果，然後就一頭朝那個方向衝去，再加上人云亦云，並受部分不當的社會價值觀所影響，當然不容易成功。這好比西洋「石中劍」的故事，大家都想去將其拔起，殊不知劍只留給有「能力且有機緣」的人。所以建議應該花些時間培養「成功的條件」，提升各種專業能力、技巧及正確的價值觀，須知成功決無捷徑也不可能速成，唯有累積成功的本錢，待時機來臨時便有能力接下它，並能長期的擁有它。所以我們在選擇工作時不一定要選擇錢多、事少、離家近的工作，而是去選擇一份真正能讓自我有所成長的工作，他人所越不願從事的工作，往往也是可以收穫最豐富的地方。

結語

由於個人一生生計的過程中，包含了一連串的生涯選擇，因此由前述之各項生涯發展理論可以發現，目前人們所持這方面的看法，已由早期的職業選擇理論，逐漸轉而注重生涯發展的選擇理論。基本上，個人選擇職業的行為是十分複雜的，其考慮的因素也從單純的自我人格、性向、興趣的探討，增加了環境的及人際互動的因素；而以往只注重二十多歲前決定職業的階段，現在則重視其一生生涯選擇的歷程。

生涯管理是依照個人與組織的特性加以衡量，生涯管理始於生涯規劃。個人的生涯管理，須依照個人與組織的特性加以衡量，考量的要項如下：第一，自我評估：知己知彼，百戰不怠。唯有了解自我，才能適切的訂定出所想達成的目標。自我評估的內涵，以個人的教育背景、個性、體能、專長、嗜好及價值觀最為重要；教育程度較高者，視野較廣；體能好者，可任重耐勞；擁有專長者，能發展特色等。價值觀與生涯目標的釐訂息息相關。第二，環境認知：生涯發展除了受限於個人的條件外，客觀的

環境因素更是影響深遠。包括組織型態、組織氣候、競爭對手與機會等。
第三，時程安排：時光易逝，人生苦短。為使生涯能依照計畫發展，在時間上必須有明確的階段分隔，不但有助於評估的實施，而且有助於自我的策勵與反省。因此，如能順著組織與工作的特性，建立四至五個生涯發展階段，如同沿著階梯逐步攀爬，將較具體可行。

第十三章　生涯規劃與認識自己

前言

　　「大學教育的目的，除了傳授知識外，最重要的還是教導青年人認識自己的渺小。」生涯教育（career education）是由曾任美國教育署長的馬連博士（Sidney P. Marland, Jr.）於一九七一年所提倡的一種努力方向。他認為生涯教育是全民教育，從義務教育開始延伸至高等及繼續教育的整個過程，這種教育同時具備學術與職業功能、升學及就業準備，它強調在傳統的普通教育中建立起職業價值，其目標是培養個人能夠創造有價值的人生，這是發揮教育真實價值的整體構想。（許智偉，1984）所以，為適應學生未來生涯模式發展，能順利從一個階段轉化到另一個階段的過程中，需要有效的生涯發展過程。因此學校中生涯發展教育與輔導應從多元化的角度思考，將生涯發展的概念融入教導及學習活動中，讓學生的視野從學術世界延伸到工作世界，一併學習有關學術與職業的基本能力。（教育部，2001）生涯發展教育是各領域的核心，更是扮演「促媒」的角色，以健康與體育來說，為使領域目標落實，學生必須具有自我覺察、生涯覺察以及生涯規劃基礎，才能清楚瞭解自己「起點」（體適能）；經由生涯覺察選擇飲食與運動；透過生涯規劃才能畫出健康與體育的願景。生涯教育強調的是自我認知及生涯認知的工作，以便個人建立較正確、實際之自我觀念，並認識工作世界、瞭解社會的價值觀，同時並希望個人的自我觀念及社會所讚許的工作價值觀能相互結合，並透過工作的選擇與發展加以實施。而教導學生、協助學生如認識自己、瞭解自我則是整個輔導工作的起點。協助學生了解自我，也就是要輔導學生正確而詳實的認識自己的人格特質、興趣、能力、性向、價值觀念及自己所處的環境。

壹、認識自我考量內容

　　人生的規劃就像我們的平常生活一樣，可在自己掌握部分中，嘗試作有效規劃，對社會是有些幫助。在生命的連續性過程，可把人的一生分為「過去、現在、未來」三種向線，生活的習慣與生命的的相關，以生命的連續性，探討回顧過去、把握現在、掌握未來！

　　就生涯教育的實施，認識自我則包括以下幾個層次：

表 13-1　生涯教育實施考量層次

因素		內涵
生理特質	性向	認識自己的性向所適任的職業類型。
	健康	身體狀況是否健康？有無殘障或特殊疾病，在謀職上會受到限制？
	年齡	經驗不足與年齡有關，對哪些職業不甚合適？
	體力	體力是否適合粗重的操作工作？
心理特質	能力	是否具備特殊的能力？包括專業的知識與技能以及特殊潛在能力、性向。
	性格	個人對自己的情緒、合作、競爭、客觀、細心、果斷、熱心、勤勉、機敏、獨立、負責等人格特質也都要有清楚的了解。
	興趣	職業興趣性向是否正相關？若為負相關，該如何取捨。
	價值觀	人生價值包括：經濟價值、權力價值、回饋價值、審美價值、理論價值。
	工作態度	是否對工作忠誠、熱心、具有認同感，即使工作與自我的職業理想不合，自己依然能保持良好的工作態度。
	自我概念	對自己有信心，能適度的自我肯定、達成自我實現。
瞭解性格	理論型	追求「真」──學者、專家。
	經濟型	追求「利」──企業家。
	藝術型	追求「美」──音樂家、畫家。
	社會型	追求「愛」──慈善家、教師、社工人員。
	政黨型	追求「權」──政治家。
	宗教型	追求「聖」──情侶、宗教工作者。

瞭解 需求	生理 需求	人類的基本需求，及維持生命所必需。	
	安全 需求	身體的安全、生命的保障、經濟的安全、工作的保障。	
	情感 需求	友誼、愛情、歸屬感。	
	尊重 需求	受尊重、被肯定。	
	自我 實現	運用潛能，自我發展，創造價值。	
自我 剖析	個人 部分	健康 情形	身體是否有病痛？是否有不良的生活習慣？是否有影響健康的活動？生活是否正常？有沒有養生之道？
		自我 充實	是否有專長？經常閱讀和收集資料嗎？是否正在培養其他技能？
		休閒 管理	是否有固定的休閒活動？有助於身心和工作嗎？是否有休閒計畫？
	事業 部分	財富 所得	薪資多少？有儲蓄嗎？有動產、有價證券嗎？有不動產嗎？價值多少？有外快嗎？
		社會 階層	現在的職位是什麼？還有升遷的機會嗎？是否有升遷的準備呢？內外在的人際關係如何？
		自我 實現	喜歡現在的工作嗎？理由是什麼？有完成人生理想的準備嗎？
	家庭 部分	生活 品質	居家環境如何？有沒有計畫換房子？家庭的布置和設備如何？有心靈或精神文化的生活嗎？小孩、夫妻、父母有學習計畫嗎？
		家庭 關係	夫妻和諧嗎？是否擁有共同的發展目標？是否有共同或個別的創業計畫？父母子女與父母、與公婆、姑叔、與岳家的關係如何？是否常與家人相處、溝通、活動、旅遊？
		家人 健康	家裡有小孩嗎？小孩多大？健康嗎？需要託人照顧嗎？配偶的健康如何？家裡有老人嗎？有需要你照顧的家人嗎？

環境條件	友伴	朋友要多量化、多樣化、且有能力。
	生存	要有儲蓄、發展基金、不動產。
	配偶	個性要相投、社會態度要相同、要有共同的家庭目標。
	行業	注意社會當前及未來需要的行業，注意市場占有率。
	企業	要穩定，則在大中型企業；要創業，則在小企業。公司有改革計畫嗎？公司需要什麼人才？
	地區	視行業和企業而定。
	國家	注意政治、法律、經濟（資源、品質）、社會與文化、教育等條件，該社會的特性及潛在的市場條件。
	世界	注意全球正在發展的行業，用「世界觀」發展事業。

（資料來源：作者整理）

貳、生涯教育實施方式

學者蘇伯（Super）汲取了差異心理學、發展心理學、職業社會學及人格理論，建築了一套生涯發展的理論：

表 13-2　生涯教育實施考量層次

項目		內涵
職業發展階段		1.成長（Growth），2.試探（Exploration），3.建立（Establishment），4.保持（Maintenance），5.衰退（Decline）。
生涯教育目標		瞭解自己，培養積極、樂觀的態度及良好的品德、價值觀。
		認識工作世界，並學習如何增進生涯發展的基本能力。
		認識工作世界所需要的一般知能，培養獨立思考及自我反省，以擴展生涯發展決心。
		瞭解教育、社會及工作間的關係，學習各種開展生涯的方法與途徑。
		運用社會資源與個人潛能，培養組織、規劃生涯發展的能力，以適應社會環境的變遷。
生涯規劃重點	進修以奠基	應持續強化我們的專業知識與技能，可至各大專院校、企管顧問公司相關學會、社等，修習專業或一般的知識與技能如管理學、經濟學、電腦資訊、網路、組織發展、語文等，以奠定良好的基礎。

	工作 以養成	在學期間，盡量爭取校外工商業界實習的機會或參加專業訓練，以工作實務的經驗熟悉業界環境、溝通語言、組織經營及一般的處事原則與態度。藉由工作經驗的養成，累積自我的實力，強化知識與技能的增長。
	閱讀 以充實	經常閱讀國內外相關的報章雜誌，吸收最新的資訊、知識與技能，方能跟得上時代的進步。
	社團 以擴展	藉由參加專業學會與一般的社團，以擴展視野，並培養人際關係，耐心經營生涯。
生涯規劃 項目	知覺	發覺生涯發展困境，即對目前的生涯或工作有所不滿，或是不愉快。
	評估	檢討自我的工作態度、價值觀等。
	探索	善用各種資料，做出不同的抉擇，去除不合意的，對於合意的選項加以比較。
	統整	權衡各項相關因素，如人、事、物、時間、空間限制等，重新評估自我的理念。
	投入	選擇確定後，努力嘗試，以追求目標的達成。
	實現	克服困難，排除障礙。
	檢討	對於生涯的改變、決定，思考是否符合當初所期望的。
生涯發展 教育		個人要成為生涯規劃的主宰者，由自己來決定自我的生涯規劃。
		自己要成為生命的主人，不要受到別人的影響，才能真正的規劃自我美好一生的藍圖。
		以真誠的服務作為生涯規劃的重心，使自我的生命更加充實、更光輝。服務是要戰戰兢兢地完成每一件事情。
		要想成功，最重要的是要有信心、要有希望。
生涯規劃 效能	進修 成長	在工作中，要能很快的悟出現實與理想之間，不能只拘泥於課本上的學識理論。念書求學只是手段而已，要能靈活自我的思路，除了工作上的專業知識與技能外，要涉獵其他方面的知識，如此的人才不會令人乏味。
	滿懷 信心	「最猛的風浪，淹沒不了一個有信心的人；最大的障礙，阻擋不了一個有勇氣的人；最逆的環境，困擾不了一個有抱負的人；最難的任務，壓抑不了一個有擔當的人；最苦的遭遇，阻止不了一個有力氣的人；最狠的敵人，打敗不了一個有決心的人。」充滿自信，面對挑戰。
	人際 關係	人際關係與工作經驗要日積月累而來，而非一朝一夕所能成就。

	創造 自己	對於大家都敬而遠之但又有其重要性的工作,全公司只有你會,公司不可沒有你,此凸顯自我的重要性。
	多元 發展	個人的一生不只從事一項工作,生涯較美的規劃應是十五年的工作學習,再二十年的努力工作,另外的二十年,可以從事完全屬於自我想做的工作。

（資料來源：作者整理）

　　認識自己是職業選擇的第一步驟,亦是生涯輔導工作的首要目標,在前面我們已談過認識自我的理論基礎,對認識自我的內容也有了進一層的認識,接下來要談的就是如何協助學生認識自己的問題。通常,一個人對認識自己的工夫,最常使用的方法該是平時自我內心的省察或是得自他人對自己的評價了。現在,就生計輔導而言,在教育方法上,對於協助學生認識自己,尚可使用下述方法:

一、教導學生寫日記:日記是一種軼事記錄法,讓學生學習記錄每天所發生的一些令他感動的事、他對某些事情的感受與感想,由回想中增進對自己的了解,並擴展對自我的概念,幫助自我朝正向成長。

二、讓學生填寫自傳:自傳式的表達可協助學生擴展他對自己的感受,自傳的表達方式有口述的、問卷式的、自由書寫式的,其中自由書寫式僅列出一段指引或大綱,讓學生自由書寫,較適用於大專生。

三、讓學生填寫「自我認識表」:自我認識乃參照揣克斯樂（Traxler, A. E.）所做的人格特質大綱編寫而成,其內容項目有身體的特質、性格的特質、心理能力的特質、興趣、性向、校內成就、嗜好、校外活動、及家庭狀況等九項目自我認識項目。

四、讓學生填寫「人格傾向評量簡表」:此量表可讓學生自評,讓他們了解自我人格特質、增進自我認識,簡單實用,生涯輔導工作者可依需要參考使用。再依據表述,

(1) 搜集並分析資訊。

(2) 選擇優先次序，敲定價值與目標。

(3) 辨識並評估各種方案的可行性。

(4) 規劃與決定行動步驟。

(5) 努力達成目標，並適時修正目標。

(6) 將結果與原訂目標比較。

五、安排「增進自我概念」的教學活動：個人自我概念的發展與生涯發展關係密切，個人自我概念如何亦是學生認識自己的一個重要項目。自我概念的成長可藉著教學活動的設計與實施達到目的。只是輔導者在安排活動時須持有下列理念：

(1) 自我概念是可以改變的，老師能夠促成其改變。

(2) 自我概念的改變不是一蹴可成的，它需要一段足夠長的時間。

(3) 自我概念在愈接近中心的信念愈難改變，但努力加以改變，對學生會有重大的影響。

(4) 次要的經驗亦是有幫助的。

六、安排「價值澄清法」的教學活動：由認識自我的內容裡，我們已知道個人的價值觀亦會影響個人的職業選擇與生計發展，因此，建立合宜的價值觀也是學生認識自己的一項重要工作。有關培養其相關的教學法，目前所知的是「價值澄清法」，它是美國紐約大學教授路易士‧雷斯（Louis Raths）因有感於傳統道德教育與價值教育方法上的缺失，而根據杜威的著作《價值理想論》所設計出來的。內容有多種應用的活動，國內目前已由師大洪有義，採西蒙（S. B. Simon）等人所著的《價值澄清法》一書編譯出版，其中包括七十九種活動的設計與建設，在生計輔導上，要幫助學生認識自己，可酌情使用。

七、使用「角色扮演」的教學法：角色扮演活動可使學生在扮演中看到自己，也看到別人，進而增進自我之認識，更可做職業分類之工作角色扮演，學生可以從活動中體認各種工作角色，產生對職業的興趣與理想。

國人傳統價值觀，重視文憑、熱衷升學、追求功利心態，加上小家庭獨立、經濟生活富裕、子女數減少，形成過度保護的現象，以致於個人在生涯發展方面，未能具有獨立思考的能力，而混淆自我的價值觀。因此，在生涯發展的規劃方面，首應釐清發展的觀念，以避免不良影響。

參、自我認識表的內容

影響生涯規劃的因素很多，包括個人的能力、專業的知識技能、人際關係、性向與興趣、重要的關係人物與外在的大環境等。重要的觀念是，知道自我能夠而且在意做什麼，有良好的內在與外來助力。等到合適的機會一到來，自然就能夠水到渠成。生涯發展過程中，不能缺乏「良師益友」的協助，就如「鏡子」，需要自己誠懇、有實力、主動的找尋，讓他人願意幫助或是提醒自己。因為有許多的機會只有透過良師益友，才能點醒自己。

「自我評估表」是為了選擇生涯，為了能正確的認識自己而設計的。能認識自己方能正確的選擇自己的前途。表 13-3 中有若干項目，可以根據你的經驗而填答出來；但是有若干項目，需要你參加有關的心理測驗，方能填答。所以請你找機會參加有關的測驗。

表 13-3　生涯教育中的自我認識表

項目	事項	回答（自我認識的結果）		備考 (註明回答資料的來源)
		最初的認識	最後的認識	
身體特質	1.我的外表、姿態、舉止、服飾常常怎樣？			
	2.我的講話聲音、姿態怎樣？			
	3.我的健康狀況怎樣？			
	4.我常是精力充沛，還是萎靡不振？			

	5. 我的 　　年齡： 　　身長： 　　體重：			
性格特質	6. 我的志向怎樣？想出人頭地還是想過淡泊人生？			
	7. 我的情緒怎樣？是喜怒無常？還是平穩安定？			
	8. 我很容易和別人做朋友呢？還是不喜歡或是不會交朋友？			
	9. 我和朋友相處，常喜歡支配別人呢？還是喜歡服從朋友的意見？			
心理特質	10. 我的智慧如何？			
	11. 我是否能用語言充分表達自己的觀念？			
	12. 我是否能用文字充分表達自己的觀念？			
	13. 我對名詞的思考能力怎樣呢？			
	14. 我對圖案的思考能力怎樣？			
	15. 我對二度或三度空間想像客體的能力怎樣？			
	16. 我的追求原則的歸納能力怎樣？			
	17. 我的記憶力怎樣？			
興趣	18. 我的興趣測驗得分，哪三項得分較高？（請附分數）			
性向	19. 我的性向測驗得分，哪三項得分較高？（請附分數）			

校內成就	20. 我的學業成績哪三科得分較高？（請附分數）							
	21. 我參加了哪些課外活動？有什麼重要表現？例如：擔任社長、隊長、總幹事、或其他重要職務。或者有其他重要表現。							
嗜好	22. 我有什麼最感興趣的嗜好？例如：唱歌、聽音樂、看文藝小說、登山、田徑、球類、下棋等等。							
活動	23. 我參加過校外團體有：							
	24. 我曾做過半工半讀的工作有：							
家庭狀況	25. 我和父母相處的情況大致是：							
	26. 我和自己的兄弟姐妹相處的情況大致是：							
	27. 我家的經濟狀況，大致是：							
	28. 我家長希望我將來升入哪類的學校？或者希望我做哪類的職業？							

（資料來源：作者整理）

生涯教育的效用如下：

一、認清自我：認清自我是生涯發展的首要工作，千萬不能把自我的能力評估得過高或是過低，形成自大或自卑。應用誠懇的方法以衡量自我的能力，腳踏實地的按照能力以完成工作、獲致成就。

二、認真學習充實：例如畢業後參與工作，可先到大型的公司工作，期間約三、五年。因為大型公司的工作要求較高。學徒式的嚴格啟發訓練，對日後的工作態度有幫助。同時，在大型公司的工作內容較廣且深，有利於工作經驗的吸收。

三、積極主動推銷自己：要能把握住各種機會及善用各種管道以推銷
自我，使大家對你的能力有所了解，進而肯定你，而達成願意幫
助你的希望。推銷自我的方法，如主動參加社團、演講會、座談
會、發表文章、創新發明、力求績效表現等。

四、為人處事生涯定位：約在三十五歲，可以遊走各家公司，以比較
不同型態工作環境的差異，增加歷練；在三十五歲後，就應該
對自我的生涯定位，確定未來的發展方向，而不能再任意更動工
作了。

肆、「自我認識表」的運用

生涯規劃、性向、條件與價值觀念等，規劃自己的生涯目標與生活方
式，並能在既定的理想中分別擬定近程、中程與遠程的目標。學生所面臨
生涯發展的前提如下：

一、進行務實的職業選擇。

二、使早期的職業幻想變為可以實現的目標。

三、根據家庭、社會、經濟等背景條件，評估可能的限制。

四、獲取適當的教育或訓練。

五、發展進入工作世界所需要的基本技能。

人格即個性，是指一個人所具有的各類比較重要且相當持久的心理特
徵的總和。人格受到家庭、學校教育和社會環境等的因素，而逐步形成的
氣質、能力、興趣和性格等心理特徵的總和。

為達到自我認識以做為生涯發展的基礎，可藉由人格傾向評量檢表加
以測量。

表 13-4　人格傾向評量簡表

學生姓名		班級	
項目	評量等級		判斷實例
一、個人表現	被他人所追求 相當受人喜歡 受人喜歡 被他人容忍 被人躲避 無機會觀察		（請根據你的判斷舉實例於此）
二、積極作為	自己能追求並能做好額外的工作 能完成被附加的工作 能完成自己應做的本位工作 需要不時監督 需要大力的督促 無機會觀察		
三、與人互動	表現有顯著的領導能力 有時在重要事情上表現有領導力 有時在小事上表現有領導力 不能領導他人 使別人擔任領導 無機會觀察		
四、情緒控制	反應非常平衡 相當平衡 時常能平衡 趨向反應遲鈍或過分用感情 應用遲鈍冷漠無情或過分抑鬱、發躁或易於得意 無機會觀察		
五、處事能力	熱衷於現實而相當有計畫有目標 能有效的用力於確定的計畫 僅能有模糊的目標 其目標是只求能過去就好 毫無目標 無機會觀察		

（資料來源：作者整理）

此表有若干優點，足為吾人參考使用，或稍加修正使用。其優點可舉出下列數點：一、有五種明確的特質，用簡單而可以觀察的行為描述來表示，在使用上容易正確。二、本表附有空欄，以便記錄軼事。三、當評量者無機會觀察此對象的時候，本表有一欄「無機會觀察」，可資利用。四、本表僅有五項對個人發展上有重要關係的行為項目，被評量者選擇，工作簡單易作。

有關評量表的構成標準，主要在於評量項目的選擇，這也是一項較難的工作。固然，沒有人能絕對正確的說出何謂青年發展的本質，但是一般人大體都承認下列幾項應包含在內。如欲自訂評量表，亦無不可，請參考下列項目：

1. 責任心（responsibility），可靠性（dependability）。
2. 社會感受性（social sensitivity），善與人處的能力。
3. 影響力（influence），或領導力（leadership）。
4. 創造力（creativeness）與想像力（imagination）。
5. 情緒的穩定與反應（emotional stability and responsiveness）。
6. 目標與決心（purpose），成功的標準。
7. 閱讀的效率與學習的方法（effective reading and study methods），思考的習慣（habit of thought）。

當然對於自我的瞭解不能偏狹的只注意少數幾個層面；必須全面的包含下面幾個重要自我探索的層面，才有可能做好生活規劃：智慧能力狀況、行動能力狀況、操作能力狀況、體耐力狀況；社會適應狀況、情緒能力狀況；生活獨立、自主的狀況；個人重視的事務、價值觀；自信心、自我接受的狀況；人際關係狀況（如對自己的關心、支持的人是誰等）；生活中經常從事的興趣或活動；對自己有助益的生活習慣、或是有限制的生活習慣。除此之外，所處的環境對有哪些助力或有哪些限制；有哪些是立即可以使用的資源、哪些是稍微再努力開發就會有的資源，這些都是在做生涯規劃時必須同時評估與分析的。

結語

　　生涯發展三要素為「知己」、「知彼」、「抉擇與行動」，然而當我們經歷生涯的時候，往往不知道自己的需求與條件，甚至對外在的工作環境欠缺了解與認識，因此在抉擇上就常呈現過多的迷惑與徬徨，故而行動的力量也因此消滅甚至疲弱！由於學生屬於蘇伯生涯發展階段中的試探（exploration）階段，其主要任務為在學校及各種工作環境中，進行自我觀念修正、角色試探、職業試探。主要重點為：

一、認識並接受生涯選擇的需要，同時獲得有關的資料。

二、了解興趣和能力，以及工作機會的關係。

三、認清與能力和興趣相一致的工作領域和階層。

四、接受訓練與培養技能，方便於就業，或從事能實現興趣和能力的職業。

　　生涯規劃是一個人盡可能的規劃未來生涯發展的歷程，考慮個人的智能、性向、價值，以及阻力、助力，做好事先安排，期自能適得其所，全力以赴。

第十四章 謀職技巧訓練

前言

　　正如叔本華（Arthur Schopenhauer, 1788～1860）的名言「不要屈服於不幸，而要更勇敢的面對它。」於謀職時宜有這番素養。近年來，社會變遷的腳步加快，整個社會風尚、經濟結構、價值取向都產生巨大的變化。如果想在層出不窮的遽變中，平衡自我存在的空間，只有適度做好生涯規劃，以掌握人生方向。身處多元的社會，自己一定要有所規劃、拿定主意，不要隨波逐流、人云亦云，否則痛苦了自己，也傷害了別人。每個人的生命中，總要有些理想與方向，才知道生涯路該往何處去。生涯規劃是個人對自我過去成長的歷程進行檢視，並且預想未來的人生進度，有計畫的擬定工作、事業、家庭、人際關係、自我成長、實現等生活目標。生涯規劃常因個人理想的不同而有差異性，有的人可能較重視事業的發展，有的則執著於情感的追求。每個人都要為自我的行為、生活負起完全的責任，才能掌握生涯的成功。這是個多元的社會，也是充滿機會與選擇的時代，每個人都希望能夠掌握自我的未來，其先決條件則是積極進行長期性、前瞻性、發展性的生涯規劃。

壹、選擇就業機會

　　隨著社會的多元化，在生涯規劃的過程中就有愈多不能掌握的因素，每個人固然要努力實踐自我的目的，但是因為社會外在的因素，或是其他無法掌握的力量，使得無法按照當初所規劃的生涯路發展，但是，人生並

不會因此而沒有希望，或是找不到其他別的路可走。生涯規劃不僅是事業、職業的追求，重要的是生活型態的選擇。透過生涯探索、澄清、計畫、執行，以使自我的差異與潛能激發出來，面對自我內在的特質、背景、需求、性格等，以設計一套適合於個人的生涯目標。例如：要做好老闆，就需不斷的吸收新知、強化經營、管理等專業知識與技能。近年來由於科技文明的進步，社會分工愈形細密，因此職業的數目日益增多，而且名目、內容不斷地遭變，許多舊有的職業不斷地消失，取而代之的是許多新的職業不斷地產生。面對這許許多多的職業，初出校門的莘莘學子們不免眼花撩亂、不知何所適從。從生計輔導的觀點來看，幫助個人在工作世界中決定自己的工作角色，並幫助他解決在這選擇過程中所遭遇的困難，是生計輔導中極為重要的工作。

　　規劃自己的生涯目標與生活方式，並能在既定的理想中分別擬定近程、中程與遠程的目標。生涯規劃簡單說，就是面對未來的歲月，做好構思與有所安排。針對未來所預期的目標，配合時間的先後，加以有效處理。成功的生涯規劃應是自我的期許，加上突破困境的信心與行動。凡事只要有所準備、規劃、設計、進行，就可以按部就班照自己預定的計畫去推動。因此，一個人對自己的一生做了很好的計畫、周詳的考量，決定好自我奮鬥的目標與方向，即為生涯規劃。生涯規劃是個人透過自我、機會、限制、選擇與對結果的了解，以確立與生活有關的目標，並且根據個人在工作、教育與發展方面具備的經驗，以規劃具體步驟，達成生涯的目標。就個人而言，有了生涯規劃，便有了努力、奮鬥的目標，不再猶豫徬徨、不再迷失自我、不再消極頹廢，使生命有了意義、生活有了重心，變被動為主動，化消極為積極，積極進取以求自我的成長與實現。

　　職業輔導的創始人帕森思（Parsons），認為從事職業選擇時必須考慮：

表 14-1　從事職業選擇時必須考慮的因素

項目		內涵
考量相關 因素		充分了解自己。包括自己的性向、能力、興趣、抱負、才華和缺陷等。
		明瞭從事某些職業所需具備的條件及這行職業的利弊與發展前途。
		確實瞭解上述兩項符合的程度。
生涯發展 模式	兩段式	屬於傳統式，例如，先求學然後再工作，先成家再立業。
	交替式	求學後工作一段期間，再進修求學，然後再工作的交替方式。有如三明治。
	融合式	因於生活的壓力，放下工作再求學已經不敷需求，於是一邊工作，一邊求學進修。
認識職業 做法	與教師 合作	各科系的教師一般而言是該行業的專家，輔導人員應與他們密切合作，掌握將來學生畢業後可能參與的行業，並請各科教師在課堂上能向學生講授該行業在目前社會上之近況，使學生對與他們所學相關的行業有初步而具體的認識。
	聽取 工作心得	聆聽各行業之人士工作的內容、待遇、目前運作狀況、將來的發展等。
	參觀 企業單位	在適當的時間到與他們所學相關的職業之企業單位參觀訪問，實際接觸到真實的工作世界。

（資料來源：作者整理）

依此觀點選擇就業機會之程序如下：

一、認識自我

　　能夠認識自我是作職業選擇的基礎，認識自我要對自己的人格特質、興趣、性向、能力、成就動機、健康程度、所處的環境、個人的背景、個人價值觀等有正確而清楚的認識。欲協助學生認識自我，可以藉由各項心理及體能測驗來認識。除此之外，尚可配合個別及團體諮商來瞭解自己的能力、興趣、價值及人格。有關的學者對興趣的分法、看法與見解互有不同，依美國學者荷倫（Holland）的分類是以工作特性及工作者的人格特質來區分，所以說它是興趣或是人格類型都可以。亦即選擇一種職業，就是一種人格的表現。物以類聚，不同類型的人，會去從事和自己類型相同的

職業。荷倫這六種類型，代表六種不同的興趣與人格特質，它可以幫助個體瞭解自己對哪種類型的工作較適合，同時也協助個體瞭解工作環境及內容。然而人不是很單純只具備某「一」種特質或某「一」種興趣而已，他常常是具備兩種或更多種類型的興趣與特質；當然，以其中某一種最強，而其他較弱。舉例來說，一個實際型的人，也會具備研究型、傳統型的某些特質，而較少具備社會的特質，亦即實際型與研究型及傳統型的人，在某些特質上有共通的地方，如不善交際、喜歡做事、不善與人接觸、較男性化……等等，而與社會型的人（善交際、比較感性）很少有一致性的共通處。因此，實際的人如果從事實際型的工作，適配性最高，從事研究型及傳統型的工作，適配性亦不低，但如從事社會型的工作，就很不能適配了。

二、認識職業

由於分工的日趨細密，以及許多新職業不斷地產生，因此許多職業工作的內容大部分的人並不十分瞭解。而且許多舊有的職業之工作內容隨著時代的變遷，大幅的變動，因此認識職業的工作內容，實是一件十分重要的事。

三、生涯規劃

生涯規劃過程是包括：自我評估、生涯探索、職業安置等過程。隨著生活型態、工作內涵與就業市場結構的改變，一般而言，生涯規劃的主要過程如下：

自我評估：為對自我人格特質、性向、能力、興趣及以往種種經驗的瞭解與評價。

生涯探索（career exploration）：係以自我評估的結果為基礎，而運用有系統的方式從事各種生涯資訊的探索，並從中篩選與自我生涯發展最重要的訊息。

職業安置（placement）：統合分析自我評估及生涯探索的結果，而進行選擇最適合自己的職業工作角色。

四、選擇就業

俗話說:「男怕入錯行,女怕嫁錯郎」。選擇行業是一生中很重大的決定,它對一個人的生活有著多方面的影響。也就是說,一個人選擇什麼樣的工作就會有什麼樣的「生活型態」,因為工作與生活是息息相關、互相影響的。面對不同的工作型態,你就得在人際交往、家庭生活、休閒……等做各種不同的安排。那麼工作的選擇對生活型態的影響究竟是什麼呢?

首先,你選擇了某種職業,它決定了你的興趣、能力是否能充分得到發展。假如你選擇時是依著你的興趣、能力、個性、好惡的話,它會讓你感到好像穿對了鞋子,很適合,並且能有所發揮,生活也會充滿了希望、成就與滿足;假設選擇時忽略或未顧及興趣、能力,則生活會感到空虛、無聊、厭煩與不滿。

你的生涯抉擇將決定你在什麼地方工作或居住。例如一個從事農業生產的人,不可能跑到台北西門町或高雄市區工作或居住;一個選擇從事貿易工作的人正好相反,較可能選擇熱鬧繁華的大都市,而不太可能到鄉下或山邊。大都會與鄉村的生活型態當然有明顯的不同。另外,做推銷員須終日在外奔忙,會計人員則整天埋首於辦公室內整理帳目。

不同的生涯抉擇,影響你的生活作息與工作時間。選擇服務業(例如餐飲、美容、旅遊……等)的人,與選擇坐辦公室辦理業務的生活作息非常不同。前者的工作時間較長,不是正常的上下班,假日也照常工作;後者卻是朝九晚五的固定時間、假日休息。

不同的工作決定了你與什麼人一起工作,建立怎樣的人際關係。選擇銷售珠寶的行業與社會福利工作,所接觸的對象就很不同。前者面對的是經濟狀況較良好的人群,而後者接觸的是生活困苦需要濟助的人。面對不同的兩群人,工作員的穿著、言談、態度,甚至型態都是不同的。另外,工作時間的長短也會有所影響。晚班工作或假日不休息的工作族,其休閒方式與朝九晚五且每週只工作五天半的辦公族,就大大的不同了。

　　不同的工作當然也會影響家庭生活型態，一個做夜市生意的商人，白天在家，晚上工作，與已經上學的孩子相處的時間、方式，自然和一般家庭不同，很可能父母子女一整天都見不到面，也可能很少在一起吃飯、聊天。有時為了要督導孩子，只好讓孩子帶著作業到生意場所做功課，以便一面工作、一面督導或照顧孩子。

　　既然工作與生活型態有這麼密切的關係，因此，在做職業選擇時，除了考慮：我想以什麼維生，什麼能符合我的興趣、能力外，尚須考慮：我想過怎樣型態的生活，在怎樣的環境下工作，和什麼樣的人工作，每天工作時間作息如何？休閒生活型態如何？家庭生活怎樣？……等等。這樣的考慮下所做的抉擇，才會使你工作得滿意、生活得愉快，度過真正快樂的人生。

　　生涯規劃的價值在於釐清個人願景，有效的認識自己，客觀的認知環境與所需資源，並用合理可掌握的方法，逐步的將其整合，以達成目標，完成個人使命。所以總結生涯規劃的目的是認識自己、掌握人生、實現理想、發揮生命最大的可能性。

　　所以一個懂得生涯規劃意義的人，就是一個懂得自我發展規劃的人，他會在每個發展階段中，給予自己不同的塑造、訓練；假設要從事經商活動的話，必須提早開始培養自己在商業活動中的一些經驗，例如：在學期間爭取工讀的機會；並開始去瞭解某一行的特性，例如：閱讀相關報章、雜誌、蒐集其發展趨勢之情報，同時去認識一些經營管理的知識、技巧；反之如果想要從事學術研究方面的工作，就必須在學術領域去做安排，當然，拿個博士學位就是個重要的目標了。不管選擇哪一條路，要做好任何一件事情的基本條件就是：確認自己的志趣，然後做好許多準備和養成習慣。

貳、認識謀職技巧

　　人生思考的時候，最想做的三件事情——「我想要做什麼、我能做什麼、我必須做什麼」，人生就是一種抉擇，亦是終極目標。生涯目標不是永

遠不變，在適當時機要做檢討，而目前社會什麼都會變，唯一不變的是——不確定感。生涯裡面當一個成功的人對未來的不確定感，能善用這項積極的眼光。人生不如意十之八、九，得意十之一、二，在你過去人生成功生涯裡，因為你做了些什麼讓你成功，這些在你生命激起力量中，從中去覺察和瞭解。積極面對人生，可能覺察很多力量在你那裡。學習接納自己，生命力量自然產生。角色的澄清與肯定，為生命當中最重要部分。生涯學者 Super 提到「人生彩虹圖」，分為四個劇場——「家庭、學校、社會、工作」。角色扮演與肯定，不斷學習與探索，也就是所謂：「終身學習性」。心理學研究「人的一生，潛能只發揮不到百分之五」，換句話說，「我們都有無限的潛能」。

台灣是個地狹人密的地區，就業市場的競爭十分激烈，一份待遇高、工作內容富創新、挑戰性、保障高的職業往往是眾人角逐的對象，因此要在許多應徵者中脫穎而出，就非得靠個人的真才實學加上優秀的謀職技巧不可。從欲謀得職業者的角度來看，似乎是有求於人，然而從雇主的層面來看未嘗不是有求於人呢？雇主想求的是一位能負責、盡職、充分發揮工作效率的人員來為他的企業之生存與成長貢獻出一份心力。因此謀職者謀得職業的關鍵在於「滿足雇主的需求」，在謀職的過程中若能處處凸顯出「我是能夠滿足雇主需求的恰當人選」之形象，則相信定能事半功倍，拔得頭籌。記住隨時設身處地為雇主著想，想一想雇主為什麼要雇用這個人呢？這個職位要做些什麼工作呢？什麼樣的人能擔任這項工作呢？（要具有何種能力、學歷、經歷、專長、個性等）

下面我們將具體地討論謀職的技巧：

一、謀職前的準備：在謀職前應對自己充分瞭解，同時亦應對各類職業有深入的認識，並且在心理上有充分的準備。謀職就是推銷自己，對於自己這個「商品」究竟有哪些優缺點，得先好好的評估一下，這可從下面幾方面來著手。

表 14-2　謀職前的準備事項

事項		內涵
分析自己的學經歷	學歷	學歷仍是雇用人員的主要考慮條件之一，所以在做謀職的準備時，首要的工作就是要分析自己的學歷專長。分析自己的求學經驗時，應先將自己在求學歷程所就讀的學校、科系列出，然後將所修習過的科目、名稱、課程大要列出，最好能列出修習這些科目之心得與對自己知識、技能增進的情形。此外個人所接受的校外訓練、比賽、著作、發明等亦應詳細記錄下來。
	經歷	應徵者所具備的工作經驗，因此分析自己以往的工作經驗，也成為謀職前必須準備的一項工作。對初出校門的青年朋友們，可將寒暑假打工、兼差、家教、工讀、參與學校的社團或班級活動等列出，以補工作之經驗之不足。在列出工作之經驗時，可依時間的順序逐一列出，每件工作之敘述可參考下列之項目：工作公司的名稱、工作時間的起訖日期、擔任的職務、工作的內容、工作心得、待遇、公司員工人數、公司之資本額、公司的性質、工作的地點、個人對公司的特殊貢獻、離職的原因。如果在從事每一份工作時，皆能將工作經驗詳細記錄，並且將工作時的心得與收穫確實記錄，工作上自己有無心的錯誤與缺點亦詳加記錄，作為自我檢討與鞭策的依據，在離職時切實地檢討離職的原因，這對尋求未來的工作會有莫大的幫助，同時亦可對自己的能力有更深一層的瞭解。
評估自己身心特質	生理特徵	個人的高矮、胖瘦、容貌等不僅影響別人對自己的評價，同時亦影響個人從事職業的類型，例如容貌秀麗者可從事業務、推銷、公關等工作。
	特殊能力	係指個人具有學習某一種特殊作業的能力。例如具有創造力的人，如果從事產品設計、藝術等創造性的工作，將較易獲得成功。
	興趣	是指個人從事某項工作喜好的程度。擇業時若能找到與自己興趣相投的工作，必能如魚得水，愈做愈起勁。不過許多興趣往往是由後天培養出來的，本來沒興趣的事做久了，自然會生出興趣。
	個性	一個人工作是否順利，常常取決於工作是否與他的個性相符合。個性隨和者較適合從事與人接觸的工作，個性固執者則較適合從事資料處理方面的工作；個性沉靜穩重者適合內勤工作，而個性活潑外向者則適合外務工作。
認識自己專業知能		專業知能不僅限於專業技術，其他像語文能力、社交能力、表達能力、學習能力等與工作有關的能力亦可視為專業知能。為了證明自己具有某種專長，通常可提出學、經歷證件，除此之外參加各種考試的及格證書，參加各種訓練、講習的結訓證書，獲得特殊獎勵的獎狀、證書，自己的著作、作品、發明等證書都是可以證明自己有某項特別才能的有利證據。

| 分析自己專業能力 | 普通能力 | 是指一種學習、運用符號、抽象思考，及解決問題的能力。稱之為「普通」能力是有別於「特殊」能力，它是學習任何事物的基本能力，普通能力大致包括語文能力、數的能力及空間觀念。 |
| | 特殊能力 | 這種特殊能力可能是天生的，也可能來自學習。有許多測驗可以測量機械、文書、音樂、藝術……方面的性向。有：機械能力、文書能力、音樂及藝術能力等。 |

（資料來源：作者整理）

二、認識各種職業的特質：通常可由自己所熟知的，或與自己的專長、興趣有關職業先行著手認識，進而推廣至其他的職業，一般而言可依下列數方面來認識各種職業：

表 14-3　認識各種職業的事項

事項	內涵
工作性質	即工作的內容，也就是做些什麼事。
工作環境	即工作是在何種環境下作業。
工作待遇	除了薪資以外，尚須瞭解有哪些福利、保險，是否有退休金、有休假等等。
資格條件	從事此項工作的資格與條件，包括學歷、經歷、專長、人格特質（體力、性向、個性等）、視力、聽力、證照（技師證、駕駛執照、教師證等）、年齡、籍貫、性別等等。
就業方式	瞭解同一種職業不同的就業方式。例如電器修護，可以在工廠內修護品質有問題的產品，亦可在服務站修護客戶之產品，亦可自行開業替客戶修護電器等等。
工作分布	這種工作大部分分布在哪些地區。例如縫紉機業集中在中部、聖誕燈泡製造業集中在新竹等。
發展展望	這種行業將來發展的展望為何？個人在工作中升遷機會為何呢？這都是必須認真考慮的問題。

（資料來源：作者整理）

三、謀職前應有的心理準備：青年學子在學校生活了十幾年，踏出校門走入社會，進入一個完全陌生的環境，在心理上應有一番準備，以免因適應欠佳而引起沮喪、怨恨、不滿，不僅造成個人的傷害，國家社會也會蒙受損害。在謀職前心理上宜有的準備，並且充分瞭解及認清就學與就業的區別。因為，學校的環境較為單純，同學間彼此沒有利害關係，容易培養出真摯的情感。而師生間，師長本著愛護學生，傳道、授業、解惑的心情來教導學生，因此能諄諄教誨、循循善誘，對同學之犯錯都採勸導、包容的態度。到了社會上就業，企業機構是以營利為目的，面對市場激烈的競爭，唯有講求效率提高生產力方能立於不敗之地。因此在工作時一切講求效率，一切為工作、一切為生產，換言之，即一切講求現實。因此先有工作的世界是講求效率、收穫的現實社會之心理準備，對自己將有很大的幫助。換言之，在就業前應先瞭解「為什麼要工作？」「工作的目的是什麼？」「為生活而工作或是為工作而生活？」……等等。在就業前對工作的真諦有個心理上的認識，找出自己的工作價值觀，將有助於職業的發展。而一般而言，工作具有下列的功能：

表 14-4　工作所具備的功能

事項	內涵
經濟功能	個人因工作而獲得報酬，利用這些報酬可以用來購買生活上所需的貨物與勞務。
生理功能	由於工作的需求，使每個人的生活起居都有一定的規律，而使生理活動得到正常。
社會功能	對個人而言，其生活方式、身分地位即歸屬感皆受個人工作的影響。
心理功能	工作可以讓個人得到控制環境、實現理想以及貢獻社會的滿足。

（資料來源：作者整理）

四、尋找就業資訊的方法：今日是資訊時代，但是由於資訊數量的龐
　　大、繁多，人們反而容易迷失在資訊氾濫的潮流中。能否順利找
　　到合適的工作，取得就業資訊是一重大的關鍵。

五、獲得就業機會資訊

　1. 親朋好友及師長引薦

　　　　　「在家靠父母，出外靠朋友」，親朋好友師長是一般人最常
　　運用的謀職管道。因為有他們作為橋梁，可節省求職者時間、
　　減低求才者的陌生感、增加對求職人的信賴程度，且求職陷阱
　　較少，較有安全保障。但是相對選擇範圍較窄，所以如果引薦
　　人對求職者的興趣能力價值觀不甚瞭解，就容易造成求職者「學
　　非所用」或「志趣不合」的現象。如果一味迎合家人期望，勉
　　強從事，將來在工作表現與工作滿意度都會產生重大影響。未
　　來高度競爭的時代裡，許多公司組織會傾向由公開的方式，以
　　選擇作最佳人選為趨勢。

　2. 報紙雜誌徵才廣告

　　　　　報紙的分類廣告是一般找工作最主要的管道，但其中的求
　　職陷阱也最多，有時礙於分類廣告成本篇幅限制，對於求才公
　　司介紹資料較少，但時效性佳。雜誌的分類廣告，近來發行之
　　就業雜誌當中，就有大量求職求才資訊，公司資料介紹也較多，
　　是不錯的求職管道，唯要注意沒有公司行號、無經驗但收入高、
　　工作性質交代不清、只有信箱沒有住址之廣告。某些發行量小
　　的報紙、非專業性雜誌，由於對就業市場瞭解有限，或對於就
　　業機會的篩選與管控較缺乏，求職陷阱也增高許多，求職者應
　　小心辨識。

　3. 就業博覽會

　　　　　主要經由集合求才單位以設攤方式辦理求才說明會及徵才
　　活動。目前此種形式共分成三類：

針對在學青年：目前由青年署委託由各大專院校就業輔導中心辦理之「校園徵才」活動，即提供在學青年就業資訊及工作機會。詳情可以洽詢學校就業輔導室。

4. 政府就業輔導機構

例如教育部提供大專青年求職求才登記、職訓局所屬全國各就業輔導中心也提供登記求職，目前青年署除就業機會提供外，尚提供職業訓練、創業貸款、生涯規劃等諮詢服務，並有網路資料庫供求職者上網查詢，其優點在於：一切服務免費提供、就業機會有經過篩選，就業陷阱少，若參加政府相關職業訓練還可輔導就業。相關訊息可以洽青年署、各地國就業輔導中心與職訓局。

5. 網路人力銀行

上網登錄自己的自傳履歷或上網查詢工作機會，是資訊時代不可或缺的求職管道，由於資訊豐富，且具時效性，並可依求職者的條件與需求，搜尋相關就業機會，或可透過網路取得所要應徵工作的基本要件。如符合所需，才寄出自己的履歷表及自傳，一旦謀職成功，要記得上網刪除自己的資料，以免不斷接到通知面試的電話。目前青年署求才求職資料庫，有提供經過濾之相關網站，對於工作機會的確認較有保障。要選擇一些具公信力，對於求才單位與工作性質有加以過濾的人力銀行，可靠度較高，建議參考政府單位所提供的相關網站。

6. 人才仲介公司

通常由仲介公司主動蒐集人才資料，也接受求職者登記，以建立人才資料庫。除接受企業委託之外，有時也代企業甄選，求職者是不用付費。但仲介公司良窳不齊，而使某些求職者上當受騙，且大部分仲介公司的求才機會比較偏向有工作經驗者，大多以外商及高科技公司為主。建議求職者尋此管道謀職須瞭解仲介公司的合法性及收費情形（求職者是完全免費），是

否有專業人員說明企業經營狀況、應徵之工作內容，並提供相關求職後之諮詢與轉介服務。

7. 其他有聲傳播媒體

包含有線電視台、廣播等這類廣告往往提供有關傳播事業相關工作，但就業機會數量有限，訊息易漏失掉，工作的性質內容與公司的狀況訊息不足或經包裝，易使求職人產生「以偏概全」的現象，實際面臨真實工作環境時才發現與自己理想相去甚遠。

8. 各公司網頁消息

目前許多公民營機關均有設立自己的網站，其徵才訊息會刊登在網頁上面，是一個可資利用較可靠的管道。但先決條件，你要先知道有這家公司，一旦對就業市場不熟悉的求職人而言，並不容易取得資訊。且有些公司會刊登在網頁，有些不會，因此此管道只能當求職者輔助的管道。

謀職工作除具備相關專業知識之外，更重要的要懂得掌握就業機會，充分瞭解就業機會管道特性，善加利用，將使個人在擇業時有更多的選擇。

在做生涯規劃時除了瞭解自己目前的狀況並做分析外，更重要的是要能夠根據分析的結果去設定一個生涯的終極目標；依照這個目標你才能將此時此刻到期待目標到達日的期間分為若干個階段，並設定每個階段的小目標，做為自己一步一步到達終極目標的階梯。因為它是一步一步累積的過程，而且是不斷累積成長的過程，只要能每個階段與規劃都環環相扣，我們當然有可能達到我們目前能力之外的成就。而這也是許多人所說的「潛能開發」的含義；脊髓損傷的朋友雖然在肢體、行動上有許多的不便，很容易誤認自己為一個很有限的人，但是透過仔細與謹慎的生涯規劃，確有可能為自己創造許多的奇蹟。

參、如何申請工作

生活計畫或生涯規劃的過程,包括:一、搜集並分析資訊。二、選擇優先次序,敲定價值與目標。三、辨識並評估各種方案的可行性。四、規劃與決定行動步驟。五、努力達成目標,並適時修正目標。六、將結果與原訂目標比較。等程序。

若選擇了自己心儀的就業機會後,接下來就必須進行申請的工作了。雇主往往會收到成千上萬封的申請信函,欲從這些函件中脫穎而出,對申請工作的過程不得不多花點功夫了。在申請工作中最重要的是文件的製作,一般最常用到的文件包含履歷表、介紹信與申請信。茲分述於下:

表 14-5　履歷表的撰寫

事項			內涵
履歷表的功能			履歷表主要是將過去的經驗、學歷以及自己的條件、資格提供給雇主作為參考。利用履歷表可以增加與許多雇主接觸的機會,讓雇主可以挑選合適的人選以避免不必要的面談。
履歷表的格式			目前常見的履歷表格式有簡歷表與公務員履歷表,這兩種市面上有現成的表格出售(一般文具行即可購買)。不過若是使用市面上現成的格式,會讓人覺得千篇一律,較不顯眼,有時候我們可以自創格式,依下面所提及的要點,在紙張、格式方面做變化以吸引雇主的注意。
履歷表的填寫	書寫的原則		字體力求工整,用辭明確,並注意錯別字。
			內容力求簡潔扼要,主要在敘述與工作相關的學經歷資料。
			以具體的事實陳述與自己工作要求有關的特長。
	履歷表的內容	基本資料	姓名、性別、出生日期、地址、電話、身高、體重、以及附上近照。
		教育經歷	由小學至最高學歷的校名及修業年度,並且請將參加過的訓練、進修或考試一併列出。
		工作經驗	列出以前曾經任職的公司名稱(最好簡述一下該公司主要之業務項目)、擔任之職務,以及該職務之工作內容、在該職務上服務之年資等。

	興趣及專長	列出個人喜好之休閒活動及特殊的職業技能。
	參考人姓名	列上能夠提供個人之相關資料的參考人之電話、姓名、職業及與自己關係的資料,使雇主能向這些參考人詢問。
注意事項		履歷表一定要親自填寫,使用正本,切忌用影印本。履歷表的內容最好用條列式,使人覺得整齊而且有組織。

(資料來源:作者整理)

二、介紹信

表 14-6　介紹信的撰寫

事項	內涵
介紹信的功能	介紹信是透過第三者來推薦應徵者,讓雇主能夠由另一個層面來認識應徵者,進而肯定其才幹,因此介紹信最好請對其有相當了解或與其有接觸的社會名流來填寫,如師長、親戚朋友等皆可為其寫介紹信,若是能請到該行業具有權威的人士來推介時,則更具有分量與說服力。
介紹信的內容	說明介紹人與被介紹人的關係
	被介紹人的品德與特殊才能
	被介紹人能夠勝任所申請的工作之具體事實或原因
	雇用後對雇主的益處
	希望雇主能惠予雇用

(資料來源:作者整理)

三、申請信

表 14-7　申請介紹信的撰寫

事項	內涵
申請信的功能	申請信最主要是闡述個人申請工作的動機,自己對該工作的看法以及個人工作的意願、才能及以後的抱負。
申請信的內容	欲申請工作的名稱
	申請者的條件與雇主所需條件配合的情形
	申請者自認為能夠勝任此工作的原因
	懇請雇主能夠給予面談的機會進而聘用

(資料來源:作者整理)

在寄發上述的資料時應注意信封上的字體要工整、稱謂要得當、郵票要貼正等，這些雖是繁瑣細節，但足以顯示出應徵者處事的原則與態度。資料寄出後宜耐心等待，若隔二、三週後尚無回音，則可打電話詢問，看看對方是否收到了資料、工作位置是否已決定人選了，以免因對方作業的失誤，平白喪失一個工作機會。

廿一世紀成功之道在於讓人提拔與栽培，讓人擁戴與推舉，要走向成功其捷徑在擁有成功的條件與優勢、複製成功人的智慧轉為創新、向成功的人追隨與學習，也就是在成功的人身上學習成功的條件與優勢，如此，我們必須具備有四張王牌，背景、人脈、能力與人緣；這四張王牌除了父母給予我們的，也需要我們學習、接受磨鍊，成長我們的智力，我們也要具備三個商數，就是 IQ 才智商數（做事的能力，占百分之二十）、CQ 創造商數（創新的能力，占百分之三十）、EQ 情緒商數（做人的能力，占百分之五十），而其中為什麼以 EQ 商數最為重要，據史丹福研究中心調查，廿一世紀靠個人所學習的知識賺錢的人占百分之十二點五，源自於人際關係賺錢的占百分之八十七點五。會讀書固然重要，只占百分之二十而已，還要學會做人，過去我們的父母教我們做人的道理，父母已告訴我們做人做事的道理與秘訣，於是從小開始教育起，具備有解決問題的能力、要有新的創見與作法、鍥而不捨追根究底的態度，且能很快學會新事物與技能、能和人相處有團隊的精神，才能成為 E 世紀好人才。

人生規劃宛若經營生命，善用周遭的生涯貴人；其次，我們一生在談生涯規劃，就應要學習、自知、立志和務實；人生有夢，逐夢踏實，如何去落實，除了要有智慧來實踐外，要將希望化成實踐的藍圖，去描繪它、去計畫它，計畫就是按工作計畫、按計畫工作，腳踏實地，是邁向成功的不二法門。

肆、把握面談技巧

寄出申請工作的資料後，若遇到初步的審核後，雇主通知應徵者進行面談，面談的結果往往決定是否能夠獲得該份工作，因此面談的技巧可說是十分重要的。茲將面談應注意的事項分述於後：

一、面談前應有的準備

表 14-8　面談前應有的準備

事項	内涵
自我條件的再評估	面談前應將自己的能立、興趣、人格特質、優缺點以及個人追求職業的目標、理想、自己對此份工作可能的貢獻重新評估考量一次，這將有助於自己自信心的提升以及在面談時能貼切地表現出自己的特點。
瞭解雇主	面談前若能瞭解雇主將有助於面談時應對，通常要瞭解公司的歷史、經營者、公司營業項目及性質，公司目前業務狀況及營業範圍以及公司將來可能發展的方向等等。
準備可能提出的問題	一般主持面談者皆會提出一些一般性的問題，若能事前想好這些問題的答案，則在應答時將能從容不迫。常問到的問題有：為什麼要到本公司應徵？對這項工作有什麼經驗？為什麼要離開以前工作崗位？有什麼專長？有什麼嗜好？家庭的狀況如何？希望待遇為何？如果被錄用，要如何將工作做好？對公司的印象如何？等等。
準備證件	通常面談通知上皆會通知應帶哪些證件，一般而言會要求攜帶的證件有身分證、畢業證書、經歷證明（如服務證明、離職證明等）、成績單、履歷表、相片等等。
	除了通知上註明的一定要帶以外，其他若足於證明你的工作能力、專長之證件也一併帶去，以在面談時提出。
	所有的證件應分類一一放好，以便在面談時能從容不迫地取出，給予主試者良好的印象。
防範措施	打聽公司之狀況：面談通知上應該會註明公司名稱、電話，在面談前應仔細打聽該公司的底細，是否真正地要用人，問清楚了後方才去面談。
	宜結伴，外出時告知家人去處，以及預定返回的時間。
	服裝應求樸素、端莊，女性切忌濃粧、衣著不宜暴露。
	至面談地點時，若發現工作現場與工作性質不同時，會有許多奇裝異服者，應立即退出。
	需要條件低而工作待遇過高時宜立即退出。
	若發現面談狀況可疑（如主試者問的問題與應徵工作無關者），應保持鎮定，藉故離開。
	面談時切記攜帶大量之金錢。
	身分證、印章及其他重要之證件切勿輕易交予他人。
	一般面談時之考試有與工作有關之專業科目，以及智力、性向測驗等。因此在面談前不妨看看與工作有關之專業科目之書籍，或有想不到的助益。

（資料來源：作者整理）

二、面談時之服飾與穿著

第一次見面的第一印象是在於儀容與服飾，因此面談時，應注意服飾及穿著。茲將一般注意事項列出以供大家參考。

表 14-9　面談時之服飾與穿著

事項		內涵
服裝原則		服裝力求整潔、淡雅，切忌過分鮮豔。
		衣著應配合應徵工作的類型。
		配色宜協調，色調不宜過多。
		頭髮、指甲應修整，男性鬍鬚應刮乾淨。
		皮鞋應擦亮。
面談技巧	等候	赴面談時應準時到達，若能提前到達則更佳。
		坐姿應穩重，不要斜躺或左顧右盼。
		不要與人高聲談笑。
		不要到處走動。
		不要頻頻詢問。
	面談	進門前請先敲門，有回應後再進入，進門後將門輕輕帶上。
		進門後應頷首招呼，主試者沒請你坐下之前不要貿然坐下。
		坐姿要端正，眼光不要左右閃爍不定。
		說話時態度要從容。
		不要探頭窺視主試者桌上的文件。
		聽比說重要，不要打斷對方的講話，不要搶答問題。
		除非主試者發問，否則不必對自己的簡歷加以解釋。
		不要主動問薪水以及公司的福利。
		回答問題要中肯，只針對所問的問題回答，不要東拉西扯。
		自我推銷是面談時不可欠缺的，適時地表達合乎公司理想的經歷，並且輔以一些相關的實例及有關之資料。
		應時時注意禮貌。
		說話時速度應放慢，並且要斷句，以讓別人能很清楚地知道你想表達的內容。

	對問題大意不甚明白時，可請主試者再重述一次。
	不要使用俚語。
	不要與主試者爭辯。
告辭	在面談告一段落時，主試者會暗示你離去，此時應立即站起，並詢問回音的期限。然後向主試者道謝給予面試的機會，到了門邊後，再度停下來向主試者說聲謝謝，輕輕開門出去，然後再輕輕將門關上。
致謝	最後應向招待應徵工作的人員道謝後，方才離去。

（資料來源：作者整理）

三、面談後的追蹤

面談後是一連串的等待，與其「守株待兔」，不妨主動出擊追蹤，以期增加錄取的機會。

表 14-10　面談後的追蹤

事項	內涵
未收到錄取通知前	面談後未收到錄取通知前，可以寫一封感謝信給主試者，謝謝他給予面談的機會，並且簡述對公司的感想以及希望有機會到該公司服務。感謝信宜簡短，並且別忘了適時再介紹自己的優點。一封短短的感謝信，往往可發揮很大的效果。
收到錄取通知之後	收到錄取通知後，別忘了寫一封信向主試者感謝。因為主試者往往是你將來工作的直屬主管，寫一封感謝信將使你給予未來主管一個十分良好的印象。
當沒有被錄取之時	萬一沒有被錄取時，你仍應寫一封感謝信，說明很感謝給予面談的機會，此刻雖沒有為公司服務的機會，但是希望將來能有為該公司服務的機會。由於往往有些被錄取者沒有到職，因此這封感謝信往往成為敗部復活、扭轉乾坤的關鍵。

（資料來源：作者整理）

人生規劃宛若經營生命，生涯規劃時別忘了善用周遭的生涯貴人；其次，我們一生在談生涯規劃，就應要學習、自知、立志和務實；用智慧實踐理想，要將希望化成實踐的藍圖，一步一步去描繪它、去計畫它，按工作計畫，腳踏實地，邁向成功。

結語

　　能面對現實審慎規劃，將有助於個人充滿希望與信心，並產生有目標、有優先順序的步調。近年來，由於終生教育的推廣與生涯發展理念的倡導，遂使個人的生涯發展受到相當的重視。對於青年生涯發展的正確建立與選擇是迫不及待的，以增進執行能力，落實生涯規劃，瞭解自我的生涯發展狀況，使自己能在社會的多元變遷、科技日新月異的發展過程中，不斷的進步與成長，確保未來生涯發展的成功。生涯規劃，為個人據以訂定生涯目標，及找出達到目標的手段，其重點在於協助個人目標內的機會，達成更好的撮合，且應強調提供心理上的成功。在整個生涯歷程中，因為年齡及成長階段、環境等的不同，所扮演的角色及所擔負的任務也是有所改變。因此，在擬定生涯計畫時，必須審慎而周到的考慮到每個階段的需要。

　　生涯包含著學習、發展、知覺、角色認知、探索、教育、工作、敬業等內涵。生涯規劃則是個人從內在、外在找到自我學習、生活工作上的平衡點，選擇一種生活方式，把學習、工作與生活理想結合在一起。

第十五章　求職面試

前言

在實際生活中，現在越來越多的企業單位在招聘和錄用員工時採用面試的方式，因此，面試的重要性凸顯出來。應聘者如果在面試中稍不注意，就會功虧一簣，與你所求的職業擦肩而過、失之交臂。所以，面試是求職關鍵的一環，求職者有必要瞭解它，通過學習掌握面試的基本技巧。

壹、面試意義、目的及基本範式

一、面試的意義

面試是用人單位在特定的情形下，透過當面交談來對應聘者進行考核的一種方式和技巧。用人單位透過面試這個特定的考核方法，可以瞭解到應聘者的外表、神態、禮貌、機智、熱情及其他個性品質，以彌補筆試的不足。有人將面試視為一門藝術，也有人將面試看作為一門科學，其實兩者都不是。因為藝術是給人欣賞的，而面試卻不是；因為科學具有公理性，而面試卻因人而異，只能說出其大體的規律。因此，面試只是一種方法和技巧，用人單位透過這種方法和技巧可以遴選出他所需要的員工，求職者通過掌握這種方法和技巧，可以勝出並獲得稱心如意的工作。

對於用人單位來講，面試與筆試的遴選方法相比，具有以下優點：

（一）面試可以幫助用人單位摸清真實情況

經由面試，用人單位可以考察到筆試遴選方法難以考察到的東西，比如一個人的儀表風度、口才、反應的敏捷性等。特別是，文字表態的東西經修飾後經常變得不甚真實。但是面對面、眼對眼的面試過程中，人在舉手投足之間，他的人品、氣質等不經意便流露出來，包括他的優點和缺點。人寫的和說的都可能有所修飾，但是他的手勢和肢體語言往往「正在說出真實的故事」。

（二）面試方法具有靈活性

「不拘一格選人才」，可以說是面試的又一優點。與筆試主要以文字為載體來考察一個人的某些素質相比，面試可以靈活地考察應試者很多難以透過文字表現出來的素質，如知識掌握的靈活度、實際處理問題的能力、工作經驗及其他素質特徵。筆試一般很難有靈活性，但面試卻可以因人而異，時間也是可長可短的，主動權掌握在考官手裡。面試的問題主要取決於面試官，要專則專，要廣則廣，要深則深，要淺則淺，可以把各種人才挖掘出來。

（三）面試可以幫這用人單位迅速掌握應聘者的綜合素質

筆試及其他專業測試獲得的應聘者資訊是某一方面的，就拿公務員考試來說，筆試也是從理論上解決了應聘者的行政職業能力傾向，如知覺反應速度、數量推理關係、言語理解和表態及判斷能力。到底應聘者的綜合素質如何，還要依靠面試來檢視。因此，公務員考試也將面試作為遴選人才的一個重要環節。在面試中，用人單位可以獲得對應聘者更廣範圍的資訊，幾分鐘的面試就可以把一個應試者關鍵資訊和整體情況搞清楚，這是筆試所不能及的。

二、面試的主要目的

　　一般來說，面試的主要目的是要瞭解到筆試更多的有關應聘者的資訊和素質，具體列舉如下。

表 15-1　面試的主要目的

事項	內涵
精神風貌	經由面試全面瞭解應聘者的體型狀況、外貌特徵、儀表風度、言行舉止、精神狀態等。研究表明，不同的精神風貌與其所工作類型有著相關性，儀表端莊、衣著整齊、舉止文明的人，一般做事有規律、注意自我約束、責任心強，比較適合從事公務員、教師、公關人員、企業經理人員等職位，相反則不適合從事這些職位。
專業知識	在筆試中對應聘者的考核是一般性的，而不是就某一具體崗位有針對性的考核。面試中所提問題更接近招聘崗位的具體要求，面試更適合瞭解應聘者掌握專業知識的深度和廣度，其專業知識是否符合所要錄用職位的要求，是對專業知識筆試很好的補充。
工作經歷	檢驗應聘者在簡歷中所列的有關內容，也是面試的一個主要目的。根據應聘者的個人簡歷提出相關的問題，驗證有關背景及過去工作的情況，以補充、證實其所有具體的實踐經驗。通過對應聘者工作經歷的瞭解，考察他的責任感、主動性、思維力、口頭表達能力及遇事的理智狀況及應變能力等。
口語表達	考核應聘者的口才是面試的重要內容。當然，這一點並不是所有面試的內容和目的。但是一些特殊的職業，如新聞記者、教師、公務員等，對於求職者口頭表達的邏輯性、準確性、感染力、音質、音色、音量、音調等有一定的要求。應聘者是否能將自己的看法、觀點、意見或建議順暢的用口頭語言表達出來，關係到應聘的成功與否。
分析能力	在面試中，招聘者希望透過讓應聘者回答提問問題以測試應聘者的分析能力及臨場反應水準，看應聘者能否對所提出的問題理解準確貼切，回答迅速恰當，分析問題抓住本質，說理透徹、全面、條理清晰。
團隊精神	團隊及協作精神是一個成功並且不可少的企業精神，現代社會尤其如此。應聘者希望透過面試環節，經由各種方式瞭解應聘者在這方面的素質，如參與過哪些社團活動、喜歡與哪類型的人互動、在各種社交場合中所扮演的角色，從而瞭解應聘者的人際交往傾向和與人相處的情況。

穩定情緒	自我控制能力和情緒穩定性是面試的重要內容。對於國家公務員及許多其他管理類型的工作人員來說這一點顯得尤為重要。因為在今後的工作中每個職員不可避免地會遇到來自工作上的競爭和壓力，會因工作員因而受到領導的批評。因此，克制、容忍、耐心和韌勁就顯的十分重要，這樣才能防止因情緒波動而影響工作。
敬業精神	透過面試瞭解求職者的職業生涯規劃。如果一個人對自己的職業生涯一無所知，那他對於事業的追求也不會高到哪裡。在面試中，招聘者透過對應聘者過去學習、工作態度的瞭解，做出對應聘者是否具有敬業精神，是否具有強烈的上進心和進取心的判斷。
職業傾向	經由面試，招聘者希望瞭解應聘者為何希望來本單位工作，對哪類工作最感興趣，在工作中追求什麼，判斷本單位所能提供的職位或工作條件等能否滿足其工作要求和期望。
職業興趣	職業理論表明，職業的選擇與一個人心理素養有著密切的關係。興趣是一位很好的老師，他會激發一個人的職業期望。在面試中，招聘者通過瞭解應聘者喜歡閱讀哪些書籍、喜歡從事哪些活動、喜歡收看什麼樣的電視節目等來獲得有關應聘者愛好的資訊。因為瞭解一個人的興趣愛好，對於錄用後的工作安排及人其才很有好處。

（資料來源：作者整理）

三、面試的幾種範式

根據不同的劃分標準，面試可以分為以下不同的範式。

（一）標準化面試

所謂程式面試，是指主試人將預先準備好的題目和有關細節，按預先準備好的程式逐一發問。這包括三個面向的含義：一是面試過程。將面試分為起始階段、核心階段、收尾階段，在不同階段面試人員要做些什麼、應注意些什麼、要達到什麼目的，事前都有相應策劃。二是面試試題。在面試過程中，面試人員要考察應試者有哪些方面的素質，這些考察角度主要提出哪些問題，在什麼時候提出，怎麼提，在面試前都會做出程式化準備。三是面試結果評判的程式化。從哪些角度來評判應聘者的面試表現、等級如何區分、甚至如何打分等，面試前都有相應規定，並在眾考官間統

一尺度。程式化面試的目的是為了有比較客觀的獲得有關應試者全面、真實的材料，觀察應試者的儀表、談吐、行為以及溝通意見等。

（二）非標準化面試

在非標準化面試中，由主試者海闊天空地與應試者交談，讓應試者自由地發表議論。關於面試過程的把握、面試中要提出的問題、面試的評分角度與面試結果的處理辦法等，面試人員事前都沒有精心準備與系統設計，與人們日常非正式的交談相似。面試官希望在閒聊中能考察應試者的能力、知識、談吐和風度，但是現實中標準式化面試的應用不太多，因為這種面試需要有高素養的面談人員，對面試官的個人素質要求較高，否則很難保證面試的效果。

（三）問題式面試

問題式面試是由主試人對應試者提出問題或一項計畫，請應試者予以解答或完成相關要求。其目的是為了觀察應試者在特殊情況下的表現，以及判斷如何解決問題的能力。

（四）壓力式面試

壓力式面試是由主試人有意識地對應試者施加壓力，針對某一問題作一連串的發問，不僅詳細，而且追根究底，甚至有意刺激應試者，看你在突如其來的壓力下能否做出恰當的反應，以觀察應試者的機敏程度和應變能力。

（五）綜合式面試

綜合式面試是由主試人通過多種方式綜合考察應試者多方面的才能。如用外語同應試者會話以考察其外語水平；讓應試者寫一段文字以考察其寫法；讓應試者講一段課文以考察其演講能力。也許還會要求應試者現場操作電腦等等。

（六）單獨面試

單獨面試是主試人只面對一個應聘者的面試形式。根據面試人員的多少，單獨面試又分為一對一面試和眾對一面試兩種類型。

一對一面試是目前面試中採取的最為普遍的一種形式，通常用於第一次面試。考官一般由職能部門中較有經驗的人來擔任，在眾多的求職者中，按順序一一點名面試。

眾對一面試是眾多考官對一個求職者進行面試的形式。採用這種方式的目的在於保證評價的客觀性，不由一人而由集體做出最後的決定。眾對一面試，有時只是少數幾個考官發問，有時是眾考官輪流向應試者提問。

（七）群體面試

群體面試是參加面試的求職者與面試人員均在三人以上的一種面試形式。它又可以分為「群體應試」和「集體討論」兩種類型。

群體應試是數位求職者與數位考官相對面坐，在各自進行自我介紹後，依次回答考官的問題。這種形式由於應試者人數多，可以減少應試者的心理緊張，使其得以充分展示自己。同時，創造出輕鬆氣氛，考官可以觀察其餘人對應答人的反應和姿態。

在群體應試中，考官們通過向應試者提出相同或相近的問題，觀察應試者的回答和反應。因為同時應試的不是一人，回答考官所提出的問題，既要簡單，又要獨特，不能隨聲附和。這樣，傑出者容易脫穎而出。

集體討論式是將數位求職者圍坐在一起，就考官提出的某一問題或某幾個問題進行集體討論，大家可以互相啟發和補充。而考官則坐在應試者旁觀察、記載，從中對求職者在風度、教養、見地、反應等諸方面進行綜合考察。

（八）常規面試

所謂常規面試，就是我們日常見到的，主考官和應試者面對面以問答形式為主的面試。在這種面試條件下，主考官處於積極主動的位置，應試

者一般是處於被動應答的狀態。主考官提出問題，應試者根據主考官的提問作答，展示自己的知識、能力和經驗。主考官根據應試者對問題的情緒反應等，對應試者的綜合素質狀況做出評價。

（九）評價中心（情景模擬面試）

評價中心是現代人員遴選錄用的一項非常重要的技術，在人員遴選特別是管理人員的遴選中得到愈來愈廣泛的應用。對國內許多人來說，評價中心還是一個陌生的字眼。那麼評價中心是什麼？它有哪些主要形式呢？

評價中心是在工作情景模擬測評的基礎下發展起來的，它是以測評應試者管理素質為中心的一組標準化、程序化的評價活動。它是一種人員遴選、測評（有時也用於培訓）的方式，不是指具體的一個單位或一個地方。評價中心的具體形式有無領導小組討論、角色扮演、公文處理、管理遊戲、演講、案例分析等。

1.無領導小組討論

無領導小組討論是一種常用測評形式。在這種形式中，應試者被劃分為不同的小組，每組人數五～九人不等。不指定主持人或召集人，大家地位平等，要求就某些爭議性可能較大的問題，例如額外獎金的分配、人員的推薦等等問題進行討論。

面試人員一般坐在討論室隔壁的觀察室中，經由特殊玻璃或電視屏幕觀察整個討論情形，透過擴音器傾聽應試者們的討論內容，看誰善於駕馭會議，善於集中正確意見，並說服他人，達到一致決議。為了增加情景壓力，面試人員還可以每隔一段時間，給討論小組一些有關議題中的各種變化，迫使其不斷改變方案並引起小組爭議。當情景壓力增加到一定程度時，有的應試者會顯得焦躁不安，有的則冷靜沉著、應對自如，這樣就把每個人的內在相關素質顯露無遺了。

此種方式的評分依據是：發言次數的多少，是否敢於發表不同的意見，是否善於提出新的見解與方案；是否善於消除緊張氣氛，說服別人，調解

爭議問題；能否創造一個使不大開口的人也想發言的氣氛，把眾人的意見引向一致；能否尊重別人，善於傾聽別人意見；語言表達能力如何，分析問題、概括歸納總結不同意見的能力如何等。

2.角色扮演

角色扮演是一種主要用以測評應試者人際關係處理能力的情景模擬活動。在這種活動中，面試人員設置了一系列尖銳的人際矛盾與人際衝突，要求應試者扮演某一角色並進入角色情境，去處理各種問題和矛盾。透過對應試者在不同人員角色的情景中表現出來的行為進行觀察和記錄，測評其相關素質。在角色扮演中，對應試者的行為表現一般從以下幾個角度進行評價：一角色的把握性，應試者是否能迅速地判斷形勢並進入角色情景，按照角色規範的要求去採取相應的對策行為。二角色扮演的表現，包括應試者在角色扮演中所表現出來的行為風格、人際傾向、口頭表達能力、思維敏捷性，對突發事件的應變能力等。三角色的衣著、儀表與言談舉止是否符合角色及當時的情景要求。其他，包括應試者緩和氣氛化解矛盾的技巧、行為策略的正確性、行為表現程度、情緒控制能力等。

3.公文處理

公文處理被許多人認為是評價中心應用最廣、且最為有效的一種測評形式。在這種測評活動中，應試者假定為頂替或接替某個管理人員的工作，在其辦公桌上堆積著一大堆亟待處理的文件，包括備忘錄、電話紀錄、電報、報告、信函等，它們是分別來自上級和下級、組織內部和組織外部的各種典型問題和指示。所有這一切公文的處裡都要求在二～三小時內完成（美國 AT&T 公司要求三小時內處理二十五件公文）。處理完後，還要求應試者填寫行為理由問卷，說明自己為什麼這樣處理。對於不清楚的地方或想深入了解應試者，面試人員還可與應試者交談，以澄清模糊之處。

在公文處理中，面試人員觀察應試者對文件的處理是否有輕重緩急之分；是有條不紊地處理並適當地請示上級或授權下級，還是拘泥於細節、

雜亂無章地處理。由此考察應試者的計畫、組織、分析、判斷、決策、分派任務的能力和對於工作環境的理解與敏感程度等。

4.管理遊戲

管理遊戲也是評價中心常用的方法之一。它是一種集體評價活動，通常是要求應試者共同完成一項具體的管理實例或企業經營活動。然後，根據每個應試者在管理遊戲中角色行為的完成情況進行評價。

管理遊戲的優點是：一它能突破實際工作情景時間與空間的限制。許多行為實際工作情形中也許要幾個月甚至幾年才會發生一次，而這裡幾小時內就可以發生。二它具有趣味性。由於它的模擬內容真實感強，富有競爭性，又能使參與者馬上獲得客觀的反饋信息，故能引起應試者們的濃厚興趣。三管理遊戲能幫助應試者錯綜複雜的組織內部各單位之間的相互關係有一個更加深刻的了解。當然，管理遊戲本身也存在某些缺點。比如，管理遊戲可能會壓抑某些應試者的開創性；在遊戲中，應試者可能會專心於戰勝對方，從而會忽略所掌握的一些管理原理的學習等。

5.一次性面試

所謂一次性面試，即指用人單位對應試者的面試集中於一次進行。在一次性中，面試考官的陣容一般都比較「龐大」，通常由用人單位人事部門負責人、業務部門負責人即人事測評專家組成。在一次面試情況下，應試者是否能面試過關，甚至是否被最終錄用，就取決於這一次面試表現。面對這類面試，應試者必須集中所長、認真準備、全力以赴。

6.階段性面試

階段性面試又可分為兩種類型，一種叫「依序面試」，一種叫「逐步面試」。依序面試，一般分為初試、複試與綜合評定三部。初試的目的在於從眾多應試者中篩選出較好的人選。初試一般由用人單位的人事部門主持，主要考察應試者的儀表風度、工作態度、上進心、進取精神等，將明顯不

合格者予以淘汰，初試合格者則進入複試。複試一般由用人部門主管主持，以考察應試者的專業知識和業務技能為主，衡量應試者對擬任工作崗位是否合適。複試結束後，再由人事部門會同用人部門綜合評定每位應試者的成績，確定最終合格人選。

　　逐步面試，一般是由用人單位的主管領導、處（科）長以及一般工作人員組成面試小組，按照小組成員的層次、由低到高的順序，依次對應試者進行面試。面試的內容依層次各有側重。低層是一般以考察專業級專業知識為主，中層以考察能力為主，高層則實施全面考察與最終把關，實行逐層淘汰篩選，越來越嚴格。應試者要對各層面試的要求做到心中有數，力爭每個層次均留下好印象。在低層次面試時，不可輕視大意；在面對高層次面試時，也不必膽怯拘謹。

貳、求職面試的主要議題及作為

　　所謂知己知彼，百戰不殆。在參加競爭激烈的面試前，你一定要做好充分的準備，發揮你的想像力，將面試時有可能出現的問題一一準備。這些準備包括對面試主考官提問的預測及回答。可以想像，面試時可能碰到的問題是十分廣泛的，似乎不可能預測。但是，面試問題也並無規律可循。根據用人單位對人才素質的要求，面試問題大致可以包括三種類型：一是有關用人單位方面的問題；二是關於應聘者個人素質方面的問題；三是有關應聘者創新能力和行政職業能力的問題。

一、用人單位的問題

　　有關用人單位方面的問題，在面試時發問可能會少一些，但十分重要。應聘者在參加面試前應儘可能地了解招聘單位的有關情況。一個對招聘單位一無所知的人，在面試時必遭失敗。

　　這類問題一般來說可能會有以下這些：

　　・你為什麼選擇我們單位？

- 你對我們單位了解多少？
- 是什麼吸引你選擇我們單位？
- 為什麼你願意來這裡工作？
- 你能為我們做什麼？
- 由於你的加盟能夠為公司帶來什麼？
- 你理想中的公司應該是什麼樣的？等。

對於這類問題的準備並不複雜，只要在面試前有意去了解一下就可以了。在參加面試前，盡可能地了解用人單位的情況，如用人單位的性質、規模、主要產品、生產能力、歷史狀況、現實面貌、發展前景、職業隊伍、職業記事人員的結構、單位的特點、優勢和劣勢、主要的競爭對手、競爭的姿勢、單位領導人的姓名等等，另外對所應聘崗位的要求也要注意打聽。

二、個人素質的問題

在面試時，關於這類有關個人經歷和素養方面的問題，主考官特別熱衷提問，這類問題大致有以下這些：

- 請簡單介紹一下你在大學裡的學習經歷和工作經歷；
- 你能否做一個自我評價？你有什麼特長和愛好？
- 請簡單描述你的個人職業發展計畫；
- 請簡單描述一下你的性格特徵和價值觀；
- 你上一個工作的主要的成就是什麼？
- 你生活中最困難的時刻是什麼？如何克服？
- 你業餘時間做什麼？
- 你最大的優點是什麼？
- 你能談談你的缺點嗎？或者，你自我感覺有哪些不足的地方？
- 大學期間你做過最得意的事情是什麼？
- 喜歡參加什麼樣的課外活動？
- 你遇到過的最大困難是什麼？
- 你的理想是什麼？

- 為什麼你要離開現在的單位？
- 你對你曾經工作過的地方的評價是什麼？
- 你希望公司如何考核你的工作業績？
- 你愛讀什麼樣的書？
- 你身體狀況如何？
- 到本單位工作前，讓你先到基層鍛鍊兩年，你願意嗎？
- 你喜歡什麼樣的主管？等等。

對於這類問題也要認真準備，把自己的各種資料準備妥當。最有效的方法是先進行一番自我面試，對「你是誰？」「你現在是做什麼的？」「你過去是做什麼？」「你將來準備做什麼的？」等問題自己先在思路上理清。把以上問題聯繫起來重點介紹現在你的基本條件、業務素質等。

從一定程度上講，面試的過程和市場上完成一個交易過程大同小異，雙方無非圍繞「你」「我」的情況怎樣達成一致來進行交流。無論遇到什麼問題，都要想辦法把問題引向有利於推銷你自己的地方。但也絕非讓你在回答問題時弄虛作假，追求純「技巧化」，甚至欺騙，回答問題還是要實事求是。

當然，實事求是並不是說不要技巧。當遇到令你棘手、使你不安的問題時，一個最基本的回答技巧就是，「暗渡陳倉」。簡而言之，最聰明的「缺點」就是衍生出優點的缺點。當一個應屆大學畢業生在應聘面試時被問到缺點時，最聰明的回答是表面回答缺點，實際上談自己的優點：「我想我最大的缺點是沒有太多的工作經驗。學生時代的經歷幾乎是從一所學校畢業就又到一所學校讀書。我想利用在學校的時間踏踏實實地多學點今後有用的知識。希望我的這些不足能夠在貴單位的實際工作中得到改進！」如果你是一個跳槽的求職者，面對這樣的問題，切忌完美主義式的回答，否認自己存在缺點。因為面試主考官提出這類問題的初衷，在很大程度上是提出這樣一個令人措手不及和不知所措的問題，來觀察一個人的臨場應變能力，看他是否能夠技巧地使自己脫離窘境。

對於以上問題你可以把它變成陳述句來回答，如我喜歡貴單位的某些方面；我發現我具備什麼技能，可以滿足這些需要；以往我有過的經歷，證明我有這些技能；以及我運用這些技能的獨特方式；我對待遇沒有特殊要求等。

三、創新能力和行政專業能力的問題

這類問題主要是圍繞一些創新思維和行政職業能力的測試而展開的。這類題目所包括的範圍十分廣泛，主要靠求職者在平時的訓練和積累，單憑一兩天的臨時應急準備是無濟於事的。

關於這類有關創造思維能力方面的問題，首先要理解主考官的用意。例如：主試者提出了這樣一個問題；有人認為網絡經濟是泡沫經濟，請談一下你的觀點？這位同學的回答是：「我認為網絡經濟不是泡沫經濟，就像啤酒有泡沫，而啤酒本身不是泡沫一樣。」他迅捷機智的回答贏得了在座各位的好評。這類題目的用意在於檢測你的反應敏捷度以及推理能力，而不是強求你在很短的時間裡給出一個正確的答案。

參、面試的特點和語言技巧運用

一、面試的特點

與筆試等其他遴選方法相比，面試具有以下幾個顯著特點。

（一）靈活性

如果說筆試解決的是應聘者的基本素質，那麼面試就要解決應聘者的專業素質。這一點可以在面試靈活的內容上得到體現。面試的內容不是一成不變的，而是根據應聘者和招聘職務的實際要求不斷改變的，即使在面試前，面試官已經準備了一些面試題，在面試中也會因應試者的個人經歷、工作經驗和社會背景等情況而發生臨時改變。例如，有兩位應試者同時應

聘公司祕書工作，一位是有過從事相關工作經歷的應聘者，而另一位是應
屆畢業生。那麼在面試中對前者面試的內容與對後者面試的內容，其側重
點是不一樣的。前者在於詢問其多年來從事祕書工作的實際經驗及工作中
的有關情況，對後者則應側重了解其對該專業基礎知識掌握的情況以及在
校學習期間的有關情況。

（二）多樣性

筆試主要是依靠書面語言來做為測試應聘者的基本素質。而在面試
中，主考官可以採取多種途徑對應聘者進行測試，主要包括對口頭語言的
運用和對體態語言的觀察，當然在面試中仍然不排除採用書面語言。有人
形象地將面試比做中醫切脈的「望、聞、問、切」，正反映了其考核方法的
多樣性。

口頭語言的運用是面試過程中的一項主要手段。正因如此，有人將面
試與口試混為一談。其實兩者是有區別的，口試強調的只是口頭語言的測
試，而面試還包括非口頭語言的測試。在面試中，作為主考官運用口頭語
言向應聘者不斷發問，應聘者針對面試官提出的問題進行巧妙地回答。口
頭語言運用的成功與否直接關係到面試的成功與否，無論是對於應聘者或
是對於招聘者都是如此。這也是我們在以下要討論語言技巧問題的原因。

觀察是面試過程中採取的另一項主要手段。在面試過程中，不僅要求
面試官善於運用自己的感官，特別是視覺和聽覺，敏銳地觀察應聘者的體
態反應，包括運用視覺來觀察應聘者的非語言行為，進而分析應聘者的行
為類型。從應聘的技巧來說，成功的面試也要求應聘者巧妙地運用觀察這
一重要手段，對面試官「察言觀色」並做出相應的反應，為自己的求職成
功助上一臂之力。

（三）互動性

面對面的雙向互動是面試的一個重要特徵。無論是何種形式的面試，
都是面試官與應聘者之間的一種雙向交流過程。在面試過程中，面試官處

於主動的地位，應聘者始終處於被動的狀態，但兩者是相互影響的。面試官所提問題和所表達的情緒影響到應聘者的回答，而應聘者的回答也會影響到面試官的情緒和以下問題的提出。從面試技巧的角度來說，應聘者如果能成功利用面試的雙向性特點，透過觀察來判斷面試官的價值標準和心理偏好，採取適當回答以滿足面試官的要求，這是步入求職成功的關鍵。

（四）針對性

對象的有針對性是面試的又一特徵。面試的形式雖然有多種多樣，有單獨面試和集體面試等。但與筆試不同的是，面試時，被遴選的對象範圍已經大為縮小。現在，用人單位在選拔人才時一般先採取筆試的方法，對應聘者做出初步的篩選，然後確定面試的名單。因此，在面試中招聘單位的考核針對性更強，遴選對象更明確，範圍更小。

（五）可塑性

筆試遴選人才都是有時間規定的，或一小時，或兩小時，在規定的時間、規定地點內完成規定的題目，因此，筆試是受時空影響的。而面試卻不同，它的時空概念要比筆試淡化得多。在時間上，它可以是半小時，可以是一小時，也可以由面試官視情況而定。在形式上，它可以採取單獨面試、集體面試、常規面試、情景面試、一次性面試、多次性面試等，視招聘情況而定。在地點上，可以選擇在不同的場合進行，可以是在正規考場，也可以在辦公室，甚至可以在遊玩中進行。在內容上，可以用準備好的問題，也可以臨場發揮。

二、口頭語言技巧

面試中的語言似乎沒有什麼固定、切實、放之四海而皆準的規律可循。就像談戀愛一樣，隨著參與者的個性、學識、經驗、心情程度等多方面的因素的不同而不一樣。儘管如此，如果仔細加以分析，我們發現，在眾多的成功的面試交談中還是有著一些共同之處的。

（一）情緒鎮定自若，言語有條不紊

面試過程中，應聘者在回答主考官的提問之前，應首先在自己的腦子中整理一下自己的思路，考慮好說什麼、什麼不合適說、什麼先說、什麼後說，做到抓住重點、有條不紊。

面試實際上是一種經驗成分很強的談話模式。開始時，招聘方應首先介紹一下自己的姓名、職務和在此面試中所起的作用。當然，並不是所有的單位招聘時都這樣做，實際上，這也使接受面試的人從中看到招聘方的規範程度。接下來，可能會有很多種不同情況的程序出現。

也許，對方在看到你的資料時，會以「請你先用 X 分鐘介紹一下你自己」之類的問題開始與你談話。也可能單刀直入，開門見山，切入正題。你的回答必須做到有條不紊，使人聽了感到思路清晰、條理清楚。

（二）該多說的不少說，該少說的不多說

當面試開始時，有些主考官習慣性地讓你介紹一下你自己。這時你應該注意到，對方這樣問的用意是在打開話匣，或因為他在看你的書面自薦資料，為了使你在他看資料的時候不致太無所適從，而用說話來使你的緊張情緒得到平和舒緩；或旨在通過你的自述，看你對自己的評價、你的表達能力、你的思維習慣、你在談話中所突出的是什麼，從而對你有一個初步而直觀的印象。

這時你應該注意語氣和緩、從容不迫，簡略談一下自己在以往的工作中或所學的課程和成績、參加過什麼社會活動、取得什麼獎勵。更多地談一些以前的工作單位及其性質、自己在其中的職位、從事的工作、經歷的時間及取得的業績，把握住原則性思路，做到該多說的不少說、該少說的不多說。不要誇誇其談、沒完沒了，有些問題是要等對方提問才能回答而不是此時就說出的。

（三）措詞貼切合理，評價把握分寸

面試中的措詞十分重要，在整個面試過程中，應聘者要十分注意語言用詞的技巧，提問、發表意見須掌握分寸。

當你知道招聘單位目前急於用人時，首先把自己的專長講足講夠，然後順理成章地得出結論：「我想，貴單位需要像我這樣的人。」用這樣的句式，主試人會認為你是站在他們的立場上說話，是在替他們的發展考慮問題，於是容易接受你。

當你想陳述自己的資格時，可以用這麼一句話來開頭：「我能勝任這項工作，是因為……」接著一二三四講出幾個理由來。當主試人在審視你究竟能不能勝任此職時，參照的標準已不再是他心目中的標準，而是你列舉的理由，主試人無形中被你牽著走。

當你感到緊張而無法擺脫時，乾脆坦誠相告：「坦率地說，我一直感到緊張。」這樣，主試人便會寬慰你，其結果，你的緊張感消除了，你和主試人的關係也更密切了。

當你知道競爭對手如雲，大部分條件又與你旗鼓相當，主試人不知如何取捨時，在這種情況下，你不妨在結束面試時含蓄地說：「我想我們肯定還會見面的。」這句話包含著：「見到主試人很高興，希望再見面」的意思，誰能不願意聽這種話。同時，這話也會促使主試人產生一種感覺：「人選已經訂下，非你莫屬。」

當你沒有聽清主試人的問話或者不明白所提問題的意思時，應該請主試人再說一遍或解釋一下。千萬不可像隻呆頭鵝一樣，傻裡傻氣，沉默不言，既不作答又不問。這樣還會使主持人對你失去信心。碰到這種情況，可以使用下列的語句：「對不起，請再說一次。」「請再說一次好嗎？」「我不敢肯定是否已經理解了你的問題。」

這些措辭或語句如果適用到你的回答或談話中，將有助於你獲得面試的成功。

（四）不該說的不說，不該問的不問

在整個面試過程中，不該說的就不要說，不該問的就不要問。只有避免出現言談上失誤，應試人才能獲得面試的全勝。

訴苦的話不可說。在人生道路上，每個人都會遇到不幸，都會碰到倒楣的事，或是會患上某種疾病。有的人心理承受能力差，一見別人沒談上幾句便開始訴苦。這樣做，無非是想告訴別人自己是不幸的、無辜的、苦難的，以換取別人的同情心。

批評原單位雇主或同事的話不可說。有些人一談論起原單位的上司或同事就牢騷滿腹、用語尖刻、埋怨別人，他們的本意是要表示自己的無辜和離開原單位的決心。殊不知，主試人聽的這些話，只會產生你是一個難以相處的人的印象。所以，面試中切勿用激烈的言辭去批評他人。

關於待遇問題應試人不要貿然向主試人發問，應該讓主試人先提這個問題。當問及薪酬和福利時，應試人可以提出自己的要求，但不要斤斤計較、爭論不休。

幼稚的問題不可問。有的人在面試中喜歡無話找話說，沒問題找問題提。

牽涉別人隱私的話題不可說。如果你知道主試人的一些私事或他親朋好友家裡的事，千萬別多嘴多舌。涉及這類話題，無論你的動機如何，都只能是傷人的閒談，很容易引起主試人的反感。

誇口不宜說。面試中主試人一直在對你的能力進行評估，他一直對你抱著謹慎的態度，如果愛說大話，把自己吹得越玄虛，別人的戒備心就越嚴。因此，面試時就務必不要誇海口，必須避免這些大包大攬的話：「我做這事沒問題。」「只要有我一切都好辦！」

問題不要提得太多、太瑣碎。面試中應試人可以向主試人提問，但不可連珠砲似的發問。不斷地提問，即便是再有耐心的主試人也會厭煩。只要連續提三個問題，主試人便會皺眉頭了。

回答問題不要太簡單。主試人不希望應試人像法庭上的被告用「是」或「不是」來回答問題。主試人在提問時，總是希望你作具體的解釋說明，在你的說明中瞭解你的為人、個性、智力等。

過分奉承主試人的話也不可說。有的應試人一味迎合主試人，像一個唯唯諾諾的婦人，主試人說什麼都表示贊成、一味點頭，給人一種你是一個平庸之輩的感覺。

（五）表情自如，語言流暢

在與主考官交談的時候，做到一顆平常心，盡量做到放鬆自己，使得面部表情自如，避免全身緊張，好似如臨大敵一般。並要注意說話的語音、語調、語氣的正確應用，避免在交談時出現吐詞不清、結結巴巴、口頭禪等。

（六）機智靈活，不失幽默

面試交談時，除了清楚的語言表達以外，適當的時候可以插進一些幽默的語言。幽默的語言會使你的優雅氣質和學識風度進一步展現，也會給面試增加輕鬆愉快的氣氛。尤其是當你遇到難以回答的問題，幽默的語言會使你化險為夷，反映出你的機智和聰明，給人以好感。但是，也切記為幽默而幽默、畫蛇添足，產生適得其反的效果。

（七）言語簡潔，表達清楚

交談時，回答和提問都做到簡潔明瞭，切忌過多的重複、嘮嘮叨叨、婆婆媽媽。在面試時，有些應聘者覺得主考官不再聽他的回答，生怕他沒有聽清楚，因此總愛對自己說過的話一遍又一遍的重複。其實，此時的主考官雖然眼睛不在看著你，實際他在認真聽著你講的每一句話。在交談時，除了重要的談話，應避免重複，否則會使人感到你平時說話辦事一定效率很低。

（八）聲音宏亮，充滿自信

語言的技巧不僅包括所說的內容，而且還包括音調技巧。有的人認為，應聘時說話要細聲細語、慢條斯里，甚至嗲聲嗲氣才受歡迎，其實，並非盡然。說話的聲音要宏亮，它表示你充滿自信，但不要一味的大嗓門。聲音很重要，因為它是一個人的生活素養中的一種體現，在一定程度上它比容貌更重要。因為在實際工作中，你和客戶見面的機會並不很多，公司的很多員工都是透過電話聯絡的。所以，要有優雅的儀態，還要有優美的嗓音。有些單位在面試時，讓應聘者朗讀一篇文章，或站在人群擁擠的車站前進行演說，或只叫你隨便打個電話，這就是公司設法通過聲音、表達、語氣等方面來決定面試的取捨。

三、體態語言技巧

（一）看要合乎禮儀

眼睛是心靈的窗戶，它可以成功地傳遞人們心靈的喜怒哀樂，面試中目光交流顯得十分重要。坦然自信的眼神，可以傳遞給面試官你是一個穩重冷靜的人；介於直視和凝視之間的目光交流，使人感到你的禮貌、自信和放鬆；目標在對方雙眼與鼻子間的倒三角形部位的視線，可以使人感到你的真誠和注意對方。

在面試的目光交流中，要避免長時間的目光接觸或對視對方。對視瞬間一般持續二～三秒，過短的對視給人以「瞟」的感覺，過長的對視給人以「凝」的感覺。一個人被凝視的感覺是很不好的，我們可以凝視一樣東西，但決不能去凝視一個面試官，因為這樣太冒險了。

（二）握手要恰到好處

握手是十分重要的體態語言，在面試的時候，如果面試官主動和你握手，那麼，怎樣握手？握的時間要多長？這些都是十分關鍵的，因為

這是你建立第一次良好印象的開始。在握手時動作要爽快，雙眼要平視對方，在握手的同時自信的說出自己的名字。如果你是位女士，當對方表示要握手時，也要表示出堅定的態度，但不要過分用力。要在面試官的手朝你伸過來之後握住它，要保證你的整個手臂成 L 型，用力地搖兩下，然後把手自然地放下。握手能創造出平等、彼此信任的氛圍。你的自信也會使人感到你能勝任而且願意做任何工作，這是創造好的第一印象的最佳途徑。

應聘者在面試時要避免用兩隻手握手的方式，這種握手方式在西方公司看來不夠專業，既會讓人覺得你熱情過頭、有好有餘，也會使人感到你對待面試官就像是在對待比你年長的長輩似的。

在面試時，不正確的握手方式還有使勁用力的握手方式，它會使人覺得你急於想得到這份工作，甚至會讓面試官覺得你在恐懼。拉拉扯扯也是一種不好的握手方式，這種握手方式只有和老朋友分別很長時間又重逢時才可以用，盡管它能充分表示友好，但另一方面卻說明你不能以靈活的方法處事。過於輕觸式的握手方式也應避免，這樣會使你顯得缺乏信心。長距離握手方式也是一種不合適的握手方式，它會使你被認為過於緊張和害怕或對面試官的輕視。

（三）坐要自然放鬆

進入面試室後，很自然地在固定的椅子上坐下，腰板要挺直但不僵硬，手腳要輕鬆自如，使人感覺大方優雅。面試時間太長的話，可在適當的時候換個姿勢。避免手足無措，搔頭抓腮，動手動腳。蹺「二郎腿」和交叉雙腳而坐的習慣要避免，更不可以犯抖腿晃腳的毛病，它會把你的形象毀得個一乾二淨。

（四）站要神情自信

當然你沒有必要站得像軍人一樣挺拔，好的站姿是儀態大方、神情自信。雙手可以自然環抱放於胸前，站的時間過長時可以改變一下站姿。你

沒有必要按照「站如松」的要求來要求自己，繃著臉身體僵硬，大有「視死如歸」的感覺。當然也不能垂頭喪氣、一臉茫然。

（五）走要步履自然

雖然在面試中「走」用得很少，但是它的重要性不亞於目光交流。當你走進面試室的時候，你的第一印象通過「走」姿進入了面試官的眼簾。走要步履自然，不要僵持生硬、東倒西歪、慌張急促。

（六）笑要大方得體

微笑是人類用來表示友好、善意的最簡單的方式。但是，在面試時什麼時候笑？怎樣笑？許多人卻把握得不好。有的人十分慷慨，從頭到尾一直笑，給人以一種虛偽和不真實的感覺。有的人十分羞澀、愁眉不展，從頭到尾難得一笑，給人以嚴肅有餘、難以接近和合作的感覺。有的人在面試時暢懷大笑、毫無顧忌，給人以粗糙有餘、細膩不足的感覺。這些都會影響你面試的成功。在面試時，適時的一些微笑可以勝過你幾倍的語言，它將有助你成功。

肆、面試的準則和應注意的問題

一、應試者應遵循的準則

（一）慎重考慮，靈活應對

對自己不便回答的問題，應慎重考慮。在面試時，主考官出於對某些特殊工作（比如金融部門、財務部門、保密部門等）的要求，或因其他需要可能提出同應試者能力完全無關的私人問題。遇到這類問題，要根據不同的單位，區別對待。對一般單位可以婉言拒絕，但對於某些特殊單位提出的此類問題是必須要回答清楚的。比如說個人隱私問題，在西方國家，個人收入、年齡、婚姻狀況、家庭成員結構都被認為是隱私問題，而在我

國則不是隱私。如果在應試中遇到自己確實不便回答的問題時，也應同主試人說請楚，不要態度生硬或斷然拒絕，失去一次被錄用的機會。

（二）回答問題，切中要害

在面試中，如果主考官提出的問題，一時摸不著邊際，以致不知從何答起或難以理解對方問題的涵義時，請教對方以確認內容。對不太明確的問題，一定要搞清楚。這樣才會有的放此矢，不至南轅北轍、答非所問。如果想當然地去理解對方所提出的問題，並貿然做出回答，其結果可能被視為無知，甚至是不禮貌。

（三）回答做到見解獨到，有個性特色

主試人接待的應試者若干名，相同的問題問了若干次，類似的答案也要聽若干遍。因此主試人會有乏味、枯燥的感覺。只有具有獨到的個人見地和個人特點的回答，才會引起對方的興趣和注意。

（四）時刻提醒自己，保持積極的面試狀態

面試時要禮讓有加、見機行事，切不可機械、呆板。例如，到雜誌社應徵做採編，學校推薦了三人讓其挑選，這三人成績都相差無幾，但是只有一人在面試時注意開關面試室的門，並在面試結束後，十分禮貌地向人員致謝。結果，就是這名同學被錄用。原因是：這名同學很靈活。

（五）多談職位，少談薪金

有關工資待遇、職工福利的問題，不宜多談。一般情況下，用人單位是會向應試者介紹這一情況的，提多了會讓用人單位的人員反感。在面試過程中一旦出現談資論薪的僵局，不妨把話題轉移到有關工作的事情上。例如對方有心壓低你的薪酬，就可將話題轉移到你上任後有何大計、如何擴大市場占有率、如何降低成本等，那樣原來緊張敵對的狀態，很快便會變成同心協力的局面。公司都希望應聘人對應聘的職位感興趣，而非純以

金錢掛帥。因此，只要老闆覺得請你沒有令公司損失，要爭取高薪、福利並不困難。

（六）提前到達，切勿遲到

準時，這是參加面試所要做到的第一條。若未去過面試地點，應事先將交通路線中可能出現的如堵車等問題考慮在內，及早出發，以保證萬無一失。萬一堵車或遇到其他緊急狀況，應該立即設法與用人單位電話聯繫予以說明。

（七）查詢結果，慎重對待

面試後若想知道面試結果，可寫一封信給主試人，感謝他給予你機會，並表明盼望盡早知道結果。也可以打電話查詢。如打電話，應做到和面試一樣有禮貌。對方接通電話後，應試者應自報家門，講話時應控制語調、語速、聲音和通話時間。通話結束後應該先讓對方掛機，不可冒失。或許這一封信或一個電話，會使你的面試結果再加一分，使你夢想成真。

二、應試者應避免的問題

（一）過多地玩弄技巧、假扮完美，不實事求是

知之為知之，不知為不知。對主考官提出的問題，不知道，就坦誠承認，對方一定會諒解你，不要硬著頭皮裝內行，給對方留下不誠實的印象。求職應該是應聘者綜合素質的全面體現，但現在很多求職者由於求職心切，過分看重求職技巧，結果陷入「技巧遊戲」的泥潭，自嘗惡果。不可否認，求職者為使成功率更高一些，有必要了解一下求職時的注意點，如著裝要整潔大方、談吐要簡潔扼要等。但若不願坦白自己的實際情況，過分玩弄應聘技巧，結果肯定是搬起石頭砸了自己的腳。應試者在回答問題時態度要坦誠，切忌偽裝和掩飾，一定要展示自己的真實實例和真正的性格，這不僅是面試的成功基礎，也是以後職業生涯順利發展的基礎。對主

考官提出的看法和指出的不足之處，要虛心接受。主試人說得不對，一笑了之，不要與對方爭個是非曲直。

　　說到底，就業競爭的是一個人的知識、技能、個人價值及工作責任感等方面的素質，而不是單純的回答問題的技巧。

（二）慷慨陳詞、激情萬丈，卻言之無物

　　對主考官提出的問題要給予肯定的回答，切莫模擬兩可。對於社會問題、國際問題一類比較大的問題，不要照搬報紙、電視上的說法而泛泛而談，只要側重發表一兩點自己真實看法即可。即使說得不對，也表明你對社會、對人生、時事有自己獨特的見解，同樣會獲得主考官的認可和好評。

（三）輕易否定工作和學習過的單位

　　面試時若無特殊情況，不可對原來的工作單位和所畢業的學校持過多的否定意見。因為主試人會認為，你對你曾學習和工作過的學校和單位毫無一點留戀之意，反而有許多怨言，又怎會愛你應聘的單位呢？又怎能保證你一旦進入單位會處理好與同事的關係呢？

（四）讓人陪著去

　　讓人陪同前往，使你被認為有一種缺乏獨立性的嫌疑。一旦出現這種狀況，用人單位的主試人會認為你缺乏獨立性和自信心，心中底氣不足。用人單位錄用的是能很快勝任工作、獨當一面的人才。缺乏自信心的人，他們是不會錄取的。

（五）落入世俗、盛氣凌人

　　不可以以為自己家中有人與用人單位的負責人有某些特殊關係因而有恃無恐，這樣易引起他人的反感。即使應試者通過這種關係進入用人單位，以後也難以與同事相處、難以打開工作局面，使自己陷入處處被動的局面。

（六）與主考官「套交情」

在面試時如果遇到熟識者或與自己年齡相仿的主試人時，應避免套交情，否則容易讓人產生不夠成熟的負面印象。

（七）對個人職業發展計畫模糊不清

對自己今後發展說不出所以然，給主考官一種沒有事業心的感覺。

（八）掉入問題陷阱

有些問題的回答只是對你思維和反應的測試，而你卻一鑽牛角尖，表現出思維的單向性、剛性，而缺乏靈活性和柔軟性，掉進了主考官設立的面試陷阱。

（九）不知如何收場

在面試結束時，有些應聘者表現出渴望成功的興奮和害怕失敗的恐懼，表現出語無倫次，草草收場，甚至連一聲「謝謝」和「再見」也忘了說，失去了一般的禮節，也暗示求職者的不「老練」。

（十）小節不拘，儀表不整

有些應聘者或大學畢業生在參加求職面試時，一是由於平時的習慣性動作，二是出於緊張，於是出現像腿抖、手抖、說話帶顫音、思考時手部自覺地放在嘴邊、咬手指頭、做沉思狀等不禮貌的動作，這些一定要注意避免。好的肢體語言應該是微笑，並對視對方的眼睛。因為對方在問你問題的時候，肯定也通過你的眼睛來觀察你。

著裝也是參加面試的一個十分重要的環節。面試時的儀表風度很重要，主考官對求職者的印象常常在前三十秒就已經形成了，所以面試官們都強調求職者一定要注意自己的著裝和精神風貌。其實著裝主要看公司的風格和職位的特點，並不是說非得西裝革履不可，但整潔是一定要的。

結語

　　生涯規劃是規劃生涯方向與生活方式的基本要素，生涯規劃的五大要素是：知己、知彼、抉擇、目標、行動。知己是了解自己這個人，向內看，看自己的興趣、能力、價值觀、個性、性向，以及父母的管教態度、學校社會教育對個人產生的影響等。探索外在的世界，包括行業的特性、所需的能力、就業管道、工作內容、工作發展前景、行職業的薪資待遇等。前面曾提到要做好生涯規劃，對自己的探索、評估與分析是最重要的；如果一個連自己是什麼樣的人、自己擁有什麼都說不上來的人，是很難做好生涯規劃的。探索、了解自己的方法，並不一定要做心裡測驗或找輔導專家；只要你能常常坦率的「表現自己」，並且去比較不同的人對於你相同「表現」的看法是否相同及其原因，慢慢你就會了解自己是一個什麼樣的人。深切把握這些因素，配合面試前的周延準備加上面試時配合適當的應對，方有可能於生涯落實時達成目標。

第十六章　履歷表的撰寫與製作

前言

　　生涯規劃是腳踏現在，放眼未來，瞭解未來的趨勢脈動，尋求生命中可能適合自己的路。以台灣而言，過去是「學歷時代」——學歷高，薪水就高，社會地位也就水漲船高；但是未來的趨勢是「證照時代」，透過具公信力的途徑，取得社會上認可的執照，才是絕佳的保障。一張熱門的證照往往比一張學歷的文憑還符合職場需要。生涯合理信念：在多變詭譎的世界，走一步算一步的心態可以讓自己心安；如果能加上自己積極的態度，跟上時代國際化的腳步，對自己是最佳的保障。

壹、履歷表的意義

　　製作一份吸引面試目光的履歷表，不僅是留給面試主管的第一個好印象，更是求職者獲得面試機會的重要關鍵。但履歷表究竟該如何撰寫，才能契合面試主管的期待呢？精簡化與個性化，是各大企業主管共同提出的基本要求。

一、精簡為首要條件

　　由於每天面對尚待處理的部門業務，若再加上部門工作，主管常會感到筋疲力盡。尤其知名企業公開徵才，都會收到上百、上千封履歷表，根本沒有太多時間一封封仔細看完，履歷表兩頁篇幅最剛好。只要在兩頁篇幅中，將本身的學經歷與專長特色交代清楚，就可以令面試主管過目不忘。

二、個性化，讓你脫穎而出

想像一下，企業主管每天審閱上百上千封履歷表，並且從眾多履歷表中挑選面試人選。有創意與個人特質的履歷表，當然成為首要選擇標的。履歷表包括條列式履歷表與文字化自撰兩個部分。兩個部分應該相輔相成，重點都是凸顯本身特質與徵求職務之間的關聯性。

新鮮人沒有社會經驗，就從本身的學習過程與社團經驗出發，針對職務內涵，量身打造出本身適任的履歷表。個性化履歷表，不是要求職者自吹自擂本身多麼優秀，或者誇張描寫之前的豐功偉業。反倒是仔細思考求職前曾參與過哪些活動、做過哪些報告，與企業招募職務是息息相關。履歷表中，針對符合的特質詳實描寫，即可引起企業主管興趣。

三、做好研究，言之有物

根據企業徵才會特別看重兩項條件，一項是與企業具有共同特質，另一項是專業能力。因為能認同企業文化的人，才是公司想聘請的人。因此，企業主管認為求職者撰寫履歷表前，應該事先做好研究。針對目標企業特質，在履歷表中展現適任條件。投其所好，必然有加分效果。首先求職者要認知本身所學能否適任工作，再試圖藉由管道了解產業特色，最後再研究企業招募職務的工作內涵。如此，才能製作出吸引人的履歷表。

鑑於目前資訊交流相當便利，新鮮人研究產業與工作內涵，可以透過以下幾種管道：

(一) 到求職企業的網站瀏覽
(二) 搜尋該企業近期的公開新聞或活動內容
(三) 到經濟部網站查詢該企業的登記資料
(四) 多方閱讀該企業所屬產業的新聞報導與書籍資料
(五) 適用求職企業的產品

四、附上能力證明，更能加分

　　未來職場絕對是能力導向。若能在履歷表與自傳之後，再附上能力證明相關文件，絕對能增加面試機會。根據《CHEERS》雜誌「2004 年 1000 大企業最愛大學生調查」，有百分之二十六點二的企業，挑選社會新鮮人的首要考慮標準，即是具有國際觀與外語能力。企業朝向國際化發展，應徵者若能中、英文履歷表並陳，再附上托福（TOFEL）、托益（TOEIC）等測驗成績，絕對會有助益。另外，就像是主餐之後送上甜點，履歷與自傳之後，再附上能力證明書，更能讓面試主管印象深刻。

　　履歷寫作，宜考量每個工作都應該有相對應的重點，分別是學歷、技能、個性與態度，履歷表應該針對這四個點進行撰寫。一般而言，求職者比較不懂得寫自傳，只要把握住以下幾項原則，寫履歷表就不再是難事。

(一) 自傳版面儘量維持在 A4 兩張紙以內，並且分成三個段落。

(二) 第一段，我（求職者）的學習過程、學歷，與應徵職務相關性。若非相關科系畢業，可寫修過類似課程或閱讀過相關書籍。

(三) 第二段，我的個性、經歷，與應徵職務相關性。假設求職者研究過職務特性，則應該寫出本身的個性、經歷與職務相符部分。

(四) 第三段，可寫我是一個好學的人、我是一個合群的人、未來我期望如何……等結語，直接表達出對徵求職務的熱情與企圖心。

　　用點心思，必能寫出吸引企業主管的履歷表。但青年署就業服務科長林裕山叮嚀社會新鮮人，千萬不要一個版本履歷表投遞給各家求職公司，做一些修改，讓主管認為獨一無二，才能增加面試機會。

貳、英文履歷範例

　　簡單的說，履歷表就是你跟公司的溝通橋梁。試想，如果你要跟一位重要的企業主管面談，一定會先好好打扮自己一番，讓人耳目一新；而且，你會充分準備，展現最好的優點及能力。履歷表的呈現亦是如此，它會

影響到企業主管對你的第一印象，更取決於你是否能進入下一關的面試機會。

因此，設計履歷表的時候，應儘量參考各種來源範本。《CHEERS》雜誌介紹一個範例，給剛畢業的新鮮人參考，主要內容是以過去在校所修的專業知識及參加的社團活動經驗、培養的能力為撰寫準則。履歷表的版面設計盡量簡單、易讀，不要過於瑣碎、花俏。撰寫履歷一定要把握「信、達、雅」三原則，也就是誠實敘述你在校所學的知識及經驗、文字表達簡潔、寫作流暢，讓主管能快速掌握你的優點。

表 16-1　面試的主要目的

事項	內涵
基本資料	如姓名、畢業學校、聯絡住址、電話與電子郵件信箱等。
工作目標	只需要一至兩句，寫出你想申請的職務及工作目標，務必明確、精準。
教育背景	先寫最高學歷及主修、輔系科目，或依照你想申請的工作，條列出你過去曾修的相關專業科目。
各項技能	如溝通技能、領導才能、管理才能相關能力，雖然沒有實務工作的經驗，但若有參與社團活動或相關領導經驗，主管對你的印象會加成，而且也從中反映出你是一位「具潛力」的工作者。

（資料來源：作者整理）

給剛畢業學生的履歷範本
Howard Yeh
Harvard University
Box C-23123
Cambridge, MA 02138
617-555-0666
amatthews@harvard.edu

OBJECTIVE	To contribute my education and health management skills in a position with a growing and dynamic firm.
EDUCATION	BACHELOR OF SCIENCE Harvard University, Cambridge, Massachusetts, May 2003 Major：Health Sciences Minor：Managemant

RELEVANT COURSES	Human Anatomy & Physiology I Human Anatomy & Physiology II Health Care Management
Health Management Skills	Served as Assistant to the Director of the Stacey G. Houndly Breast Cancer Foundation. Foundation as Public Health Representative for the Cambridge Area Public Health Administration. Coordinated, Harvard University Public Health Awareness Week, 1996, 1997.
Communications Skills	Served as a phone-a-thon caller on several occasions, soliciting donations from Harvard alumni and parents for Harvard University. Volunteered for a political campaign, distributing literature door to door, fielding questions and making phone calls to local constituents.
Management Skills	Handled all back-office management functions, including employee relations and accounting. Oversaw client relations, order processing and routine upkeep of the business. Coordinated efforts between customer needs and group personnel. Designed all market research analysis and projects for our client.
Leadership Skills	Participated in Youth Leadership Boston, a group dedicated to developing leadership skill through diverse programming. Served as formal/social coordinator for my sorority program council. Elected vice President of Risk Management for Panhellenic, a group that oversee and coordinates educational programming for Harvard's Greek system.
Systems Abilities	Microsoft office HTML/Web publishing Word Perfect

第十七章　職業福利概說

前言

　　社會福利（Social Welfare）在人類社會中是一種「古已有之，於今為盛」的制度，尤其是，在進入工業社會後，發展到了事關各國國民切身利益，並對許多國家的政治與社會產生重要影響，自二十世紀以後，社會福利服務成為工業社會和市場經濟十分重要的組成部分，並成為追求社會公平與整體發展的具體體現。

　　提倡社會福利服務的學者強調此項制度的基本觀點為：第一，平等與幸福是人類追求的終極目標，而經濟與社會的協調發展則是我們不斷接近這個目標最理想的方式。第二，公平是公義社會的本質和核心，但現代社會推行福利服務又不能排斥效率，即它接受著更高層次上的效率與公平關係的期待，且在執行中需要根據具體的條件來選擇效率較高的方式。第三，社會福利制度是現代社會發展和文明進步的產物，它必定會隨著社會的導引而繼續發展，並在不同的社會經濟背景與歷史文化背景下表現出多樣性的特質。（詹火生，1983）究此，職業福利就是在社會福利理念下於職場上展現的一種福利服務樣態，用以提昇職工的生活品質，並藉以提昇職場的生產效能。

壹、職業福利的意涵

　　職業福利（Occupational Benefits）（亦稱為職場福利、機構福利、員工福利、勞工福利）「是以企業或社會團體為責任主體，並專門為內部員工提

供的一種福利待遇，它本質上屬於職工激勵機制範疇，是職工薪酬制度的重要補充。」（詹火生，1992）因此，從本源意義出發，職業福利是機構招攬人才和激勵員工，並藉此補強政府頒行法定福利措施不足的一種手段。

隨著產業型態的轉變、經濟的發展、國民所得的增加，職業福利的成本占薪資總額的百分比例正快速上升；以美國而言，他們的員工福利支出占總人事成本的比例由一九五九年的百分之二，上升到一九九○年的百分之三十八，一九九五年職業福利成本占員工薪酬的百分之四十。（Grapman, 1997）企業之所以投資如此高的成本在福利上，是因為覺得人才是企業最重要的資產，在高度競爭的時代，組織發展的良窳與人才的進用、留用、激勵息息相關，當員工對企業有更多的期待，企業如果無法吸引優秀人才，將無法提昇其競爭力，更遑論組織的發展。

伴隨著經濟的發展、所得提升，薪資不再是員工唯一追求的目的，員工對福利的改善不但越來越注重，職業福利的內涵也將日趨精緻化與多元化。在此種轉變下，企業對其福利、薪資制度，必須做相應的調整，這是追求卓越的企業主管日益關心的問題，這也是職業福利漸次受到重視之處。

在歷史上，西方的社會福利與慈善事業和濟貧服務同義。在二十世紀以前，西方的社會福利是建立在自由主義、個人責任的私人善行基礎上的行動，它為少數人提供服務。進入二十世紀以後，社會福利才作為一種國家制度化的行為，在國家的干預下，成為各國國民能夠普遍分享的一種或一類社會政策。第二次世界大戰結束以後，其國民普遍希望休養生息，渴望社會福利，從而使政府能夠在社會福利方面有較大作為。福利國家逐漸成為先進國家標榜和追求的一種理想制度，福利開支多由中央政府統籌，政府幾乎包攬了所有的社會福利責任。其結果，福利範圍越來越廣，可以說是「從搖籃到墳墓」無所不包，福利內容越來越廣，福利開支越來越大，福利開支的增長造成了政府沉重的財政負擔。二十世紀七○年代末、八○年代初，終於釀成了福利國家危機。（Barber, 1992）人們普遍對於社會福利經費的擴張與服務效果之間的關係產生懷疑和反省。常見的批評意見有（1）引發道德危機；（2）成果不具效率；（3）給付缺乏公平；（4）只具治標效

果,沒有治本成效;(5)形成合法危機;(6)導致財政危機。為了解決福利國家危機,於是有許多改革措施出現,主要內容包括:(1)政府財政緊縮;(2)實施分權作為;(3)減少干預行為;(4)開放管制措施;(5)導入民營方式;(6)運用社區力量;(7)強化家庭功能;(8)強調個人責任,等措施,以期於福利服務措施上減緩政府的高度財務負擔。(葉至誠,2002)這些措施背後所隱藏的價值來自兩股思潮:一個是新保守主義,強調市場的自由機能、個人主義、反對政府干預、強調家庭責任、削減福利支出;另一個是福利多元主義,主張社會福利可由法定部門、志願部門、職業部門以及非正式部門來提供。總之,這些改革措施的中心思想就是自由化、解除管制,使以往以政府為福利供給的主要角色逐漸撤離,讓民間有更多參與福利提供的機會,以強化服務提供的效率,並增加民眾使用上的便捷性與選擇性。(葉至誠,2002)社會福利民營化的想法由此產生,並逐漸成為福利國家福利供給的主要模式。

從西方福利國家社會福利民營化概況的描述中,可以發現其過程強調:一是逐步減少政府直接提供社會福利服務的角色,鼓勵更多的民間機構和個人興辦並提高福利服務,利用市場機制提高服務質量,以滿足民眾的不同需要。二是成功地運用了社區這一重要的載體。但是我們也看到「民營化」與「國家化」其差異性也是顯著的,根據西方國家推動民營化的經驗,其成功的歷程是建構於政府組織的成熟度、市場機制的完善以及社會福利工作人員的專業化程度。爰此,我們在充分了解福利國家民營化的趨勢時,職業福利正是一項重要的體現,也是擴展社會福利服務的前瞻作為。

貳、職業福利的發展

職場新實施的安全與衛生是為了維護員工的身體,職業福利服務乃是為了維護員工的士氣,也就是使員工對其工作及工作環境,保持一種有利的態度。現代企業經理人多能瞭解員工福利服務與生產效率之間關係密切,因此如何辦理職業福利服務乃成為組織人事管理部門所面臨的一項重

要問題。有人認為職業福利服務是一種變相的待遇，根據美國方面的調查顯示，企業界花在職業福利服務方面的支出，其成長率遠超過於薪資方面的支出（Grapmu,1997），我國企業界雖然無完整的資料可循，但企業界受到工業先進國家的影響，已有日漸重視職業福利服務的趨勢。

　　職業福利服務開始受人注意，可追溯自十九世紀之初，當時有一群社會改革家，有鑒於工廠制度下工人生活的悲慘與待遇的微薄，惻然感傷，爰在各地奔走呼號，以期改良勞動者的工作條件。當時英人歐文（Rober Owen）對於工人生活的改善，可謂世界勞工福利設施的濫觴（李誠,1995），惟當時的目的只在運用人類慈善博愛的胸懷，以消除工廠制度的不平等現象。進入二十世紀以來，工業和社會科學均已有長足的進展，福利事業所根據的理論，漸次脫離其原有情感方面的色彩，更具有科學的性質，近代的企業家和學者皆認為社會機構的各部分是相聯繫而不能分割，勞工既為今日經濟機構中的主要部分，當勞工不能享受人類的合理生活，蒙其惡果者將不限於勞工本身，故雇主謀取勞工的幸福，無異於維繫本身的利益，福利並不是一種恩惠，而是社會安全與經濟繁榮的重要機制。

　　近半世紀以來職業福利服務計畫快速發展的原因，約可歸於以下各項：

表 17-1　職業福利服務計畫快速發展的原因

事項	內涵
政府政策的要求	鑑於社會環境的變遷，以及勞工問題日漸引起社會各界的重視，近代各國政府無不透過種種社會安全性之立法，規定各公私機構應對其員工的生活負責。於是企業的福利設施乃由原來雇主施惠的觀念，漸變而成為政府對雇主所課予的一種責任，再演進而為員工的一種應享權利。因此使福利服務獲得普遍的推展。
人性需求的重視	由於勞動是人的天賦能力，而人都希望用其勞力或心智求取更佳的人生，二次世界大戰後，人性需求漸被重視，行為科學家指出一個人行為的動機源自需求，因需求而產生願望，因願望而採取行動，在自由民主的社會中，必須個別地滿足其需求，才能激發其工作情緒，求得其全力奉獻，並對組織保持更積極的工作態度，所以，現代企業經營者都體認到福利是生產的一部分，增進員工健康、知識或經濟上的福利，即為增加生產提高利潤。

源自業者的 壓力	任何企業都只是整個社會的一部分，在自由經濟體制下，員工均可自由選擇較佳的工作場所，而其中薪資福利一直都是員工選擇工作之重要考慮條件，故一般企業為免落於同業競爭者之後，無不競以福利服務作為吸引並保留其優秀工作人員的手段。
工會力量的 增強	職業福利和員工生活有密切的關係，檢視歐美的勞工運動史，可以發現正是勞工為爭取其生活福利的奮鬥歷史，工會的存在即以增進勞工的生活福利為目的，近代各國的工會力量日趨茁壯，且影響日益深遠，迫使雇主不得不注意員工福利的改善。
企業經營的 考量	企業給付員工的薪資往往是有進無退的，但企業面臨日益激烈的競爭，卻難保其利潤也是有進無退。故若干業主為避免薪資形成日後的沉重負擔，常以福利服務取代薪資增加，同時，當通貨膨脹快速及所得稅率高的時候，福利服務較之薪資更能為員工帶來實惠的效果。

（資料來源：作者整理）

其實組織之實施職業福利服務計畫，並不一定是來自外在的因素，因為就企業機構言，實施福利服務計畫也是一種投資，對企業有可予回收成果，這些回收的價值往往是很難用金錢衡量的，大多數的福利服務是建立在信仰上。正確的管理哲學應該是先有一個經濟性的目標，再因政府與工會的影響而調整，今天企業界拓展員工福利服務的計畫，正是企業、政府、工會等方面的交會作用而成的。

參、職業福利的屬性

就西方福利先進社會而論，職業福利已被視為社會福利的一個環節，唯如果我們將職業福利與社會福利進行比較，便會發現其間存在著若干的區別：

表 17-2　職業福利與社會福利進行比較

事項	內涵
性質不同	社會福利屬於社會安全範疇，由國家透過相關的法律制度規範，並由公共機構或社會團體舉辦，從事政府主導的公共事務；而職業福利卻屬於企業或社會團體人力資源管理範疇，是舉辦機構的內部事務。
目標不同	社會福利的最終目標是保障社會成員的基本生活，並不斷改善、提高其生活質量，而機構提供的職業福利的最終目標則是參與市場競爭並促使利潤最大化。因此，社會福利的評價指標主要是公眾的滿意度和社會效益，職業福利的評價指標則是成本核算和工作效率，並確保其為舉辦機構的最大利益服務。
機制不同	社會福利的發展，必須借助政府干預和公共資源的分配，並契合於社會需要；職業福利則只能遵守市場規則，是舉辦者對內部資源的一種調配，其投入產出必須遵循成本核算原則，並服從於市場競爭規律。
系統不同	社會福利是一個開放的、穩定的系統，它對應於所有有需要的社會成員；而職業福利則是一個自我封閉的系統，它只對應於機構的員工，其是否繼續保持與發展下去要取決於舉辦者的效益狀況和利益需要，相對並非為永續穩定狀態。
內容不同	社會福利經由採用提供社會服務的方式來滿足社會成員對福利的需求，也包括一定的現金津貼等；職業福利則包括休假、托兒、旅遊等多種方式。因此，社會福利重在滿足大眾化的需求，職業福利則可以考慮員工的個別需求並予彈性作為。

（資料來源：作者整理）

　　此外，無論在資金來源、實施規模、實施方式還是在福利水準、功能作用等方面，社會福利與職業福利均存在部分差異。然而，我們在區別社會福利與職業福利時，亦應當考察其社會功能與發展趨勢。一方面，在工業社會裡，職業福利事實上具有了越來越大的社會功能，許多機構提供的福利甚至可以滿足其員工的多數社會服務需求，從而客觀上發揮著替代社會福利的作用；另一方面，由於政府負責的社會保障的侷限，往往需要各機構舉辦相應的補充措施來彌補，而補充養老保險、補充醫療保險等項目作為現階段新興的職業福利項目，正居於職業福利中的重要地位，它通常在國家有關政策的引導並享受優惠的財稅政策條件下加以實施，亦含有政府干預的因素在內，並呈現出系統開放、制度穩定和走向制度化

的特色。(蔡宏昭,1995)因此,將職業福利納入社會福利範疇並無不妥之處。

可以肯定的二種發展趨勢是:一是在社會保障領域,政府直接承擔的責任會適度化,即福利國家中的政府責任會減輕,而發展中國家的政府卻會隨著經濟、社會的發展而更加重視建立自己的社會保障制度;二是企業或社會團體承擔的福利責任將會更加引起重視,並在社會保障制度中居於更加顯著的位置,因為政府責任的減輕需要尋求替代者,而發展中國家因社會保障制度的不健全,更需要企業與社會團體共同努力。因此,研究當代社會福利的理論與政策實踐,不能不對職業福利問題給予應有的重視。

肆、職業福利的性質

依據上節文字引述可知,職業福利制度是整個社會福利體系的重要組成部分,它和工資保障、社會保險等共同發揮滿足職工生活保障的基本需要,促進社會發展的積極作用。職業福利制度的發展程度與社會生產力的發展具有直接關係。在市場經濟體制下,職業福利制度的作用成為許多單位吸引優秀人才、穩定職工工作情緒、增強組織凝聚力的重要措施。

職業福利,是機構經由舉辦集體生活和服務設施、建立各種補貼制度,由職場提供物質幫助和服務活動的總稱;其職業福利的性質,具體表現在其特有的社會屬性、勞動屬性和分配屬性上,並且反映在它與薪資的差異方面。從社會屬性看,職業福利雖然主要是一種組織運作的保障行為,但其具有明顯的社會意義,是具有社會資源重分配的功能。

職業福利制度是社會保障或社會保險的一種補充形式,在某些方面發揮與社會保險相同的作用。職業福利作為國民收入再分配的一種輔助形式,使勞動者在薪資收入之外,獲得某種補充性的收入。這種收入,在社會生產力尚不發達、職工薪資水準較低、制度化服務還不完善的條件下,

尤其必要。國家對職業福利有若干規定。企業（或單位）興辦集體福利措施和某些福利項目，雖然是一種企業（或單位）行為，基本上取決於各自的實際需要和自身的經濟條件，但職業福利中的主要項目以及職業福利經費的提取和使用辦法，除了或參照國家法令規定外，就是植基於組織競爭力提升的考量，運用此項措施以激勵所屬成員，用為提高績效，增加效能。這在一定程度上也反映了職業福利的社會性。從勞動屬性看，職業福利與勞動就業高度重合，參加勞動是享受職業福利的先決條件。職業福利作為職工的勞動保障，在勞動屬性的體現方式上不同於薪資。薪資是按照各個職工所提供的勞動量直接支付給本人，薪資額與勞動量是對應的，職工之間的薪資存在著差別；職業福利則不與個人勞動量直接關聯，換言之，凡是每個符合條件的職工都可均等享受。從分配屬性看，職業福利是國民收入再分配的體現。這一點，從其與薪資的關係中不難看出。在分配領域中，職業福利是對薪資的補充，彼此存在著相互制約的關係。職工福利費用在消費基金中的比重必須適當；如果職業福利費用在個人消費基金中所占的比重過大，就會減小薪資的比重，削弱薪資的經濟槓桿作用。職業福利與薪資的區別是：薪資是勞動者的勞動報酬，實行的是按勞務貢獻分配原則，薪資完全由職工個人自由支配使用；職工福利雖然也以勞動者提供勞務為前提，但不要求福利享受與勞動義務對等。在消費方式上，職業福利主要由集體支配、定向使用，其作用是補充、滿足職工共同的、經常的生活需要和一定期間的特殊需要，這與薪資完全由職工個人支配並不相同。如果以海茲伯格（Herzberg）的雙因素激勵理論而言，薪資是屬於職工的「保健因子」，職業福利則係屬「激勵因子」，二者對職場效能提升具有相輔相成的效果。

　　至於，職業福利的主要特徵則可以歸結如下：

表 17-3　職業福利與社會福利進行比較

事項	內涵
均等性	凡是在舉辦職業福利事業單位工作的職工，都有享受職業福利的權利。對於同一單位的每個職工來說，享領機構分配的福利補貼和所舉辦的各種福利服務的機會是均等的。
集體性	在職業福利中，雖然某些項目直接分配給個人，但這並不是職業福利的主要特徵。職工福利的主要特徵，是舉辦集體福利事業，以滿足職工的共同需要。
補充性	職業福利具有補充滿足職工生活需要的特徵。職工在領取薪資後，生活上仍存在著各種各樣的不便和困難，或者由於其他原因，突然增加了意外開支，影響職工及其家庭的基本生活，因而也需要採取職工福利的形式予以彌補和幫助。
差別性	職業福利在同一單位內部實行均等和共同分享的原則，但在不同單位之間卻存在著差別。不僅在不同所有制單位之間存在差別，即使在全民所有制、集體所有制內部也有差別，甚至某一單位在不同時期的職工福利也可能不一樣。職業福利的這種差別性是一種客觀存在。職工福利與單位的經濟效益結合，單位經濟效益的好壞，決定職業福利待遇的多少，才能發揮職業福利促進生產和激勵職工勞動積極性的作用。

（資料來源：作者整理）

伍、職業福利的實施

在一九三〇年代，行為學派有別於傳統的科學管理，他們開始強調人性管理，並認為員工的心理因素會影響到組織的效率。因此在管理上利用改善職業福利達到員工的心理滿足，以激勵員工士氣，提昇他們的生產力與企業的競爭力。

馬斯洛（Maslow）曾對員工需求作下列分析，其一，動機是人類生存成長的內在動力，此等動力由多種不同的需求所組成；其二，各種需求兼有高低層次之分，而由低而高依次是生理需求、安全需求、社會需求、尊重需求、知的需求、美的需求、自我實現需求。每當低層次需求獲得滿足後，高一層需求隨而產生。這也可說明人類動機是由低至高逐漸發展，屬於基層動機具有普遍性，屬於高層者則有較大的個別差異；其三，在七個層次需求中，前四種為基本需求，後三種為衍生需求，由於衍生需求是個

體心理成長時所必需的，所以又稱為成長需求或存在需求。一般而言，馬斯洛層級需求理論可歸納為五個層次：生理需求、安全需求、社會需求、尊敬需求、自我實現需求。當較低層次的需求被滿足後，人們便會想往更高層級發展，越是到高層級，則先後滿足順序越不明顯，且不同的人，有不同的需求層級及順序。以現今台灣員工的需求而言，他們已經提升到社會需求或自尊需求，甚至更高的自我實現需求的層級。換言之，馬斯洛的理論告訴我們激勵可提昇員工生產力，而職業福利是提昇員工滿足程度、激勵員工努力工作的一種工具。但員工的需求會隨經濟發展、所得階段的不同而異。因此在經濟不斷發展、所得不斷提昇的過程中，企業必須要不斷地更新其職業福利的內涵，以滿足員工在不同階段時的需求。

　　職業福利服務品質的良窳，不僅關係到職工的切身利益，而且關係到生產的發展和社會的穩定。為了使職工福利事業健全發展，實施職業福利必須遵循以下原則：

表 17-4　實施職業福利必須遵循以下原則

事項	內涵
針對職業性質訂定合宜措施	社會經濟發展水準和企業的經濟負擔能力，是職業福利事業發展的前提和基礎。提高職工福利水準和擴大職工福利範圍的源泉在於發展生產；離開了生產的發展和經濟效益的提高，改善職工福利就等於無源之水。因此，需能把握職業福利與經濟效益的關係。倘使組織的生產力較低，物質基礎尚不雄厚，職工福利項目只能由少到多、標準由低到高逐步發展，不能超越經濟承受能力，否則便會影響組織運作的正常發展，阻礙職工的長遠利益。各單位在發展職業福利事業時，應該根據自己的經營狀況，經過充分的調查、分析，制訂切實可行的方案，量力而行，避免盲目攀比、強求一律，以致形成福利措施無法承擔負荷的包袱。
適當區隔薪資與福利的關係	薪資與福利同屬資源投入。在資源有限的情況下，如果職工的勞動效益無法有效增長福利資源，就會排擠薪資成長的可能性，削弱薪資所產生的激勵作用，助長齊頭式平等，影響組織整體效能。
根據職工需要訂定適當方案	職業福利的內容很多，要分清輕重緩急，有計畫、分階段地實施。福利項目的建立及其先後順序，除了經濟原因外，還考慮單位職工最普遍、最迫切的要求。受益的人越多，職工福利效益越高。因此，發放某些福利補貼是必要的，但是要適當，以便更好地發揮職業福利的積極作用。

加強經濟管理注重成本效益	職業福利是公益性事業，所興建的福利設施不應以營利為目的。但是，這並不是說可以不講成本，可以不講經濟核算、不計服務效益。所有的職工福利設施，都應該實行企業化管理，進行經濟核算。只有這樣，才能提高福利基金的利用率，提高服務質量，杜絕浪費，為職業福利事業的永續和發展創造條件。

（資料來源：作者整理）

陸、職業福利的內涵

福利（benefits）和服務（services）在人事管理方面由於性質相近，時常被人認為是同義字，但事實上兩者仍然有些差異，通常福利是代表一種直接的金錢價值，其對員工的利益是可以金錢計算出來的；而服務所代表的則是任何的事項或目的，這些事項或目的的利益卻無法直接以金錢數字來表示。（吳靄書，1994）惟實際上福利與服務兩者之間的關係非常密切，有些福利服務項目在性質上甚至相互重疊，我們很難將之加以區分。

我國的職業福利由於社會環境特殊，有很多都是由政府制定法規，通令全國公私機構遵照實施，也就是將職業福利視為社會福利制度的一環來推行。本來社會安全的正確意義，即是保障國民在收入中斷或不能工作時，或收入微薄不能生活時，由國家以社會保險、公共救助及社會福利服務等社會保障措施，負責其生活，以達到社會安全的目的。換言之，人生的歷程，原是難以完全避免各種不幸的遭遇，因而導致貧困，威脅生活，形成社會不安，此不但阻撓社會進步，甚至影響國家生存。因此，欲解決社會問題，須由保障人民生活做起，而其最有效的措施就是社會安全制度。

社會福利服務的範圍包括甚廣，因各國立國的政綱、政策、歷史、文化、風俗習慣、國民財富及生活方式等而有顯著的不同。發展中國家正由農業社會步入工業化的過程中，由於技術的革新與經濟結構的變化，舊的制度與新的社會情況往往無法調和適應，導致了許多新的問題，而其中直接受害最大者，厥為依靠薪資所得維生的工作大眾，亦即廣義的勞工。在這種情況下，勞工政策的制訂，乃成為一項至關重要的公共行政措施。目

前由於社會結構的演變，勞工政策的重點，已逐漸由保護趨向福利，以謀求廣大人群生活的幸福與保障，內容及範圍均隨經濟發展程度而異。我國現階段由於若干條件的限制，尚難完全仿效已開發國家的社會福利措施，不過在推廣全民社會政策之前，首先以謀求廣大勞工生活的改善為起點，亦即以勞工福利的增進，求得勞工生活的切實改善，再逐漸推廣至建立起完善的社會福利制度。（葉至誠，2002）

　　職業福利是指薪資以外的各種福利。職業福利包含的範圍非常廣、分類繁多（王麗容，1993），依據我國現有的法規，許多勞工福利項目：如疾病保險、生育、傷殘、老年及死亡給付、工人的工資、工時、休息休假、資遣退休、職業災害補償，甚至職工福利金之提撥等，都是由政府明訂於勞動基準法或其他相關規定中予以保障，以維護勞工的生活安全。本文是採吳靄書（1994）、黃英忠（1993）、許道然（1995）等學者的意見，將職業福利項目歸納成經濟性的福利、工時性的福利、設施性福利、休閒及輔導性福利。而不是採外國法定與非法定員工福利項目分類，以求更適合國情。現茲將若干廣為現代企業所舉辦之福利服務計畫依其性質，簡列如下：

表 17-5　職業福利的內涵

項目	內涵	事項
經濟性	經濟性福利服務的目的，在對員工提供基本薪資和有關獎金外的若干經濟安全服務。	1.退休金給付，由公司單獨負擔或與員工共同負擔。 2.團體保險，包括壽險、疾病保險、意外給付等。 3.有給工時，如公差等。 4.互助基金，由雇主和員工共同繳納。 5.分紅入股，產品優待等。 6.公司貸款與優利存款計畫。 7.各種補助，包括婚、喪、教育補助及子女獎學金等。
休閒性	舉辦此類福利服務之目的主要在於增進員工的社交和康樂活動	1.舉辦各種球類活動及提供運動設備。 2.舉辦社交活動，如郊遊、同樂會等。 3.特別活動，如舉辦電影欣賞及其他有關嗜好的社團，如橋藝、烹飪、插花、舞蹈、攝影、演講、戲劇等之活動。

設施性	使員工的日常需要，因公司所提供的服務而得到便利。	1. 保健醫療服務，如醫務室、特約醫師、體檢等。 2. 住宅服務，如供給宿舍、代租或代辦房屋修繕或興建。 3. 餐廳及公共食堂。 4. 公司福利社，廉價供應日常用品及舉辦分期付款等。 5. 教育性服務，如設立圖書館、閱覽室，辦理幼稚園、托兒所及辦理勞工補習教育等。 6. 供應交通工具，如交通車等。 7. 法律及財務諮詢，由公司聘請律師及財務顧問為員工提供諮詢服務
工時性	與員工工作時間長短有關的福利	1. 年資休假。 2. 彈性工時。 3. 育嬰假期。 4. 陪產假期。 5. 進修休假。 6. 各類假別，如事假、病假、休假、公假等。
輔導性	提昇員工適應職場需求的福利措施	1. 教育訓練。 2. 新進人員關懷措施。

（資料來源：作者整理）

　　企業舉辦經濟性福利服務計畫，是希望能減輕員工對經濟安全的顧慮，進而可以增進士氣和生產力。例如有退休金計畫就可以羅致更好的工作人員，亦可減少員工的流動率。設施性的福利服務的價值也是為了提高士氣，並使員工對其工作地點感到滿意，有些福利如餐廳不僅可便利員工就食，而且可以改進員工的營養，因為員工不良的飲食會在生產力方面很快地反映出來。休閒性和輔導性福利服務的價值大多是無形的，而且很難以數字計算。舉辦此類福利對某些員工言極具價值，不但可以提高團體士氣、增進員工健康，而且還可以增進員工的合作意識，其最基本的價值還是在於透過此類活動，使員工確認其公司是工作的好地方。

表 17-6　職業福利的項目簡表

經濟性福利	設施性福利	工時性福利	休閒性福利	輔導性福利
1.退休給與	13.員工餐廳	19.年資休假	23.員工旅遊	26.教育訓練
2.團體保險	14.福利設施	20.週休例假	24.社團活動	27.新進講習
3.眷屬保險	15.圖書設施	21.育嬰兒假	25.藝文活動	
4.分紅入股	16.托兒措施	22.產假		
5.三節禮金	17.停車設備			
6.年終獎金	18.交通車輛			
7.健康檢查				
8.眷屬撫卹				
9.子女獎助				
10.急難救助				
11.伙食補助				
12.特約商店				

（資料來源：作者自行整理）

　　所有的福利服務在本質上都是屬於激勵的因素，它不僅可以減少人員的不滿，同時會產生激勵的效果。考評福利服務的成效應和員工薪酬等一併來進行，因為兩者是相輔相成的，如過分強調福利服務，而在直接報酬方面卻有相當落差，將是捨本逐末的作法。

柒、職業福利的落實

　　福利服務是屬於一種間接的報酬（indirect compensation），其項目常依社會趨勢、工會要求、員工壓力、以及管理方面的期望，進行計畫性的推展，故人事管理部門應該對其訂定目標或設定標準，以決定各項福利服務計畫的適當性。為了使推行福利服務計畫獲得成效，企業在舉辦各項福利服務時，要遵守以下各項原則：

一、應具有長遠的經濟效益

在私人企業經濟中，辦理福利服務有項重要的原則，就是企業為辦理福利服務的費用，至少要對企業帶來相當的利益，無論其為有形或無形者，否則就不宜辦理。然而這並不是說政府就因此無權對私人公司賦予實施福利服務的責任（如果社會覺得該項福利服務係符合社會公益），實際上在政府法令的規範下，企業主在辦理福利服務時仍然有相當的自由裁量權，所以，此時管理者就應該把辦理該項福利服務的支出，和對公司可能獲得的有形無形之效益，作一比較不可。一般而言，福利服務對公司的貢獻約有以下各種：

(一) 容易羅致人員。

(二) 提昇員工士氣。

(三) 降低員工缺勤。

(四) 促進勞資關係。

(五) 減少工會影響。

(六) 減少政府干預。

(七) 減少員工離職。

(八) 增加職工認同。

(九) 增進生產效益。

(十) 實踐社會公益。

二、應能滿足員工真正需要

有很多企業辦理福利服務計畫，往往只是出於主管人員的構想，片面地認定員工的需要，其結果不但員工反應冷淡，而且浪費了人力財力。根據客觀的事實，透過員工團體或職工福利委員的媒介，最能有效地展開各種福利活動，例如許多員工組織或相關社團舉辦的員工貸款、忘年餐會、休閒旅行和體育活動，都有很好的成效。這些活動事項的設計與進行，乃是人事部門和行政主管的共同責任，但既是員工的福利，就應該重視員工自己的想法及其對於福利的要求，所以福利服務活動最好是由員工自行決

定。不過，即使如此，有時也會有所困難，就是為舉辦某項福利計畫，於事前徵詢員工的意見時，員工的反應良好，但是這種反應有時只是表示員工認為這項計畫是一個「好」的計畫，在實際上並不一定就是表示該項計畫是合乎他們自己的真正需要。

三、服務對象應包括全體員工

任何機構辦理福利服務計畫都應和本身特質及社區環境相配合，因為一個機構的目標均有特定的範圍，福利服務計畫自應限於此範圍內，如一個小型工廠，自不適宜有一個過於龐大的計畫，至於企業所在社區內其他公司的福利服務計畫，自然也應有所權衡。由於福利費用的支出有日益增長的趨勢，而各公司與各地區福利服務的內涵，也有很大的差異，所以企業在決定福利服務計畫時，就有先作福利調查的必要，通常福利調查和薪資調查同時辦理，因為兩者都和用人費有關，實際上要想得到正確可靠的薪資資料，就必須分析各公司內在外在的福利資料不可。

四、服務內涵不宜有施惠觀念

在家長式管理型態下，福利服務計畫的舉辦每被視為雇主的一種恩惠，但現代大家多已認識到職業福利服務計畫，應該是要能滿足政府、勞方及資方三方面的要求。過去有人批評企業舉辦員工福利服務計畫，並不一定會對企業帶來什麼效益，因為員工在接受福利服務時每多認為福利服務乃是業主所給予的一種恩惠，故在受惠時不關心其費用也是理所當然。為了糾正這種錯誤的觀念，目前很多企業在舉辦福利服務計畫時，往往也要求接受福利服務的員工負擔部分費用，以增進員工的自覺並適當地使用這些福利服務設施。至於要求員工負擔多少比率，當然要看計畫性質和內容而定，有的計畫可能要公司負擔全部費用，有的可酌讓員工負擔部分費用。

近年來歐美企業在實施員工福利服務計畫方面正嘗試採用一種彈性選擇方式的作法，亦即不同的員工依其年齡、教育、所得、生活形態、以及個人偏好與需求等的不同，而擇用不同福利服務。如年輕人希望進修，老

年人需要保險和退休，則他們可自公司所提供的各種福利服務設施中，選擇適合他自己的福利項目。（許道然，1995）這種福利觀念雖能充分滿足接受福利者的個人要求，但是在推行上，並非十分順利，其中最主要的困難就是此種作法不適用於小型企業，因為福利設施如不普及，其辦理必不合乎經濟原則，同時，為辦理多元選擇式福利亦必增加人力等成本，所以目前尚非全面採用。

捌、職業福利的借鑑

在西方國家的企業中，雇主普遍對職工福利相當重視。為職工提供靈活多樣的福利項目，是吸引和留住職工、增強組織凝聚力和競爭力的有效手段。雖然，由於政治、經濟制度以及歷史、文化等背景的不同，西方國家的職工福利和我國的職工福利有不盡相同的內容和特色，但是，瞭解西方國家的職工福利，對我國職工福利制度的推展是有可借鑑之處。

西方國家的職工福利最早出現於十九世紀末二十世紀初。十九世紀後半期，伴隨著經濟的發展，產業工人和資本家之間的矛盾日益加劇，由於機器生產代替了手工業生產，工人的勞動強度增加，工作環境危險、惡劣，工作單調，職場事故不斷增加。工資水準低、勞動工時長、就業無保障的狀況，引起了工人的強烈不滿。工廠裡暴力事件層出不窮，工人罷工經常發生。十九世紀八〇年代中期，改革雇用關係的呼聲越來越高，一九〇〇至一九一四年，一些思想開明的企業家自覺地採用了一些職業福利措施，如公司設置澡堂和餐廳，提供公司自己的醫療保健服務，甚至派公司的福利代表到雇員家中噓寒問暖，提供營養和衛生方面的諮詢。這些企業家們認為，福利工作是強化誠信和提高雇員士氣的善舉，對改善雇用關係大有益處。一時之間，福利運動逐漸流行起來。例如，美國的福特（Ford）汽車公司、科羅拉多燃料和鋼鐵公司、國際收割公司等紛紛設立了福利秘書的職位。福利秘書經由建議改善工作環境、住宿、醫療、教育和娛樂等，為工人提供幫助。（林萬億，1984）

　　二十世紀三〇年代以來，西方國家的職工福利事業有了迅速的發展。以美國為例，第二次世界大戰期間，美國政府對工資和物價實行了嚴格的控制，同時，戰爭期間勞動力短缺的問題也很嚴重。企業間為了爭取稀缺的勞動力，紛紛向員工提供優厚的福利待遇，作為一種迴避戰時工資凍結的手段。由於福利成本的監督比對工資直接的監督更加困難，負責工資和物價管理的政府部門對這種變相的工資增長也採取了比較寬容的態度，因此，這一時期的員工福利事業發展很快。

　　此外，在企業管理活動中，隨著工業化程度和勞動複雜程度的提高，對工人勞動的監督也越來越困難，企業必須更加依賴職工的自覺性以提高勞動生產率。特別是八〇年代～九〇年代，企業間的競爭日益激烈，招聘高素質的勞動力並保持穩定效能的職工隊伍，成為提高企業競爭力的關鍵。同時，由於生活水準的普遍提高，職工對生活質量也提出了更高的期望，他們要求提供醫療保健，希望生活安定、豐富多彩等等。出於對這一系列因素的考慮，雇主們也願意透過增加福利表示對員工的關心、滿足員工的需要，以提高企業的凝聚力和勞動生產率。

　　西方國家職工福利的內容可以分為兩大部分：一部分是法定福利，主要包括社會保險、工人傷病補助、失業保險、帶薪休閒等幾種。這是政府經由立法要求企業必須提供的；另一部分是企業在沒有立法要求的前提下主動提供的福利，具體包括健康護理、殘障保護、身體保健、退休福利、失業救濟和人壽保險等。這些福利並非法律要求，在有些企業取決於管理者單方面的決策，而在另一些企業則是工會與資方談判的結果。這些內容大體相當於我國勞工福利的內容，例如勞動基準法、勞工保險條例及全民健康保險法所揭示的保險範疇。

　　西方國家的企業主動向職工提供的福利中，主要有以下幾種：

一、帶薪休閒

　　雇主在職工非工作的時間裡按工作時間發放工資的福利稱為帶薪休閒。在西方國家的企業裡，競爭激烈、工作緊張、壓力很大，絕大多數職工甚

至願意放棄一部分收入，換取更多的休閒時間。因此，帶薪休閒是很受職工歡迎的一項福利。九〇年代初，美國用於這項開支的費用，已達職工福利支出總額的百分之二十六點四（莊善任，1997：36），這項福利與醫療保健並列為所有福利項目中兩個最大的單項開支。帶薪休閒的主要內容有：

1. 帶薪度假或在職工放棄度假時付給額外的工資。雇主認為，支付工資的假期為工人提供了從容休息的機會，使他們能夠恢復旺盛的精力，工作效率變得更高，更願意留在公司工作。因此，他們願意向職工提供這項福利，工作一年以上的職工每年的帶薪假日，奧地利和瑞典為三十天，法國為二十五天，荷蘭為二十四天，英國和西班牙為二十二天，澳大利亞、芬蘭和比利時為二十天，美國、日本、拿大為十天左右。（黃慧環，1995：52）

2. 節假日按工作日發放工資。美國私人企業每年有九天這樣的節假日。（黃英忠，1993）

3. 病假。在美國，社會保險項目中部包括病假工資，職工生病不工作而照領工資，是一項職業福利。

此外，在職工參加諸如軍隊預備役、國民警衛隊、陪審團、選舉之類的活動時，按工作日付工資。

二、援助方案

這是許多公司用來處理眾多問題的一種綜合辦法。這些問題包括婚姻或家庭困難、工作表現、緊張情緒、情感和精神健康問題、經濟困難、藥品和酒精濫用以及發生不幸事件等。公司或是提供組織內部的專業顧問，或是把職工委託給適當的社區服務機構幫助處理、解決這些問題。這類開支的大部分或者全部由雇主支付。一九五八年，美國提供職工援助顧問的公司不足五十家，現在，三分之一的公司都設有職工援助顧問。實踐證明，這一方案對於減少曠工、減少工人傷病補助的索賠以及減少事故有積極作用。美國學者 Grapman 研究發現：一項管理良好的職工援助方案，將為方案中每一美元的投入賺回至少三美元的獲益。（Grapman, 1997: 124-128）

三、教育資助

對企業的職工提供教育資金援助，也是許多企業的一項福利措施。最通常的作法是為那些同時修讀學業的職工提供學費，但其條件是職工必須保證一定工作時間及獲得良好以上的學習成績。為職工提供再培訓的機會，也是福利措施之一。在許多企業，講座、研討會不再限於管理層，而是鼓勵所有職工在方便的時候參加，以提供更好的素質和技能。此外，還有其他一些創新形式，如為了保證所有職工都有能力送子女上大學，有些企業為職工提供學費貸款擔保和企業配給的儲蓄。

教育資助福利是昂貴的，但它是一種最有價值的投資。為了預防某些職工接受了這些福利以後跳槽到其他企業，有些企業要求其職工簽署一份協議書，承諾若在一定時期內離開該企業要歸還所有費用。這樣，如果職工在規定服務的時間內離職，所在的企業就可以獲得所支付費用的補償。

四、生活福利

為了適應職工緊張工作和生活的需要，近年來，西方國家越來越多的企業開始提供一些方便職場生活的福利。附設托兒所、幼兒園和學前班，是生活福利中突出的一項。企業為職工年幼的子女提供場所、設施和服務。孩子們在這裡進行有人看護的遊戲、就餐、休息，不向家長收費或僅收適當的費用。有的企業還為職工的父母提供老年日托服務。這些福利對招聘職工和減少職工缺勤十分有利。包括：為使職工保持精力、緩解交通擁擠，所提供交通車服務，接送職工上下班，職工可免費或支付部分費用乘車。或是允許職工低價購買本企業的產品也當作一項福利，如一些航空公司規定，本公司所有起飛前尚未客滿的航班，雇員都可以低價乘坐。一些零售店，對外銷售為成本加價百分之六十～百分之一〇〇，本企業職工購買同樣產品，只收成本加價百分之十或更少。乃至一些企業向職工提供免費的午餐，由職工管理的信用組織向職工提供財政幫助、法律訴訟保險等。這些福利項目都有助於改善雇用關係。

　　以上這些職場福利服務的推展由於時空環境和發展的歷程，對於職工士氣和服務效能發揮一定作用，是足以為我們的借鑑。

玖、職業福利的規劃

　　西方國家實施的職場福利所需投注的金額巨大、種類繁多，任何一個企業都不可能為其職工提供所有形式的福利項目，一般都是從中挑選一些適合本企業的項目，提供適當的福利。因此，設計一份恰當的員工福利計畫並進行有效的管理，是使福利發揮吸引人才、留住人才作用的關鍵。

一、職業福利的設計

　　一般來說，企業在設計員工福利時，總要考慮以下因素：企業發展的長期目標和近期目標；實現這些目標所需要的職工類型；這些職工的主要需求；競爭對手提供的福利；企業的支付能力。這樣才能制訂出既有競爭力、吸引力，又能適當降低企業壓力的職工福利計畫。

二、職業福利的管理

　　注重溝通也是職工福利管理的一個顯著特點。一個企業為職工提供的可供選擇的福利項目越多，越需要建立良好的溝通體系。管理部門根據職工向上層管理者傳達的資訊，瞭解何時需要改變福利政策。職工很少有時間去研究一項福利計畫，管理部門需要向職工宣講企業福利政策的內容，享受福利待遇的條件和費用的承擔，使職工能清楚瞭解各項福利計畫及要求，以便選擇自己的福利計畫。所以，雇主們很重視與職工的資訊交流及溝通。近年來，隨著計算機的廣泛應用，很多企業特別編訂《職工福利手冊》之外，為每個職工準備一本個人的福利手冊，提醒個人在福利上所做的選擇、享有的權力和分擔費用的責任，以便於個人查閱。

三、職業福利的必要

在西方發達國家，儘管企業職工的工資一般而言是較高的，但企業並沒有因為其工資水準高而取消福利措施。相反，自二十世紀三○年代以來，職業福利占勞動總成本的比重不斷增加，已成為企業勞動報酬中不可缺少的組成部分。為什麼企業不是全部用薪資支付職工的勞動報酬，而要將其中很大一部分以福利的形式支付呢？這主要是因為福利在改善人際關係、增加員工滿意度和安全感、吸引和留住人力資源方面，可以發揮運用直接增加工資很難達成的作用。

在開放的市場體系中，企業要贏得競爭的優勢，就必須對其所需要的勞動力的數量和類型具有足夠的吸引力。一般說來，勞動者選擇企業除了考慮薪資和獎金水平，還要考量工作條件的優劣、福利待遇的高低、能否發揮專長等因素。企業辦理休閒活動、健身設施，提供宿舍、免費午餐，既方便了職工的生活，又創造了員工相互交流的機會；安排職工帶薪休閒，可以幫助職工恢復和保持良好的精神和體力，這些都不是提高薪資所能取代的。根據西方先進國家推動職場福利的經驗，其有助於企業發揮自主空間，使企業根據自身的特點、目標，自願興辦福利項目，發揮福利效果激勵人才的作用。

四、職業福利的彈性

福利計畫要能夠發揮吸引人才、留住人才的作用，就必須針對職工的需求設立。職工的需求是多種多樣的，不同的人有不同的需求；即使同一個人，在不同時期需求狀況也不一樣。向所有的職工提供同樣的福利，顯然不能滿足職工不同的需求。特別是在現代社會條件下，勞動力市場及觀念的變化、雙薪家庭收入的變化、年輕職工和年老職工對退休後福利考慮的差別、對加班和享受更多休息時間的不同認識、對延遲和提前退休選擇的差異等等，都要求多期盼企業有一個靈活多樣的福利計畫，以滿足人們的不同需要。當然，靈活的福利設計與管理也存在一些挑戰，其中的設計

和實施需要花費很多的時間和精力,使福利的管理成本上升。但由於其效
果的確帶來了勞動生產率和職工滿意度的提高,所以近年來在先進國家推
廣得很快,並且有增長的趨勢。

結語

　　職業福利與社會福利在目的、屬性、項目等各個方面並不完全相同,
但兩者之間卻有著非常密切的此消彼長的關係。因此,鼓勵職業福利的發
展,也就意味著減輕國家負擔。近十幾年來,工業先進國家都十分重視職
業福利的發展,有的國家甚至在法律上規定企業必須為自己的職工辦理獨
立的保險項目,而且其範圍已經由養老發展到了醫療、失業、工傷等各個
方面,保障內涵也有不斷提高的趨勢。比如瑞士一九八五年生效的聯邦職
業養老、遺囑和傷殘保險法規定,雇主必須經由保險機構為雇員進行企業
養老、遺囑和傷殘保險,但保險費額由各企業自行決定,或根據職工對企
業的貢獻大小,或為企業所有職工交納數額相等的保險費;目前絕大多數
職工已經參加了企業的這三項保險。英國為了降低國家社會保險的公共支
出,一九九三年推出了旨在使雇員協議退出國家退休金體系的「職業與個
人年金」制度;規定當企業的養老保險水平達到國家補充養老保險的水準
時,雇員可以少交百分之二的保險費,雇主可以少交百分之三的保險費,
而且被保險人領取的企業養老金還可以免交一定的個人所得稅;要求企業
必須參加私人醫療保險,患者生病的前八周其疾病補助一律由雇主負擔,
國家不給補助;規定企業參加保險公司的私人醫療保險,個人可以免交個
人所得稅,企業可以享受降低保險費的優惠。截至目前,大約有百分之五
十五的職工參加了企業養老保險,百分之十的人參加了私人醫療保險。德
國透過稅收優惠政策鼓勵企業建立自己的補充養老金計畫,全國已有百分
之四十六的雇員在領取政府的養老金之外還領取本企業的補充養老金。美

國的私營養老金種類在過去的幾十年裡快速發展，一九四六年以前為七三一一種，到一九八五年就增加到了八十萬種，其數額也從一九五〇年的一三〇億美元增加到了一九八九年的一兆八三六〇億美元。在轉型國家中，俄羅斯的社會保險制度由兩個系統組成，除了傳統意義上的國家社會保險以外，還有包括退休、醫療、失業、健康、意外保險以及社會服務在內的私人社會保險，而私人社會保險就是由雇員與雇主或者純粹個人交納保險費，國家只透過法律進行調整和管理的職業保險和個人保險。上述種種表明，絕大多數國家改革社會福利的目標之一是增加機構責任以減輕政府壓力。（盧智芳，1999）

　　職業福利是企業和國家機關等單位，透過舉辦集體生活和服務設施，建立各種補貼制度，向職工提供物質幫助和服務活動的總稱。其目的在於為職工生活提供方便，解除職工的後顧之憂，改善組織內部人際關係，豐富職工的物質和文化生活，增加職工的滿意度和安全感，增強組織的凝聚力和競爭力。推行職業福利時，將使得員工對整體組織有更高的認同和向心力。台灣社會在近幾年來歷經極大的變化，社會解嚴、民主運動、個人主義、產業型態、環保意識等都對企業和員工造成莫大的衝擊。企業必須正視這些改變，才能設計出具有競爭性的福利制度，達到福利的效果，以吸引、激勵、留任優秀的人才。

第十八章　職業福利的實施理論

壹、職業福利實施的內容

　　關於職業福利的概念，有謂：企業主辦的勞工福利可以稱為職業福利或經營福利。職業福利是由勞資雙方共同決議的勞工權利，而非雇主的恩惠措施。職業福利不僅包括工作時間內的福利，也包括居家生活的福利；不僅包括正常狀況的生活保障，也包括不時之需的生活保障。現代企業所提供的職業福利包括住宅的提供、經濟生活的補助、衛生保健的管理、文化休閒活動、人際關係的協調、在職教育訓練、互助金融等多元的福利措施。（蔡宏昭，1989）亦即在企業中所應給予的基於勞動條件之外，由企業主或工會或勞資雙方有計畫有組織的各種措施，以使勞工在工作中、生活上或獲得適當之便利與福祉之總稱。（社會工作辭典，2002）

　　嚴格的說，「福利」指涉的是一種抽象的心靈狀態，甚至是沒有客觀判定標準的主觀感受；但籠統的說，它是一種生活方式與需求滿足。（勞委會，1995）「職業福利」的產生是隨著不同的社會背景及產業發展情況而有不同的措施，一般而言，係指所有薪酬中屬於非直接工資給付的給予，包括企業主為員工提供的各項服務。Rosenbloom & Hallman（1991）認為廣義的企業員工福利（employee benefits）包括除了直接工資以外，實際上任何型式的薪酬給予，以美國商業公會的調查為例，美國雇主提供的職業福利類型就是除了薪資以外，雇主所提供的服務或給付皆屬之。

　　而較狹義的職業福利則是由雇主單方出資或由雇主與勞工聯合提供的福利，分為兩大類：（1）所得維持：保障受雇者因死亡、意外、疾病、退休、失業而引起收入減少或收入喪失期間之所得。（2）醫藥給付：為受雇者在生病或受傷時提供醫療給付。其目的是強調企業經營的色彩，強化員

274

工的關係有如唇齒相依，有企業的成長方有員工的福利；職業福利是由勞僱合作，達成企業成長與員工福利的一種手段，也就是企業管理的一種方式。因此，職業福利是兼具生產與福利兩種功能的管理制度，同時是有助於員工利益特別規劃設計的措施。施教裕（1991）且認為企業所提供的員工福利不但是工作誘因的一種指標，且是工作生活素質的一項指標，所涉及的重要課題包括老年遺屬殘障暨健康保險、失業保險、職業災害補償、退休年金、員工服務與協助（employee service）及員工輔導服務計畫（employee assistance programs）等。

學者研究指出，職業福利具有下列特點（丁嘉惠，1992）：

一、職業福利的投資花費有別於直接工資，且福利費用的成長不一定與工資成正相關的成長。

二、職業福利的經濟主體是由企業自身及勞工團體為主，第三者（如政府）則扮演輔助角色。

三、職業福利所實施的福利措施非一定為法令、規章所訂定限制，多由勞資雙方共同決議。

四、職業福利的實施不僅包括工作面，也包括生活面。

五、職業福利對象不僅包括所雇用的員工，甚至包含家屬。

六、職業福利的經費來源，主要以企業給付為主，政府與勞工則僅是扮演贊助、補貼、協助的角色。

職業福利因區域、經營理念、產業別等差異，會有不同給付重點及項目，基本上以滿足員工需求為目的。以美國、日本及我國企業所提供的主要福利類型與項目便可看到此種差別：

（一）美國的職業福利類型（丁嘉惠，1992）：

表 18-1　美國的職業福利類型

事項	內涵
待遇福利	1.依服務年資而享有的支薪假日（vacations）。 2.特定假日（holidays）如元旦、勞動節等。 3.其他，如喪假、陪審假、病假等。

保險福利	1. 健康保險（wealth insurance）。 2. 牙齒保險（dental insurance）。 3. 生病和失去工作能力的保險給付（sickness and disability insurance）。 4. 人壽保險及對員工遺族的死亡給付（life insurance）。
退休福利	強制性的年金給付（mandatory pension）。
其他福利	1. 非工資的財務福利或現金給付，如分紅、優利存款。 2. 員工生活設施福利服務，如餐飲、財務諮詢、兒童照顧……等。 3. 非財務性報酬，如彈性工時、公司員工購買公司產品或服務的折扣優待。

（資料來源：作者整理）

(二) 日本的職業福利通常都採取較狹義的解釋，舉凡政府以法律規定的勞工福利均不屬於職業福利，其職業福利的定義僅法定外職業福利。以下是日本職業福利的幾種主要型態（勞委會，1995）：

表 18-2　日本的職業福利類型

事項	內涵
衛生保健	有預防措施（如健康檢查、預防注射、休息室）和治療措施（如診所、保健中心、特約醫生）。
金融互助	有福利金（如婚喪喜慶、急難、意外互助）、貸款制度（如教育、消費、結婚等貸款）及保險制度（如人壽、意外、死亡等保險）。
置產計畫	有存款制度和認股制度。
退休制度	有一次給付的退職金和以一次給付、年金方式或綜合方式的退休金制度。
職工住宅	有住宅提供、住宅金融（如購屋貸款、整修貸款）及住宅資訊的提供。
教育訓練	有企業內和企業外訓練（如建教合作、專長培育等）。
設施設備	休閒、運動、生活、文化、交通等設施設備。
福利服務	餐飲、購物服務（如福利社、特約商店）、保育服務（托兒所、幼兒園）、生活服務。
文康活動	旅遊、運動會、文教活動。
其他福利	如制服、提案制度等。

（資料來源：作者整理）

(三) 我國的職業福利：包括了法定內的職業福利項目及事業單位因應
員工需求的其他福利措施，原則上包含六大類：互助福利、法定
社會保險給付、私人保險及退休給付方案、在職中非上班時間之
支付、非工資（如績效獎金）的額外現金給付。根據「臺灣地區
工作生活品質調查」所分類的職業福利項目如下（王方，2000）：

1. 各種貸款（如購屋、購車、生活小額貸款）。

2. 分紅入股。

3. 年節獎金（包括分紅、工作獎金、績效獎金）。

4. 儲蓄補助（財產形成制度）。

5. 各種婚喪喜慶或急難救助。

6. 宿舍或租屋補助（如房屋津貼）。

7. 餐飲設施或伙食補助。

8. 理燙洗衣服務。

9. 托兒服務（含津貼、特約托兒所、幼兒園）。

10. 團體或眷屬保險。

11. 退休勞工福利服務（含退休金、退休員工慰問金）。

12. 離職金（包括資遣費）。

13. 職業疾病或傷害補償等撫卹措施。

14. 子女教育補助。

15. 福利品供應服務。

16. 醫療設施或補助。

17. 提供交通車。

18. 通勤補助。

19. 康樂藝文設施。

20. 康樂藝文活動（社團活動、國內旅遊、慶生）。

21. 國外旅遊補助。

22. 員工輔導措施及諮商活動（如心理輔導、法律服務）。

23. 陪產假或育嬰假。

24.訓練發展計畫。

25.進修補助、津貼獲獎學金。

26.彈性上班。

27.部分時間工作。

28.獎勵獲表揚活動。

29.參與管理（如品管圈、提案制度）。

30.申訴制度。

　　另外，自一九八四年起，在美國開始進行一項創新的福利計畫：「彈性福利制度和自助方案」（Flexible Benefit and Cafeteria Plans），在這一制度下，員工可以從雇主所設計的一套福利制度中，在一定的福利水準之下選取適合自己需求的福利項目。這種彈性制度的好處是可以吸引不同類型的勞動力，並且使員工不再為僵化的固定福利計畫所束縛，還可以滿足眾多不同背景員工的需求。（許道然，1995）例如：有小孩的年輕已婚員工可能會選擇一套強調現金給付和健康保險的福利配套，而一個年長且高所得的員工可能所選的是強調退休後可享有的遞延給付福利。像這樣的自助式彈性福利制度倒是值得雇主在提供職業福利時評估參考。

　　從上述各種福利給付內容來看，職業福利範圍不但涵蓋了員工及其家屬遭遇健康危機、生活危機時的保障，也包括了促使員工能夠享有更好的生活方式的服務性福利，只是雇主對職業福利的提供通常是有所選擇的，而且有相當彈性的給予方式。

貳、職業福利的實施理論

　　職業福利之實施，其旨原在安定員工生活及其工作士氣，從而提高生產效率。自從人力資源管理的人性化發展成為企業管理的主流以後，職業福利開始受到重視，並且被當成滿足勞動者需求之管理「工具」或「機制」（mechanism）。（王麗容，1993）

Singer（1990）認為員工需求是影響職業福利措施的主要因素之一，另外當職業福利是企業人力資源管理的一種手段時，它是增進勞資關係、提高勞動生產力的一種工具。（Buchko, 1992; Nattesop & Ivancevich, 1989; Hersey & Blanchaid, 1988）換言之，職業福利在企業組織行為中扮演了激勵的角色。許多學者認為員工福利是工作報酬的一部分，所以是勞務成本的一部分，也是維持勞動力所需。（王麗容，1993）很明顯的，雇主以福利交換員工的勞務和付出，而員工提供勞力來交換福利。

以下就是分別從馬斯洛（Maslow）的需求層次理論（Hierarchy Needs Theory）、海茲伯格（Herzberg）的激勵保健理論（Motivation-Hygiene Theory）、公平理論（Equity Theory）、期望理論（Expectancy Theory）、交換理論（Exchange Theory）來探討職業福利功能：

一、需求層次理論

Maslow 把人群關係的理論引入人類激勵動機的心理研究。他具體地提出「需求階層論」，認為人之所以會被激動，朝向某目標而努力，乃是為尋求滿足某種需求，當較低層次的需求滿足時，較高一級的慾望就可被用來當作激勵的工具，而該已滿足的需求就失去激勵作用，除非它又不被滿足了，所以主管人員在激勵部屬努力工作時，首先瞭解部屬的需求滿足狀態，方能對症下藥，提高績效。Maslow 需求層次論兼顧經濟和社會模式的主張，為後來管理學奠下極重要的基礎。這種不同模式都是足以用來解釋職業福利和人類心理需求之重要性。

1943 年，馬斯洛把人類的需求分為下列各層次（李增祿，1993）：

表 18-3　人類的需求分為下列各層次

事項	內涵
生理的需求	食物、飲水、蔽身與休息的需求。
安全的需求	防止危險與防止被剝奪生理需求的欲求。
社會的需求	是一種親情、給予、接受關懷與友情需求。

自尊的需求	在較低水準的需求有合理的滿足時，人們通常會追求更高的成就、更廣泛的知識與更多的被賞識。
自我實現的需求	在此一層次需求中，人們期望能實現其充分的潛在力量，注重自我滿足、自我發展與創造。

（資料來源：作者整理）

職業福利的實施正是企業藉由員工需求的達成來提高生產力與穩定勞資關係的方法之一。從需求理論的觀點而言，職業福利同時可達到員工滿足和穩定勞資關係的效果。

二、激勵－保健理論

如果一般人在組織之工作經驗中，所得到身心幸福感。那麼，員工在其組織之工作經驗中，個人之需求被滿足程度即為員工工作激勵之內涵。Herzberg 深入探討了人何以要工作，以及如何可使員工受到有效的激勵，以使得員工的工作滿足與生產力提升。Herzberg 認為，人之所以工作，有二種誘因（Motivation），一種是工作的「外在誘因」，這種誘因乃指工作提供薪酬，人為了薪酬而去工作，不工作便無法生存；另一種是工作的「內在誘因」，即員工有由工作中感覺有意義、有價值，而願意現身努力，以達到成就感。若欲使得員工滿足感提高，應著重工作的內在誘因，使得工作趣味化。在此觀念下，Herzberg 提出了相當有名的「雙因素理論（Two-factor theory）」，他認為人的需求可以分為二類，一類是「較低水準」的需求，此類需求，包括食物、衣服、住宿以及能滿足這些需求的金錢，此需求相當於 Maslow 所說的生理、安全及社會之需求；另一類是「較高水準」之需求，這類需求與人之獨特性質有關，如成就的能力，使心理成長，它包括達成某種艱難工作，獲得名望與讚美。此類需求，相當於 Maslow 所說的自尊及自我實現的需求。

Herzberg 在其研究中指出，員工在工作中，若較低水準之需求無法滿足，則將導致「工作不滿」，而且此種工作不滿與員工工作環境及工作條件有關。此時，如果組織改善員工的工作環境與工作條件，亦即，若消除導

致員工工作不滿之因素，則員工並不因此而有「工作滿足」，只不過是「不會不滿」而已。Herzberg 稱此種防止工作不滿之因素為保健因素（Hygiene factor），又稱維持因素（Maintenance factor）。此時，若欲使員工具有工作滿足，則只有滿足員工較高水準的需求，才能使員工具有工作滿足。此種可使員工有工作滿足的因素與工作本身有關，Herzberg 稱其為激勵因素（Motivation）。請參見下表：

表 18-3　企業內員工激勵的因素

類別	激勵因素 （Motivator Factors）	保健因素 （Hygiene Factors）
內容	• 工作內容 • 有成就感 • 為人賞識 • 工作價值 • 升遷機會 • 成長發展 • 責任賦與 • 地位肯定	• 工作環境 • 公司政策 • 行政督導 • 人際關係 • 工作條件 • 薪水保障 • 生活照應 • 工作安全

（資料來源：作者整理）

Herzberg 之研究結果，員工由工作中所獲得的滿足，可分兩個層面。若依前述的工作誘因論，則滿足員工較低層次需求的工作誘因，應是屬工作之「外在誘因」。只滿足員工「樂於工作」，則應運用激勵因素，透過工作本身所給予員工的滿足感，以及工作的「內在誘因」，使員工較高水準的自尊及自我實現之需求獲得滿足。Herzberg 之雙因子理論與組織中可供員工滿足之項目可以看出，保健因子與組織中之工作環境與工作條件有關。依照 Herzberg 的理論強調，透過保健因子，可使員工的較低水準的生理、安全、社會及外在自尊（如地位）的需求獲得滿足；而激勵因子與工作本身有關，可使員工的較高水準的內在自尊及自我實現的需求獲得滿足（Herzberg, 1968）。Herzberg 之雙因子理論及 Maslow 需求層次理論，論及

員工由其組織所提供的客觀資源與其主觀的需求滿足間之關係，相當周全而且架構鮮明。因此，若職業福利可以設計雙因子理論所論及的員工工作之內、外在誘因之考量，當能使員工有感於組織對其深度之關懷，以增加員工對組織之認同與滿足感，而更增進員工的工作意願和勞動生產。

三、公平理論

J. Stacy Adams 在一九六五年提出公平理論（Robbins, 1989）：人們不僅關心自己的努力得到多少報酬，也關切自己和他人間的比較關係。研究顯示，員工有下列四種比較途徑：

表 18-5　員工的比較途徑

事項	內涵
組織內自比	在同一組織中，以自己現在的工作和以前的工作比較。
組織外自比	以自己現在的工作跟以前自己在其他組織中的工作比較。
組織內他比	在同一組織中，以自己現在的工作和他人的工作比較。
組織外他比	以自己現在跟其他人在其他組織中的工作比較。

（資料來源：作者整理）

根據公平理論，當員工感受到不公平時，會有以下的反應：

(一) 改變自己的付出（例如，不要太賣力）。

(二) 改變自己得到的報酬（例如，在按件計酬的情況下，員工可能會增加產出量，但同時降低其品質）。

(三) 扭曲對自己的認知（例如，「過去我總認為自己的工作速度很適中，現在知道我是比別人勤快多了」）。

(四) 扭曲對他人的認知（例如，「光華的工作沒有我以前所想得好」）。

(五) 改變比較對象（例如，「我賺的錢也許比不上表弟，但是我還是比爸爸過去的時候強」）。

(六) 改變目前的工作（例如，辭職他就）。

四、期望理論

Victor Vroom（1964）對激勵作用所提出的期望理論（Expectancy Theory）認為：人們之所以採取某種行為（如努力工作）是基於他認為這樣做可以得到某種成果，而這種成果對他而言是具有吸引力的。期望理論中有三個主要概念：取價（Valence）、方法（Instrumentality）、期望（Expectancy）。（MaCormick E. J. & Daniel Ilgen, 1985）「取價」是指個體對特定結果的情感取向，也就是一個人對此結果的慾望或吸引力。「方法」代表的是個人的表現（工作績效）和報酬結果之間的關係。「期望」則是努力與工作績效的認知關係。

當職業福利被視為是員工的總報酬之一部分時，職業福利和員工行為表現的關係便可以期望理論串連起來。以有實證證明它對員工生產力、曠職率與離職率等變數有相當強的解釋力。（Robbins, 1989）今天的員工不但重視所獲的薪水，也同樣重視企業所提供的福利內容與水準，認為福利也是應獲得之報酬之一。期望理論認為當員工努力工作時，會希望經由工作績效的評量而獲得公平的調薪、升遷、獎勵、福利或成就，以滿足個人生理、心理方面的需求。員工期望在努力工作後會有所得，例如公司所提供的福利措施。而公司所提供的福利等措施，也能加強員工的努力工作，對企業而言，這是一種良性循環。

因此，Dessler（1984）主張若福利給付員工，是可以達到一定的工作績效，由此可說明福利和其他薪酬相同，吸引員工有助於提升工作動機。今天的員工不但重視所獲的薪水，也同樣重視企業所提供的福利內容與水準，認為福利也是應獲得之報酬之一。（洪榮昭，1993）

五、交換理論

在 Homans 的交換理論中，酬賞的概念是交換理論的基石，交換理論相信個人的交換行為是極自我中心並且利己的，因此，在交換過程中必然牽涉到利潤問題，如果交換的雙方不能彼此皆得到滿意的結果或利潤，則無交換的必要。（蔡文輝，1985）McCaffery（1989）認為今天美國企業的職業

福利之所以大幅成長，交易（trade-offs）的概念大量應用在所得和福利的取得是一個重要的影響因素。因為雇主認為提供更為周延的職業福利時，相對的所屬員工應當能體念組織所提出的措施，以更為努力的工作及服務效能以為回應雇主的照顧。

綜合上述的需求理論、激勵－保健理論、公平理論、期望理論及交換理論，可以知道它們都在解釋行為經過刺激產生反應的過程中，如何透過適當的刺激使人們的行為做出最好的反應；而職業福利正是一種刺激設計，其功能就在影響員工的工作表現。由於社會是一個整體，個人整體的福祉乃繫於個人各方面的滿足，包括對勞資關係的滿足等。因此，假設個人的工作滿意程度高的話，個人對社會的貢獻也就較大，由此社會更給人們帶來更大的福祉。因此，不管從企業組織方面看，或從人類長期的福祉來看，創造一個適當的工作情境，來增加人們的工作滿足是必要的，也是主要的。

職業福利主要是具有激勵的作用，藉由整合 Klein（1988）的觀點則職業福利可以達成以下三種效果：

(一) 需求理論幫助我們了解企業組織在福利措施策略上，有增強勞動者的工作意願及對公司的向心力等效果。Charon（1970）證明，勞動者對個人感受到身心滿足感，確實促使勞動者改變自己去適應環境的重要動機。因此，職業福利充分掌握勞動者對福利需求，乃是職業福利策略上之重點。

(二) 職業福利本身具備有勞資互動的社會性功能，即可穩定勞資關係，也有助於企業對外的社會形象。依 Herzberg 雙因子理論之分析，勞動者在其工作中所獲得的滿足，來自於工作的內、外在誘因。工作的外在誘因可滿足勞動者的較低層次的需求，亦即 Maslow 之需求層次中之生理、安定及社會需求。而工作內在誘因可滿足勞動者的較高層次的需求，亦即 Maslow 之需求層次中之自尊即自我實現的需求。員工由其組織所提供的客觀資源與其主觀的需求滿足之間關係，相當周全且架構鮮明。因此，若職業福利可以設計出雙因子理論所論及的員工工作之內、外在誘因，當能使員工

感受到企業組織對其深度之關懷，增加員工對組織之認同與滿足，更有助於勞資關係和諧，達成提升企業形象的效果。因此，企業組織亦應考慮到勞動者對此一方面的重視。

(三) 勞動者不但期待其所獲得的薪資，也同樣重視企業所提供的福利內容與水準。公司提供的福利措施將會加強其工作意願，進而影響工作的生產力。Seashore（1975）認為提升勞動者生活品質及生產效率，最後將表現在個人於工作角色中之效能，而這種效能，從雇主的角度來看，是生產力、流動率、產品品質以及成本等；由勞動者角度來看，是所得、升遷機會、工作安全及工作滿足；由整體社會來看，則是社會資源利用、經濟成長及社會安定，這是一種良性的循環。

參、職業福利與勞資關係

一、勞資關係的定義

勞資關係也稱勞工關係（labor relation），如吳靄書（1992）所言，就是指企業生產部門中勞方和資方的關係。即工人和雇主或代表雇主行使管理權的人員間之相互交往過程。在管理上而言，其範圍是指凡發生在員工與雇主之間的任何事均屬之。

勞資關係應該有兩種內涵：

表 18-6　勞資關係的內涵

事項	內涵
法律關係	勞工和雇主之間存在著一種以勞工和雇主作特定對象，勞動過程中發生權利與義務的關係，這種基本權利和義務規範就是勞資之間在法律上的關係條件、勞工福利、安全衛生……等作勞動契約的關係。
人際關係	勞工和雇主的關係其實就是企業中「人」與「人」之間的關係。經由實證研究得知：工人的士氣和生產積極性，雖受物質條件影響，但是，賞識、安全及歸屬等需要，有更大決定力量。（吳家聲，1988）很明顯的，賞識、安全及歸屬等代表員工「知覺感受」係來自於資方或管理人員的提供。勞資關係

	除了由物質條件所知外；尚包括員工對企業組織的管理方式所產生的態度、思想、感情所形成的人際關係。人際關係為員工的知覺感受，較為主觀與抽象，有學者提出以「勞資關係組織氣候」（Labor-Management Relations Organizational Climate）加以探討，而勞資關係的結果則是員工的行為表現。

（資料來源：作者整理）

二、勞資關係與組織氣候

「組織氣候」（Organizational Climate）一詞指的是員工對於組織對待其成員的方式的知覺感受，在組織中，它是對全面環境的一種反應。在不同的組織氣氛下，員工的知覺感受不同，其反應行為也有不同。（Hellriegel & Slocum, 1974）根據 Payne & Pugh 的定義，組織氣候可視為一組象徵工作環境中普遍存在之規範（norms）、情感（feelings）及態度的變數。（Payne & Pugh, 1976）

1989 年，Dastmalchain、Blyton、Adamson 等人將組織氣候歸結出以下五個構面：

表 18-7　組織氣候的構面

事項	內涵
融洽性	勞資之間互助、互信的程度。
開放性	勞資之間願意互相交換訊息意見的程度。
敵對性	勞資之間彼此厭惡、爭執、並不惜訴諸武力以解決問題的程度。
冷漠性	員工與企業對工會事務的參與投入程度。
即時性	員工訴怨與勞資歧見獲得快速解決的程度。

（資料來源：作者整理）

這項研究顯示，在企業組織中，組織對待成員的方式會使組織與員工間產生融洽、開放、敵對、冷漠、即時等五種勞資關係氣氛。在以僱傭關係為基礎而產生的勞資關係中，衛民（1986）認為測量勞資關係好壞的一

個重要指標是員工的流動率。除了離職率，還有其他如缺勤、爭議等。Hirschman（1970）的「退出‧發言‧忠誠」理論（Exit，Voice and Loyalty: Responses to Decline in Firms, Organization and States）說明了員工對企業不滿的處理辦法：第一是「退出與進入」（exit-and-entry），員工覺得公司不好就轉職；第二是「出聲（voice），提出建議，改進現況；第三是「表達忠誠」（loyalty），不論如何均支持公司。（劉創楚，1988）當然，在「出聲：提出建議，改進現況」的員工行為反應有可能是以申訴（訴怨）、談判、甚至是更激烈的爭議行為，如勞工的怠工、杯葛、罷工，雇主的關廠等。對企業而言，塑造良好的勞資關係可對員工行為有正面的影響，而當員工有良好的行為表現時，勞資關係的和諧融洽與合作之目的則不難達成。

三、職業福利與員工行為

由於員工行為的結果對於組織的利益大有影響，勞工與雇主的爭議將影響組織的成本和利潤；反之，如果勞工的離職換工、缺勤等不利組織的行為能降到最低點並提高對工作的投入程度及對組織的忠誠度，則組織的利潤將大幅提高。而影響員工行為的眾多因素中就包括人力資源管理措施的薪酬福利制度。Lawler, E. E.提出酬賞體系（Reward System）會影響員工個人行為的關係認為一個績效激勵的給付措施能促進好的工作表現，並吸引組織所需的人力。在此酬賞系統中應包括對團體及整個組織所設計的激勵給付（incentive pay），例如根據單位生產力給予員工的紅利（bonus）以及利潤分享（profitsharing）、入股計畫（Ownership plans）等。事實上，這些激勵給付措施正是職業福利內容中具財物特性的福利項目。

職業福利可改變員工行為並影響勞力成本，員工認為眷屬照顧對工作表現有顯著影響；Shinew & Crossley（1998）指出因健康問題而請假與工作效率降低，使公司每年減少上百億元收益，若公司能提供健康照顧制度的福利服務則可減少缺席率、增加工作滿意度與降低健康照顧成本；而員工休閒計畫可因增進健康及工作滿足而減少缺席率與離職率，也因健康的降低而增加工作表現。以上的福利措施都是保健因素在企業管理上，用以刺

激員工,增強其工作表現進而影響生產力的應用。職業福利會影響工作者的工作表現,在工作者權衡其重要性或影響程度的過程中,顯示職業福利影響其留職意願最大,其次是影響其工作努力程度,再其次是影響其是否提升業務品質及把握工作的進度。(Shinew, 1998)

以上論述可窺出整體的職業福利制度對勞資關係的促進而言,具有不可忽視的影響力。

結語

許多研究資料顯示個人特質會影響職業福利的需求層次,不同年齡、性別、婚姻、子女、教育、收入、年資、職位等,會影響受試者對福利措施的需求程度。以「性別」為例,男性較重視康樂、進修、貸款、分紅入股等方面的福利措施,而女性員工則重視各種休假制度及便利上班之福利措施。(洪榮昭、楊松德、王麗容,1993)以「工作職位」為例:職位越高者對福利的滿意度越高、職位越低者對福利的需求度越高。(洪榮昭、王麗容,1993)

組織特質中的「工會組織」、「規模組織」、「資本型態」對職業福利制度的實施項目會有影響。例如:工會成立的宗旨就在保障會員的權利、增進會員的福祉;但是近年來,「無工會組織(free union)」的理念漸為企業主所接受,根據美國主計處(US General Accounting Office)在 1986 年對企業實施員工入股計畫(ESOP)的統計資料指出:百分之八的企業之所以施行此項福利計畫卻是為避免員工組織工會。(Russel, 1989)又,「組織規模」(員工人數及投資額)與「資本型態」(國資、外資、中外合資)也有研究資料指出是影響職業福利給付方式的因素。通常,企業規模越大、福利給付越好;所舉辦的福利項目較多。同時,美國較日本重視員工休假與職訓福利,日本較美國重視員工健康的維持及休閒生活的關懷。(勞委會,1996)

是以產業日益重視職業福利服務的同時，如何緊扣組織文化、員工需求、同仁屬性，以適時適切的量力而為的提供必要的職業福利項目，將有助於工作同仁士氣的激勵與組織發展。

第十九章　職業福利與工作效能

壹、職業福利實施的效益

　　職業福利，是針對勞工在工作上及生活上的實際需要，運用政府、勞工、資方的力量，有系統的舉辦各種福利措施，其範圍包括工資、工時、童工、女工、勞保、安全、衛生福利等等。通常，職業福利又可說是在工作之外，由雇主及勞工團體有計畫舉辦各項福利措施，使工人及眷屬在工作中與生活上都獲有相當大的利益。職業福利隨著各國背景不同，其所涵蓋的範圍不同，綜合而言，職業福利即為「勞工在薪資之外，由雇主及政府或組織團體，為增進勞工個人及家庭物質與精神生活，所提供的各種物質及金錢上的給付。」職業福利是以勞動者為主的保險制度，逐漸擴大至與勞動者親屬有關的方案，而賦課雇主責任到政府強制規定福利制度，已成為各國發展的共同趨勢。（詹火生，1992）

　　企業舉辦此項福利服務的價值，是為了提高士氣，使員工對其工作環境感到滿意。職業福利最主要分成政府、企業提供的福利兩種，而政府福利又以社會保險為主，因此具有下列目的：

　　一、能力的維持，如勞工醫療保險。

　　二、儲蓄的培養，如勞保老年給付。

　　三、市場的功能，如失業資遣給付。

　　四、災害的賠償，如職業災害賠償。

　　就此，職業福利具有下列的功能：

　　一、勞動能力。

　　二、勞力品質。

　　三、勞資和諧。

四、勞工生活。

五、職業倫理。

六、社會責任。（蔡宏昭，1990）

　　而職業福利不論是政府要求辦理，或由政府辦理或是企業自辦，就綜合的觀點而言，職業福利有以下之效益：

表 19-1　職業福利的效益

事項		內涵
總體效益	吸引勞動力	防止員工流動，職業福利雖非薪資，但它提供勞動者相當的便利，並可增進員工間的友誼，可吸引優秀人才至該企業工作，並使現職勞工不會輕易離開，這種作用於人力缺乏時期更為明顯，它會使勞動者考慮到福利問題而不輕易更換雇主，增進勞資關係的維繫。
	增進勞資和諧	可提高員工對事業單位的忠誠，對於一個打算永續經營的企業，其長期職業福利設施對員工而言是一種照顧，它可以提高勞動者對企業的忠誠與企業一體的意識，建立共存共榮的觀念，維持勞資關係和諧的氣氛。
	增加生產力	企業辦理個別勞工期待的活動如體育休閒活動，可使枯燥的工作壓力獲得調劑，增加員工的身心愉快、增進生產效率。
	補助薪資不足	職業福利計畫中含有很多項目是經濟性的，其利益固然與工作完成量無關，但常可補工資之不足，在工資制度不合理中更具明顯作用。
員工方面		1.提高職場員工士氣； 2.享受更多的安適感； 3.減少工作不滿因素； 4.改善與資方的關係； 5.增加工作保障與所得； 6.擁有更多參與的機會； 7.了解公司經營目標與政策。
雇主方面		1.提高生產力，同時降低單位成本； 2.促進團隊精神； 3.降低員工遲到、缺勤、意外事故、抱怨和不良的離職動機； 4.改善人際關係； 5.減少僱用成本及訓練經費； 6.增進勞資合作的機會。

（資料來源：作者整理）

綜合而言，職業福利可說是員工除了工資以外，所獲得到滿足其生理心理的一種措施。

貳、工作意願的主要概念

工作意願是一種工作態度，指員工決定生產多少、在意識上要做多少事情。（石樸，1991：12）也可解釋勞工繼續從事目前工作之企圖，或個人對職業的投入程度，是個人求職、尋找工作的意向。代表個人對工作單位的認同、投入程度及離職的意向。在組織行為的研究中，能測量工作意願項目的有：工作投入（job involvement）、組織認同（organizational commitment）和離職傾向（turnover intention）三項。（黃靜婷，1993：18）這三要素皆代表員工的認同及組織的參與程度，可說是與工作意願的概念相符，因此相關研究多以此三個要素作為測量的指標，現分述其個別的定義如下：

一、組織認同

組織認同（organizational commitment）或稱為「組織參與」或「組織實踐」，也就是個人專注於對組織貢獻的顯著行為，為個人對組織的確認或認同；即組織的目標和個人的目標變得逐漸整合及一致性。（Mowday, Poter and Steers, 1982: 26）另一方面，也有將組織認同視為組織承諾，Kanter（1968）將組織承諾類型分成三種：（1）永續承諾——由於個人的投入，考量離開將是高成本或不可能，致力於組織之積極參與。（2）凝聚承諾——由於與組織的綿密連結，增強成員間凝聚力，而附著在組織中。（3）控制承諾——附著於組織規模且模塑其行為朝向所欲之方式。（李長貴，1993：12）Steers 等人（1970），定義組織認同為「個人加深對特定組織的認可與投入。」其基本上可分為三個要素：

(一) 接受組織的目標及價值的信念。

(二) 有意願想去為組織行為做努力。

(三) 有可望維持組織內成員的關係。

綜上所述，組織認同不僅是指成員對組織的信仰及意見的表達，更是一種行動的表現。個人在組織中，對組織有固定的需求，也對組織有所貢獻，若個人能在組織中發揮所長，並從中得到滿足，或是覺得組織是可以依靠的，此時個人就會增加對組織的認同程度。反之，若組織不能提供個人值得依靠的環境，及給予個人有意義及挑戰性的工作，則個人對組織認同的程度便會降低。

二、工作投入

Lodahl 及 Kejner（1965）認為工作投入（job involvement）是指個人對工作心理的認同程度，或是工作在個人自我印象中的重要程度。（石樸，1991：36）而 Lawler 及 Hall（1970）認為工作投入是個人可以滿足需求程度，當個人知覺到工作績效可以使個人自我、尊嚴需求獲得滿足，且工作績效可經由個人的努力而獲得，那麼就會不斷激勵投入的意志，所以工作投入是屬於一種期望模式。工作投入定義可簡述為二類，一是個人對工作的價值導向，另一則視為組織情境和個人特質交互作用形成的結果。

三、離職傾向

離職（turnover intention）是指個人經過一段時間的考慮後，對職業的一種否定結果，這意味著不僅會失去工作，而且與此職業所賦予的利益完全脫離。（石樸，1992：24）離職所造成對個人的影響，不僅在工作的失去，也是意謂在個人與組織互動過程的終止，而離職傾向即是想要離職的態度及意願。一般學者把離職分成兩類，即是自願性離職和非自願性離職。前者是因組織及個人因素而離職，如為找更好的工作環境、遷移等。而後者是屬強制性的，如遭公司解雇。在學術的研究上，較重視自願性的研究，其理由有三點：第一是除了在經濟不景氣時所形成公司大量裁員或倒閉，造成非自願性離職外，在平常員工的流動大多是自願性的。第二，自願性離職的原因多具有同質性，所運用的理論解釋較能切合實際。第三，自願性離職因素，管理者較易掌握，比起其他的離職現象，如解雇、退休等，

管理人員可試圖去改變員工的意願以減少離職。（李長貴，1989）其實在現代人力管理中，所重視的是避免員工的離職影響到組織的利益，所以要提升員工工作意願，管理部門就應試圖去降低員工離職傾向，能使員工留下繼續為組織服務。

職業福利是指工廠員工在工資以外，從工作職位上得自政府、雇主及其他單位物質及非物質的供給之謂。而就業意願一般是指員工在工作上，對該職務及職務的認同程度，其離職傾向及工作上投入性、穩定性而言，若是一公司其員工流動性高，員工對工作及公司普遍不滿，其就業意願必然低落。綜合學理探討與工作意願有關因素大致可歸納如下：

表 19-2　工作意願有關因素

事項		內涵
與組織有直接相關因素	工作本身因素	職業安全、職業聲望、未來願景。
	人際關係因素	包括與上司之間與同事之間的關係。
	工作情境因素	包括薪資、升遷、福利、工作保障等。
與組織無直接相關因素	個人特質	包括性別、年齡、地區、教育、職業類別、心理態度。
	社會文化	如傳統習慣及風俗會影響個人的工作態度。

（資料來源：作者整理）

就上述影響工作意願的因素中，福利只是其中一項。在研究文獻裡，一個公司或工廠福利措施好壞，無疑是工人尋找工作的一種考慮，也是決定其在組織中去留的因素，因此福利措施會影響工作意願。

職業福利的目的是為了提高勞動生產力、安定勞動力，希望員工對企業有所貢獻，亦就是說，企業期望藉由福利制度及措施來充實勞工及家屬生活的安定。是企業對勞工管理的措施之一。（李長貴，1989）從廣義而言，福利乃員工所有薪資中屬於非直接形式的一種所得，通常和員工的工作年資有關，包括保險、年金及其他各種福利，其目的是用以激發員工的工作意願及成就動機，藉使事業發展。若就狹義而言，福利著重於改善員工的

工作生活素質，是一種工作誘因和生活指標。（施教裕，1993）另外，以人力資源管理角度來看，人可說是企業生產最重要資源及原動力，雖然資本及土地、機器亦是生產的重要來源，但欠缺人的管理，也就沒有生產之動力。因此重視人力的管理，才能促進產業的提升。綜上所述，人力對企業的發展有關鍵的影響，而職業福利也正是為了維護人力發展所應採行的措施。例如在美國的托兒服務所產生的福利有下列二者：

(一) 情感式（Expression）：這種托兒福利能滿足員工多方面的心理滿足。

(二) 工具式（Instrument）：福利從行為面可以用來當作一種人力資源管理和運用的工具。

在美國福利與企業的僱用關係研究文獻顯示，托兒對員工有下列四項影響（施教裕，1991）：

1. 提高生產條件。

2. 改善徵募條件。

3. 減少員工異動。

4. 改善企業形象。

在提供托兒與未提供托兒公司的比較，員工年齡及子女數當目相當條件下，顯然前者有較少的員工流動率及缺工率。另外依「勞工生活狀況調查」顯示，在製造業中事業單位有無辦理各項員工福利措施，如特別休假、獎勵金、勞工保險、文康休閒等，均影響到員工的職業滿意度和改換職業之意願。（勞委會，1996）可知福利的改善是可提升員工的工作意願。近年來國外人力管理方面的學者，對個別性的職業福利措施，如分紅入股（Profit-sharing & Empolyee Stock Ownership）、員工參與計畫（Employee Participation Plan）、退休年金（Pension）等福利項目，對員工流動率、勞資關係及員工對組織態度的影響有關的實證研究發現：福利對工作意願的影響力達到高度的顯著水準（p<.001），對勞資關係而言其影響力亦具有高度的統計顯著水準，證實了福利滿意度愈高，則勞工的工作意願愈高。（張玉燕，1994：66）

因此不論從哪一種角度來看，福利可達到對員工的控制、減少其不滿，並且可以減少人力的流失、達到經濟的效果。就社會面而言，由於勞資爭議會影響到工作意願，勞資爭議中的退休金、資遣、保險皆具有減少勞資爭議、提高工作意願的功能。此外，為避免勞工因生活在未來不安的情況，提供失業保障、建立完善的就業安全制度是有必要的。是以在徐正光「工廠工人工作滿足因素探討」中，發現福利因素如宿舍、伙食、勞保及休閒等福利會影響工作的滿意程度。（徐正光，1977：48）

近年來勞工求職者未能安置就業之原因調查中，福利措施及待遇不合理占原因的第一位。僅提高工資並不能完全留住員工。另一方面，製造業因應員工短缺之經營，大約有近百分之五十二企業認為職業福利的改善是解決問題的策略，企業要解決員工流動的方法，以回答充實福利者為最多。（楊松德，1991）

參、職業福利與士氣激勵

企業中的福利服務是對公司及員工具有雙重功能，妥善運用人力資源是使組織健全的關鍵。職業福利在消極面是使組織吸引人才避免人力流失，積極面是提供員工良好的工作環境、安定的生活及激勵員工工作意願，使員工能努力為公司服務以提高生產力。因此，人力管理是員工與公司組織間溝通的橋梁，同時也是扮演滿足雙方期望的規劃角色。公司期待員工能負起職責、提升績效，而員工也期待合理的待遇及工作條件，為了達到這個目標，職業福利即在考量企業人力需求下，提供員工各方面需求，例如報償、薪資、訓練、職場安全。而職業福利具備激勵及安定人事的重要項目，其角色功能不容忽視。

一、福利在管理上受重視的原因

英國學者 Martin（1967）曾將人力管理區分成五大部分，即是薪資、工作時間、教育訓練、工作安全、衛生及福利，其中在人力管理中福利是

指薪資以外的各種獎金、津貼和服務，當然也包括分紅及入股。（Kearns, Drover and Willian, 1987）獎金是薪資以外另一種激勵員工的報酬，而津貼是每位公司成員都能享受的利益，包括各種補助、保險及退休給付。雖然津貼是普及式，但給付標準卻不一致，它往往受到個人薪資及年資的影響，所以大多公司的津貼福利多含有「功績制」（merit）的味道。此外公司所提供的員工服務也是一種福利，例如福利社、餐廳、休閒活動、輔導等，而企業亦倡導分紅入股制度，其目的在激發員工工作意願，使員工對公司有參與管理的機會，進而使員工有向心力。總歸上述福利的項目，公司提供員工福利可分成兩類，一種是現金給付（in cash），是薪資以外的津貼，它又可分成立即的給付（如員工的獎金、分紅），及延遲給付（defer pay）（如退休金）。另一種是實務給付，這是種非現金的服務，如醫療、托兒，員工得到的是直接的服務，多是物質上的。但也有精神上的福利，例如：員工輔導。

　　近年來歐美各工業國家的事業單位相當重視福利，使得福利在人力管理上的分量逐漸重要，在美國一項調查顯示，福利在占員工薪資的比例上，在一九五九年占薪資的百分之二十四點七，而到一九八〇年已占薪資的百分之四十一點四（Wallace and Fay, 1988）。企業主在經營管理上之所以重視福利，其原因可歸納下列五點：

表 19-3　職業福利對經營管理的意義

事項	內涵
補強薪資激勵	在經過二次大戰以後，雇主發現薪資管理很難再有效的吸引及留住員工，因此雇主又回頭注意福利的功能。由原本忽視福利管理功能上，漸漸注意到福利在勞動市場上的競爭性。
考量經營成本	有許多福利項目的經營成本，要比公司給付予個人的費用來得低，這即是一種規模經濟的考量，無論是保險或是其他服務措施，企業以團體採購的方式可以享受打折的優待，如此發現比給員工自己去買保險便宜得多。
稅法上的優待	由於各國政府多有訂定職業福利的免稅或減稅優待，使得雇主在提供給員工薪資外福利給付時，可減輕負擔，也就是雇主可藉由政府的減稅扣除金額，轉給予勞工，因而不僅企業可以達到照顧員工的目的，員工也可收到減少稅收的好處。此外，福利給付有些是非現金給付，如醫療照顧、旅遊活動等。可以避開因物價上漲造成薪資的貶值，這也是促使雇主較喜好福利的原因。

減少勞資抗爭	在工會與雇主協商勞動生產條件時，員工福利若能減少員工的生活負擔，工會自然會減少與雇主爭取權益，因此福利是有安定勞資爭議的效果，而受到雇主歡迎。
回應法律作為	工業先進國家均有完善的保險體系及法定的職業福利，這些福利政策都促使企業必須做好職業福利，負擔員工部分保險費，提供員工各種意外、生育、年老的各種津貼，也就是雇主必須遵守職業福利法規來照顧員工。

（資料來源：作者整理）

二、需求理論與職業福利

　　McCaffery 在 *Employee Benefit Programs* 一書中曾以職業福利發展角度，來看 Maslow 理論的實踐，從美國一九六〇年代末期，大部分企業主要針對於員工基本居住與飲食的生理需求福利來著手，如退休金、基本的福利措施，或是休假等來吸引勞工。但當這些基本福利滿足了，雇主又要去尋找更高的福利措施，如獎金及教育訓練，來滿足員工進一步的需求。到了這些需求又滿足時，雇主勢必在考量勞工的要求、提高工作意願等因素考量下，去尋找滿足勞工更深一層次需求的福利措施（McCaffery, 1988），在如此情形下，也促進了職業福利的發展。

　　洪榮昭與楊松德在《職業福利措施對提升工作意願與生產力之研究》一書中，亦引用 Maslow 理論，將職業福利項目歸納成生理層次需求、安全層次需求、社會歸屬層次需求、自尊層次需求及自我實現需求，而最後兩者層次則合併為一類，共分成四類。生理需求層次的福利有分紅入股、貸款、年終獎金、儲蓄、各種假期、宿舍餐飲等服務屬金錢給付的福利，即是補助性福利。第二類安全需求的福利包括托兒服務、團體及眷屬保險、退職金、疾病災害補助、福利品供應和服務、醫療設施及補助、提供交通車、通勤補助。這些保險可以使勞工在遭遇年老、疾病、死亡、生育等意外事件發生而失去收入時，可藉由此類福利提供經濟上的安定，以使勞工免於匱乏的恐懼，此類福利即是保險性的福利措施。第三種為社會需求層次的福利，包括康樂活動、藝文活動、輔導諮詢、陪產及育嬰假。第四類

為自尊及自我實踐需求福利措施，包含進修補助、彈性上班及部分上班。而員工訓練、教育訓練是促進員工知識，使個人成長；因此公司推動教育訓練是公司尊重員工表現，也是使員工感到受尊重的措施，因此將教育訓練歸為滿足自尊需求的福利。證諸職業福利對提升生產力的確有正向的激勵作用。（楊松德，1991）

　　職業福利的落實具備了對個人於物質及精神層次的需求，同時也能提高社群層次的需求，以達到滿足安全、生理、社會功能。如下表所示：

表 19-4　福利模式、需求層級及福利措施的歸納表

項目	社群層次	精神層次	物質層次
功能發揮之作用	參與決策 受到肯定	免於焦慮、恐懼 生活安定與保障	彌補所得不足 減輕經濟負擔 增加實質收益
Maslow 需求理論	社會需求 自尊需求	安全需求 社會需求	生理需求 安全需求
相應的福利措施	教育與訓練 工時性服務	保障性福利 休閒性福利	補助性福利 設施性福利

（資料來源：作者整理）

三、職業福利的報酬特質

　　在人力管理中給付員工工作是報酬（reward），學者 Katz（1964）區分為內在與外在報酬、普遍與個別性的報酬。（吳定，1992）就普遍性報酬與個別性報酬而言，前者是指組織對員工皆有一致的報酬，如醫療福利等，這類報酬對員工鼓勵其安定是很重要的，同時也可確保員工最低的工作績效；而後者是指個人在工作中因其額外的工作行為或績效得到的報酬，例如工作獎金及成就感。（吳定，1991）內在與外在報酬的區別，前者大多指個人在心理上所獲得的報酬，因報酬而得到心理上的快樂，例如成就和榮譽感，而員工在工作上若能參與管理、工作具技巧及同事認同感等。在外

在報酬多是指物質的給付，當然非現金的物質給付也包括在內，員工得到財物性給付，例如工資、獎金及福利，而非財物給付如給假、各種優待等。內在與外在給付若能滿足員工各方面的需求，則可促使員工提高工作意願，達到公司營運的目標。

Steers & Porter（1987）曾將上述四種不同的報酬分成四種面向，並且將報酬的類型歸納到這些面向之中，如下表：

表 19-5　四種類型報酬的歸納整理

事項	普遍性	個別的
外在	保險、福利制度	績效獎金
內在	公司成長的榮耀	成就感、自我實現

（資料來源：Steers & Porter, 1987：205）

由上面的分類來看，福利可歸納為普遍性及外在性的福利，因為福利中大多數項目，如勞工保險、津貼、退休金及其他的福利提供，多以外在的實物及現金支付，且福利的給予是全面性的，符合公平原則，所以含有普遍且平等的報酬給付性質。一般而言，管理學較傾向將福利歸為普遍性的外在報酬，但隨著企業競爭及人力管理的演變，各種新的吸引員工的福利方案日漸被公司採行。由於有些福利措施已遭多樣性發展，使得福利的報酬特質已不再是侷限在現金與實物，如員工的諮詢方案（counselor），在美國芝加哥對員工的社會適應問題加以解決，員工協助方案（Employee Assistance Program），針對員工婚姻、家庭、財務、法律及健康問題加以協助解決（林聯光，1982），這些以工業社會工作方式的福利皆是給予員工個別性的內在報酬。另外，現在勞工界所推行的分紅入股制度、員工置產制度，Klein（1987）研究發現可分別帶給員工三種不同的滿足模式，第一是內在的滿足模式（Intrinsic Satisfaction Model），這是個人內在的滿足。第二是工具性的滿足（Instrument Satisfaction Model），這是使員工感到可以掌握自己的工作、對公司有影響力，可滿足其成就感。第三是外在的滿足模式

（Extrinsic Satisfaction Model），這是指員工可得到金錢上的報酬而達到滿足。因此分紅入股及員工置產福利制度，具有對員工個別及內在性的報酬，已不再只是一種單純的現金報酬而已。

　　人力資源管理已將福利和薪資列為激勵的方式，在管理文獻中強調：讓員工選擇自己喜歡的福利，是有助於工作績效（Dessler, 1981：123）。福利當作是激勵的報酬，是企業管理所運用的方法之一，也是未來的發展趨勢。

結語

　　由此分析，各種實證研究或學理的文獻探討中，均肯定職業福利對組織認同、工作滿足及離職傾向有正面的助益，也就是對工作態度的有影響、補所得不足、減輕負擔、得到經營上的利潤等，這些物質報酬可以滿足勞工基本上生理及求安定的需求，使員工生活安定、安心工作，解決生活問題，進而對公司產生向心力，並且藉由對員工的照顧，使員工有安全感，進而達到安全需求滿足的目標；使員工有機會參與管理，並使其感到受到尊重、受到重視，有歸屬感，滿足社會及自尊的需求。是以職業福利誠賴追求進步與發展的組織宜予正視。

第二十章　勞動政策與立法

前言

就社會發展的歷程而言，勞動是公民的基本權利之一，一九四八年的《世界人權宣言》（Universal Declaration of Human Right）第二十三條第一項揭示：「凡人均享有工作、自由選擇就業安全有酬的工作環境與失業保障之權」，正式宣稱「工作權」（work right）為基本人權之一。勞動政策旨在使國民就業獲得安全保障，無失業恐懼與危險。本章分別就國內及先進社會的勞動政策與立法內容進行分析說明，以利我國建置完整的社會安全體系。

福利國家思潮於二次世界大戰後興起，福利服務乃是一項基本的公民權利。其中隨著「福利國家」取代「權力國家」的思維，生存權（living right）的維護與增進成為社會的普遍期待，亦成為現代政府的職司。而「權利」（right）涉及三種不同的意義：第一，法律明文的保障；第二，合乎社會正義的需求；第三，評析社會正義的標準。而「權利」的本質也從過去的「道德權利」（normal right）發展成現在的「合法權利」（legal right），顯示社會對人性尊嚴的保障愈加重視。而人權的內涵則以「生存權」為第一優先，尤其是勞動人口，提供就業安全的保障。西方社會對工作權的保障有兩種不同的主張：其一是社會政策的角度，強調以失業保險措施來保障失業勞工的經濟生活；其二是經濟政策的觀點，側重藉增進失業勞工的再就業或轉業能力，或創造就業機會以解決失業問題。我國對工作權的保障則載於憲法第一五二條：「人民具有工作能力者，國家應予以適當的工作機會」。勞動政策旨在使國民就業獲得安全保障，無失業恐懼與危險。就業安全的內涵包括就業服務、職業訓練及失業保險等三項。國際就業安全協會

（IAPES）認定就業服務（包括就業能力發展－職業訓練）、失業保險及勞動市場資訊為勞動政策的主要支柱。隨著對公民權的維護與增進，完整的勞動政策宜整合性地包括：就業市場資訊、預防失業、穩定僱用、就業服務、職業訓練、失業補償及獎助僱用等措施。

壹、基本概念與重要性

一、勞動政策的意義

　　勞動主要的含意在於，每一個有勞動能力的公民都有從事勞動的同等的權利。對公民來說，意味著享有包括就業權和擇業權在內的勞動權。對用人單位來說，意味著應當平等地錄用符合條件的職工，履行提供失業保險、就業服務、職業培訓等方面的職責。對國家來說，應當為公民實現勞動權提供必要的保障，經由促進經濟和社會發展來創造就業條件。我國憲法對於勞動政策有若干的著墨，簡單的歸納則包括：第一，確保國計民生之均衡發展，國家的經濟建設，不能只注意到產業主的利益，也應顧及到勞工的利益，使勞工在享受國家經濟建設進步果實上，有立足點平等的機會。第二，保障民眾的工作權，人民具有工作能力者，國家應予以適當之工作機會。第三，保護勞工，對於勞工、女工、童工應給予特別之保護。第四，促進勞資和諧，勞資雙方應本協調合作原則，防杜勞資糾紛的產生，以利發展生產事業等要項，以說明對於勞動政策的重現。

　　我國勞動政策的落實，在保護勞動者合法權益，包括：偏重保護、優先保護、平等保護和全面保護的原則。偏重保護是指勞動政策在對勞動關係當事人雙方都給予保護的同時，偏重於保護在勞動關係中事實上處於相對弱者地位的勞動者，也就是傾向保護勞動者的權益。優先保護是指，在特定條件下，當對勞動者利益的保護與對用人單位利益的保護發生衝突時，勞動立法應優先保護勞動者。平等保護是指全體勞動者的合法權益都平等地受到勞動立法的保護。全面保護是指勞動者的合法權益，包括財產

權益和人身權益、法定權益和約定權益，無論其內容涉及經濟、政治、文化等哪個方面，無論它存在於勞動關係締結以前、締結以後或終止以後，都應納入勞動法的保護範圍之內。藉此，以體現勞動政策的目標。

二、勞動政策的範疇

政府為促進勞動力市場機制形成和確保其正常發揮功能，勞動政策的範圍涵蓋各類勞動作為，並在一定程度上透過立法的手段給予規定，如勞動基準法、就業服務法、勞工保險條例等。就具體的分析則包括了：

表 20-1　勞動政策的範疇

事項		內涵
政府勞動管理的內容		建立新型勞動力市場型態；
		規範勞動力市場；
		運用宏觀規劃；
		建立和完善社會服務體系。
政府勞動管理的方式		勞動立法；
		勞動政策；
		勞動行政；
		勞動監督。
勞動政策的實施範疇	就業安全	就業促進、就業權益、失業保險、就業服務。
	勞資關係	工會組織、工會業務、勞資會議、團體協約、勞資爭議、勞動契約。
	勞動條件	勞動條件、工資保障、工作工時、兩性平權、權益維護、退休養老。
	勞工福利	勞工住宅、職工福利、勞工教育、失業救助、勞工保險、勞工照顧。
	勞工保險	勞工保險、就業保險、職災保險、勞工保護、退休年金、工資墊償。
	安全衛生	職場安全、災害防制、環境測定、衛生教育、職災認定、勞工健檢。
	勞動檢查	安全檢查、防災宣導、防災教育、職場安全、工作守則。
	教育訓練	勞工教育、職業訓練、職業證照、轉職培訓、建教合作。
	人力供需	人力資源、勞動供給、電傳勞動、委外勞務、外籍勞工。

（資料來源：作者整理）

三、勞動政策的發展

促成近半世紀以來勞動政策快速發展的原因，約可歸於以下各項：

表 20-2　勞動政策快速發展的原因

事項	內涵
政府政策的要求	鑑於社會環境的變遷，以及勞工問題日漸引起社會各界的重視，近代各國政府無不透過種種社會安全性之立法，規定各公私機構應對其員工的生活負責。政府對雇主所賦予的一種義務，再演進而為員工的一種應享權利。而國際勞工組織或是憲法皆揭示對於勞動權益的增進和勞工保障的維護。
人性需求的重視	由於勞動是人的天賦能力，而人都希望用其勞力或心智求取更佳的人生，二次世界大戰後，人性需求漸被重視，行為科學家指出一個人行為的動機源自需求，因需求而產生願望，因願望而採取行動，在自由民主的社會中，必須個別地滿足其需求，才能激發其工作情緒，求得其全力奉獻，並對組織保持更積極的工作態度，所以，現代企業經營者都體認到對勞動者的重視是足以達成增加產業效能及提高利潤。
源自業者的壓力	任何企業都只是整個社會的一部分，在自由經濟體制下，員工均可自由選擇任何較佳的工作場所，而其中落實勞動政策以保障就業安全的職場環境，一直都是員工選擇工作之重要考慮條件，故一般企業為免落於同業競爭者之後，無不競以履行勞動法規作為吸引並保留其工作人員的手段。既以增進所屬勞工的認同，並能創造更高效能。
工會力量的增強	工會（trade union）係指薪資所得者為維持或改善其工作條件所組織的團體，通常包括職業工會（craft unions）：由相同技術或職業勞工所組成；產業工會（industrial unions）：由單一產業勞工所組成；以及總工會（general unions）：由多種不同產業和職業的勞工所組成。由於工會凝聚了多數的勞工，因而對生產環境的穩定有相當大的影響力，也是勞方與資方協調雙方關係的代表與基礎，其勢力甚至可擴及政治層面，協助政黨爭取選票，將其理想轉化成政治行動，如英國的工會（labour party）即屬之。勞動政策和員工生活有密切的關係，翻開歐美的勞工運動史，可以發現就是勞工為爭取其生活福利的奮鬥歷史，工會之存在即以增進勞工的安全保障為目的，近代各國之工會力量日趨壯大，迫使雇主不得不注意員工勞動條件的改善。

（資料來源：作者整理）

勞動政策的基本原則，是貫穿整個勞動立法和執法，是勞動關係活動的行為準則，更重要的是一個社會的勞動立法基本原則同該社會的政治經濟體制是密切相關的，勞動政策基本原則是貫穿整個勞動立法，對全部勞動法制度和規範發揮統合作用，是作用於勞動規則的規範。

四、勞動政策訂定的基本原則

由於勞動權是公民生存權利的基礎，是以勞動政策中所規定的權利，都是以勞動權的實現為前提的，整個勞動政策可以說是建立在勞動權得以實現和保障的基礎上。

英國在十九世紀初誕生了現代意義的勞動立法，而一九四六年，勞動權才在法國憲法中得到確認。其後世界各國亦將勞動權規定在憲法中。一九四八年聯合國通過的《關於人權的世界宣言》中規定勞動權是人權之一。和諧穩定的勞動關係是社會安定的必不可少的因素，事實證明勞動關係的和諧穩定關係到政治穩定、經濟繁榮和社會進步，因此有必要透過勞動政策的推動，維護和諧穩定的勞動關係。而勞動政策的基本原則是：

(一) 有勞動能力和意願的公民都有平等地獲得勞動機會的權利。

(二) 國家有義務保障勞動者獲得勞動權益的維護和增進，當勞動者謀求不到工作時，國家應給予幫助、扶持或提供必要的生活費。

(三) 勞動者有根據其志願、才能、教育程度並在考慮社會需求的情況下選擇職業及工作的權利。有按其勞動的數量與品質獲得不低於國家規定的最低數額的勞動報酬的權利。

(四) 必須尊重勞動權利，任何組織和個人不得侵犯他人的勞動權，對勞動力使用者濫用解僱權的行為應當加以限制。

(五) 勞動既是公民的權利，又是公民的義務。

勞動立法的目的就在於保護勞動者的合法權益。參酌美國勞工關係法，勞工具有下列權利：第一，組織及參加工會；第二，透過工會代表進行團體協商；第三，從事團體協商或其他互助及保護勞工的勞動。

貳、各國的比較與借鑑

勞動政策開始受人注意，可追溯自十九世紀之初，彼時有一群社會改革家，有鑑於工廠制度下工人生活的悲慘與待遇的微薄，惻然感傷，爰在各地奔走呼號，以期改良勞動者的工作條件。當時英人歐文（Rober Owen）對於工人生活的改善，可謂勞動政策與立法的濫觴，惟當時的目的只在利用人類慈善博愛的胸懷，以消除工廠制度的不平等現象。迨入二十世紀以來，工業和社會科學均已有長足的進展，勞動政策所根據的理論，漸次脫離其原有情感方面的色彩，而更具有科學的性質，近代的企業家和學者皆已認為社會經濟機構的各部分都是相聯繫而不能分割者，勞工既為今日經濟機構中的主要部分，當勞工不能享受人類的合理生活，蒙其惡果者將絕不限於勞工本身，故雇主謀勞工之幸福，無異於謀本身之幸福，勞動政策並不是一種恩惠，而是社會安全與經濟繁榮的一部分。

在西方國家的企業中，重視保障勞雇雙方的權益，並藉以作為提升勞動生產力、增強組織凝聚力和競爭力的有效手段。雖然，由於政治、經濟制度以及歷史、文化等背景的不同，西方國家的勞動政策和我國有不盡相同的內容和特色，但對我國勞動政策的改革仍有可借鑑之處。

西方國家的勞動政策最早是伴隨著工業革命的發展，產業工人和資本家之間的矛盾日益加劇，由於機器生產代替了手工業生產，工人的勞動增加，工作環境危險、惡劣，工作單調乏味，工商事故不斷增加。工資水準低、勞動工時長、就業無保障的狀況，引起了工人的強烈不滿。工廠裡暴力事件層出不窮，工人罷工經常發生。十九世紀八〇年代中期，改革雇用關係的呼聲越來越高，一九〇〇～一九一四年，一些思想開明的企業家自覺地採用了一些職場改善措施，如公司設置澡堂和餐廳、提供公司自己的醫療保健服務，甚至派公司的福利代表到雇員家中噓寒問暖，提供營養和衛生方面的諮詢。這些企業家們認為，提高生產效能是強化誠信和提高雇員士氣的善舉，對改善僱傭關係大有益處。此外，隨著工業化程度和勞動複雜程度的提高，對工人勞動的監督也越來越困難，職場必須更加依賴職

工的自覺性提高勞動生產率。特別是二十世紀八○～九○年代，產業間的競爭日益激烈，招聘高素質的勞動力並保持穩定的職工，成為提高生產競爭力的關鍵。同時，由於生活水平的普遍提高，職工對生活品質也提出了更高的要求，要求提供各項勞動保障的條件，希望生活安定、豐富多彩等等。出於對這一系列因素的考慮，雇主們也願意透過增加保障措施對員工的關心、滿足員工的需要，以提高企業的凝聚力和勞動生產率。使得勞動政策與立法成為國家所關注的議題。

一、勞動組織

以英國為例，勞動服務組織為「教育與就業部」（Department for Education and Employment），英國的勞動政策透過總部、區域與地方機構建構完整網絡運作。同時為落實職業訓練，英國政府設有職業訓練署（Training Agency）。為建制勞動政策的機制，英國「教育與就業部」實施多項方案，包括：

表 20-3　英國勞動政策方案

事項		內涵
生涯發展計畫	基本目標	在於「培養具有學習意願與學習能力的勞動人力」。
	實施方式	提供受僱者必要的經費補助，使其得以利用工作之餘，自願參加各種在職訓練和進修學習活動。
	實施範圍	能夠為企業增加利潤收入者；
		能夠為企業塑造學習文化者；
		能夠為員工激發學習潛力者；
		能夠為員工建立工作信心者。
職業媒合方案		在為十八至廿四歲已失業並申領給付達二年以上之青年求職者提供激勵方案，其目的在於協助申請人藉著增加其就業機會，更有效地具備就業能力。
就業重建方案		在為殘障人員增進就業準備、求職技巧與技能，以增加其就業展望，必要時並提供工作經驗機會。

（資料來源：作者整理）

二、就業安全

參酌美國的制度為建立就業安全的機制，是依據《勞工調適及再訓練通報法》（Worker Adjustment and Retraining Notification Act），要求廠商關廠歇業或大量解僱須事先通報，俾使受影響的勞工、工會、地方政府與各州被資遣勞工服務單位等，可適時開始提供促使這些勞工回到生產性就業崗位之輔導過程。該法規定，雇主於關廠或大量解僱前六十天須通報，以保障勞工及其家庭與社區。

三、職業訓練

德國訂定「職業訓練法」，該法主要在於有效整合各行業的訓練法規和訓練作法，並使職業訓練切合國家整體發展需要，且與社會、教育、經濟政策相互結合。其內容較為重要的規定有：1.職業訓練的實施方式，分為養成訓練、進修訓練及轉業訓練等三種。2.職業訓練的主管機關，在中央為聯邦政府，在地方為各邦政府，而實際負責督導推動的機構則為「行業總會」。（Kammer）3.養成訓練的實施，以「二元制」（Duales System）作為最主要的訓練方式和訓練型態。4.勞、資、政、學界應共同參與職業訓練事務，並相互協調聯繫及分工合作。5.職業訓練與技能檢定應相互溝通配合，俾能相輔相成及相得益彰。該法將農業、工商業、自由業、公共服務業等行業的職業訓練正式納入其適用範圍，以帶動德國的產業發展。

四、勞動關係

參照澳洲政府為了建立良好的勞動關係，二十世紀初訂頒的《聯邦調解仲裁法》。該法的核心是：1.實行指令性的薪資制度，即由聯邦調解仲裁委員會的裁定確立工資標準、增薪幅度；2.薪資以外的基本勞動標準，如工時、休假、解僱等也由聯邦調解仲裁委員會的裁定而決定；3.勞資糾紛由調解仲裁委員會調停並在必要時實行強制性調解仲裁結果。該法體現了當時政府對勞動關係及勞動糾紛的基本態度，對後世影響頗大。一九九四年開

始實施的《產業關係法》的重大改動主要在：（1）改變傳統的行業集體談判、集體協定為企業集體談判、集體協定。並規定企業的非工會會員雇員可組織起來與雇主談判，以推進企業集體談判。這樣，沒有工會組織的企業便擁有了適合本企業的勞資協定；（2）把由產業關係委員會的裁定確立勞動標準的制度改為由企業集體談判來決定，而產業關係委員會的裁定則作為勞動標準的最低保障。

五、勞工福利

美國重視勞工福利，建立「福利工作補助金」（Welfare-to-work Grants），是為了貧戶暫時援助經費的制度，由聯邦勞動部提供補助金給各州與地方社區，為難以就業者創造額外的工作機會。該方案促使人們工作或接受訓練，以作為領用福利給付。採取較為寬鬆方式是讓福利領受者能有較充分的選擇：包括可採取求職、上學，或參加求職課程等多種方式，以作為領用福利給付。另外，實施「給付移轉方案」（Benefit Transfer Program），讓長期失業者有機會運用其失業援助的部分金額，提供保證金給僱用他們的廠商。勞工失業愈久，雇主獲得僱用失業勞工的保證金即愈多，如雇主能證明對所僱用的失業勞工施以完整的訓練，則其所獲致的保證金當更多。因為可同時提供創造就業機會與求職最需要時的誘因，此外，此方案尚可成為有效的全國訓練創新作法之基礎，可為員工及廠商提供適當訓練的機會。

六、勞工保險

韓國在勞工保險上採取訂定《僱傭保險法》（Employment Insurance Act），該法制定目的在於經由僱用保險制度之實施、預防失業、促進僱用、謀求勞工職業能力開發，加強政府職業指導與職業介紹功能，對於失業勞工提供生活必需給付，加強勞工生活安定與求職意願，以謀求社會經濟之發展。

七、勞資爭議

　　有關澳洲勞動爭議處理係由澳洲的產業關係委員會負責處理勞動爭議，其中跨州的勞動爭議由聯邦產業關係委員會負責，州範圍內的勞動爭議由州產業關係委員會負責。聯邦和州的產業關係委員會內都設有勞動法庭。

　　綜上所引各國勞動立法概況與趨勢，可發現各國勞動政策制定的原則包括有：勞工福祉原則、民主自由原則、經濟平等原則、勞資協調原則、勞資合作原則。

表 20-4　各國勞動政策方向

事項	內涵		重心
勞工福祉	強調在依國家法令規範的原則與勞資合作精神，維護勞工利益、增進個人幸福與裨益社會發展。有完善之就業安全政策及立法，方可建立統一的就業安全體系，使國民於就業方面得以安全保障，其主要內容涵蓋職業訓練、就業服務及就業保險等三個重要環節。		1. 扶植工會組織，
			2. 規定工時之標準，
			3. 增加工資，
			4. 倡導工人之福利，
			5. 培植工人之教育，
			6. 培養勞工專業之知識，
			7. 確認勞資應合作，
			8. 協助勞資協商。
民主自由	勞動政策乃以民主自由為原則。勞工組織依其成立之目的，仍應保有其經濟性及自主性，始能維護其為勞工爭取權益之主要功能，基於此項民主自由之原則，勞工組織自應有其獨立性，不宜受雇主團體之過分干預。		
勞資協調	促進勞資合作。勞資協調原則，乃以勞資雙方人格獨立為其基礎，並以雙方共同體念協調合作之重要為要件。在工商發達之國家，隨著經濟社會的發展與勞工意識、勞工團體力量之增強，勞工福利之範圍及項目亦有日漸擴大增進之趨勢。		
經濟平等	勞動政策以經濟平等為其指導原則，並以保護勞工為其施政方針。	薪資保護	適時調整基本薪資，保障勞工合理待遇。
		女工、童工保護	貫徹執行勞動基準法，尤對女工與童工之保護應予重視；並衡酌國家經濟及社會發展情況，適時加以修訂。
		安全衛生	確保勞工工作環境之安全衛生，及維護勞工合理之勞動條件。

| 勞資合作 | 政治與實業皆民主化。每一階級皆依賴其他階級共同生活於互信互愛的情形之下。就勞動關係之成立而言，必須有勞動契約之簽訂。 | 1.保障勞工工作權，2.維護勞工組織權，3.薪資，4.勞資爭議，5.安全衛生，6.工會參與，7.團體協約，8.職場福利，9.生活照應，10.教育訓練等等。 |

（資料來源：作者整理）

　　各國勞動立法乃是配合其國家社會發展情況之需要。若了解先進國家晚近之立法趨勢，即可預見國內將來勞工問題發展之趨勢，亦可事先掌握立法方向，配合經濟與社會發展之實際需求，以建立周延的勞動政策與立法。

參、我國勞動政策簡述

　　我國的勞動政策是依據憲法提出的「國家應制定保護勞工之法律，實施保護勞工之政策。」為基石。「加速建全勞動法制，改善勞動條件，充實勞工福利措施，落實勞動檢查，強化安全衛生工作，改進勞工保險制度，擴大辦理職業訓練，加強就業服務功能，並致力於健全工會的組織，促進勞資和諧關係，妥速處理勞資爭議，俾能經由勞工問題的全面改善，促進國家經濟與社會的均衡發展。」成為勞動政策的主軸，以達成社會經濟發展為目標的施政方針。我國現行勞動政策措施是以「濟貧、扶弱、支持、改善」四大面向，擴大保障勞工福祉。期盼為社會建構一個更「安穩」的勞動環境，讓每一個勞工都可以安定、安全、安心的工作，作個免虞匱乏的勞動者。以達成勞動安全的目標。

　　為能說明我國勞動政策的概況，茲就「勞動環境面臨的挑戰」、「勞動政策執行的目標」和「勞動政策努力的方向」等內容簡述如後：

一、勞動環境面臨的挑戰

　　隨著全球化經濟發展產生明顯變化，相關勞工問題逐漸浮現，包括：開放勞動力市場、引進外籍勞工及網際網路的運用，勞動力在各國間開放移動，相對使勞動者間產生競爭壓力，隨外來勞動人力需求的增加，外籍勞工引進政策與管理制度，面臨嚴苛的挑戰；另在全球化競爭下，產業結構變遷，勞動力必須因應產業技術轉移，結構性失業在所難免。至於集體勞動關係方面，企業在面臨全球化競爭壓力與勞工爭取權益的同時，可轉移至勞動成本較低廉地區投資，或改用工資較為低廉之外來勞動力或非典型勞動力，導致本土勞工集體協商能力弱化；此外，企業為符合其產業特性或減省經營成本，採取「勞動彈性化」措施，實施部分工時、居家勞動、電傳勞動或派遣勞動等非典型僱用方式，是必然的選擇，現行勞動法制顯已不合時宜，必須作適當調整、強化。

二、勞動政策執行的目標

　　由於產業資訊化、自由化及國際化結果，影響國內勞動供需平衡；又為達成邁向已開發國家的目標，亟需配合國家自由開放經濟體系發展需要，致使如何開發潛在勞動力、增加勞動供應促進國民就業等，強化人力資源的有效培訓與運用工作益形重要，更是勞動政策努力的重點。為達到以就業安全體系為目標的勞動政策，宜朝向促進被資遣員工等特定對象之就業服務，及推動專業人力之培訓，達到人力資源有效運用。其內涵包括：

(一) 實施多元就業方案：協助失業者就業及維持其經濟生活，推動「公共就業方案」，釋放短期就業機會。另為開創在地就業機會，結合民間團體資源，實施「多元就業開發方案」。

(二) 促進特定對象就業：國際勞工組織於一九五八年通過《僱傭與職業歧視公約》及《僱傭與職業歧視建議書》，要求會員國在就業服務、職業輔導、職業訓練與人員招募、任用、待遇、分派工作、升遷、及解僱等僱傭與職業方面，不應因膚色、種族、性別、宗教、政治

主張、血統或社會地位等而有差別待遇。我國就業服務法規定，國民具有工作能力者，接受就業服務一律平等。為保障國民就業機會平等，雇主對求職人員或所僱用員工，不得以種族、階級、語言、思想、宗教、黨派、籍貫、性別、容貌、五官、殘障或以往工會會員身分為由，予以歧視。在勞動政策的具體目標為：協助婦女、中高齡者、原住民、低收入戶及青少年就業，結合民間團體資源，推動各項就業促進措施，並配置輔導人員，提供個別化、專業化就業諮詢服務。

(三) 擴增就業服務管道：就業服務係指薦舉人力填補職缺，及提供適當就業機會推介尋找工作者就業，以平衡勞動供需、因應經濟發展人力需求，並藉以促進社會安定等服務措施。一九六〇年代，歐美國家以「人力服務」取代「就業服務」一詞，在就業市場上扮演更積極的角色，其服務內容進一步擴充到激勵國民就業意願、促進人力流動、提供技能訓練、發展人力資源；於勞動需求衰退時期或地區，開創就業機會，以有效運用人力；穩定臨時性、季節性就業，以提高平均國民生產力；提供企業單位人事政策諮詢服務，使就業市場更有組織；結合社會資源，辦理失業給付，確保勞動者的經濟安全；爭取國家資源分配，促進在就業市場競爭能力薄弱者就業。

(四) 落實就業保險法：所謂失業保險（Unemployment Insurance）係一種在職的社會保險制度，其目的在保障在職勞工遭遇非自願性失業導致所得損失或中斷時，藉強制保險方式提供一定期間的最低所得保障，以安定其生活。以積極促進就業為導向，結合就業服務及職業訓練資源，提供民眾就業諮詢、安排職業訓練、推介就業。為現代各國政府救濟失業勞工及解決失業對策的有效措施。

三、勞動政策努力的方向

為能因應全球化的趨勢，於勞動政策上努力的方向為：

表 20-5　因應全球化的趨勢於勞動政策上努力的方向

事項	內涵
提升勞工專業職能	由於從就業市場訊息網獲得現職的管道與方法已趨多元化，如何建立就業服務專業制度與促使就業市場資訊達到「新速實簡」目標，將是推動的重要課題。
勞資彼此協商機制	加速勞基法與勞動三法修法工作：基於全球化之資本及勞動力流通特性，弱化勞動者協商能力，在集體協商制度上，建立有效勞資協商機制。
營造勞資雙方溝通	為使政策、制度更符合實際需要，應廣納勞資各方意見，營造一個傾聽、溝通、理性討論的平臺，讓勞、資各界透過公民參與會議或審議式民主的參與模式共同參與政策的形成，塑造勞、資、政三方新的合作夥伴關係。
非典型人力的運用	人力派遣或委外服務等非典型之勞動大體上植基於定期勞動契約關係上發展，原本國家勞動政策上為了穩定勞雇關係、保障勞工持續工作之權益，多數國家會直接規範勞動契約之締結，但由於非典型勞動亦有提升就業率之效果，因此，晚近許多國家亦開始正面承認甚至採取鼓勵非典型僱用之政策。
健全外籍勞工政策	對於外籍勞工引進，應在「保障國人就業權益」、「防範外勞成為變相移民」以及「避免外勞造成社會問題」等基本原則下，採取補充性、限業限量方式開放引進，對於已僱用之外勞，應加強後續管理及保障其應有之權益。
提供失業勞工協助	鑑於近年來因事業單位關廠、歇業、休業、轉讓、解散、破產、業務緊縮或生產技術調整等原因，導致勞工失業之情形有逐漸增多之趨勢，為落實失業保險保障勞工於失業一定期間基本生活，被保險人於勞工保險失業給付業務施行後，因所屬投保單位是由或生產技術調整致所擔任之工作確不能勝任，且非自願離職辦理勞工保險退保者，可依規定請領失業給付。為配合勞工保險失業給付業務之開辦，除提供必要生活保障外，宜加強辦理就業推介與職業訓練，以利失業勞工之就業及其基本生活照應。

（資料來源：作者整理）

　　一般就業安全體系指的是失業救助、職業訓練、和就業輔導的整合，目的在於縮短失業時間，並能順利轉業或再就業。尋找工作機會，不只是消極地等待輔導，還得由失業者積極地搜尋。就業安全體系中，銜接失業救助與再就業之職業訓練，便成為在機制上最重要的一環。

肆、我國勞動立法簡述

一、工會法

　　工會係廠商內部的經濟性團體，勞工間因相近的勞動環境與利益而結合，經由工業民主集體協商的模式，以促使雇主提供較佳之勞動條件，因此工會法以保障勞工權益、增進勞工知能、發展生產事業、改善勞工生活為宗旨。工會法、團體協約法和勞資爭議處理法並稱勞動三法，攸關勞工的談判及結盟實力。

二、勞資爭議處理法

　　勞資爭議處理法顧名思義是指勞方和資方遇有爭議情事的時候可以適用的法，對於爭議事項的判斷產生很大的規範作用。所謂的勞資爭議，根據爭議內容的性質與爭議之人，可有以下兩種分類：第一，權利事項之爭議與調整事項之爭議。第二，個別爭議與集體爭議。勞資爭議處理法的落實對於保障勞工權益影響十分巨大，應該要有完整的規範，使其更為具體化、明確化才是適宜的作法。

三、團體協約法

　　團體協約是勞工同盟的基本權利，也是勞動三權中最重要的集體行動權的一種類型，而團體協約的方式與結果，最為世界各國勞動政策所普遍承認。根據本法精神強調的是，具有合法權限的勞工團體與雇主團體即得訂定團體協約。團體協約生效後，其中關於個別勞工之勞動條件部分之規定應有法規性效力，具備強制性、不可貶低性、不可拋棄性與延續性等特性，也是除了勞動基準法以外的另一重保障！本法於民國十九年十月二十八日公（發）布，立法旨意為稱團體協約者，謂雇主或有法人資格之雇主團體，與有法人資格之工人團體，以規定勞動關係為目的所締結之書面契約。

四、勞動基準法

　　勞動基準法就是政府以公權力規範勞動條件最低基準的勞工保護法律，其保護對象是勞工。這是因為國家為改良勞工之生活、增進其生產技能，應制定保護勞工之法律、實施保護勞工之政策，以回應於憲法第一百五十三條第一項的規定，勞動基準法即係國家為實現此一基本國策所制定之法律。本法於民國七十三年七月三十日公（發）布，立法旨意為規定勞動條件最低標準、保障勞工權益、加強勞雇關係、促進社會與經濟發展。雇主與勞工所訂勞動條件，不得低於本法所定之最低標準。

五、勞工安全衛生法

　　政府為落實「維護公共安全方案」的政策，督促產業單位確實建立責任照顧制度精神，為要求包括：營造業、製造業、電訊業、水電煤氣業等產業單位，建立照顧承攬人勞工的安全衛生管理機能，爰訂定本法。本法於民國六十三年四月十六日公（發）布，立法旨意為為防止職業災害、保障勞工安全與健康。

六、勞動檢查法

　　為避免勞工於職場上的意外，實施勞動檢查，以貫徹勞動政策的執行、維護勞雇雙方權益、安定社會、發展經濟，特制定本法。本法於民國二十年二月十日公（發）布，立法旨意為實施勞動檢查，貫徹勞動法令之執行、維護勞雇雙方權益、安定社會、發展經濟。

七、職業訓練法

　　本法旨意為實施職業訓練，以培養社會建設的專業技術人力，用以提高工作技能、促進國民就業。本法於民國七十二年十二月五日公（發）布，其內容重點為：主管機關、職業訓練之意義及實施方式、職業訓練之配合

性、職業訓練之種類、職業訓練機構之設立停辦或解散、養成訓練之意義、辦理機構、訓練課程、時數及應具設備、結訓證書之發給。

八、就業服務法

隨著就業環境的快速變遷，為促進國民就業，以增進社會及經濟發展，特制定本法。本法於民國八十一年五月八日公布施行，並於九十五年五月三十日修正。立法旨意在促進國民就業，以增進社會及經濟發展。其內容重點為：（一）宣示國民有擇業、受僱及僱用之自由；（二）雇主僱用員工或招募員工不得有歧視行為；（三）就業服務機構應嚴守中立及保密之責任；（四）政府應提供國民完整的就業服務資訊，並協助國民適性就業；（五）政府對負擔家計婦女、中高齡者、殘障者、原住民及生活扶助戶中有工作能力者等國民，應訂定計畫，致力促進其就業；（六）雇主資遣員工應依規定通報主管機關及就業服務機構，以協助其再就業；（七）私立就業服務機構之設立應取得許可，並應置備專業人員；（八）推介就業或招募員工，不得有不實之廣告、虛偽之勞動條件及不當行為；（九）外國人未經申請許可，不得從事工作；（十）雇主僱用外國人從事工作，應先取得許可，並應負通報責任，及應負擔外國人經警察機關遣返之費用。

結語

全球化使台灣的自然失業率提高，已是不爭的事實。同時，新經濟形成的人力市場低供給彈性，需要依靠終身教育和職業教育制度以解決，這是開創性的，更是長期性的政策調整。另外，全面改善退休金制度，取消最低工資的門檻、制定彈性工作法和部分工時法，以促成人力市場新平衡，均是解決失業率攀升及建構健全的就業安全體系的良方。建構健全的勞動政策體系，則宜朝向：第一，健全勞動法制規範；第二，促進勞資合作關

係；第三，保障合理勞動條件；第四，充實勞工福利措施；第五，加強勞工安全衛生；第六，落實勞動檢查功能；第七，改善人力供需狀況；第八，完妥勞工退休制度；第九，強化職業訓練機制；第十，擴充就業服務機能。

　　面對全球化經濟時代，唯有掌握趨勢，規劃前瞻性的勞動政策，才能為廣大勞工謀取最大福祉。究此，宜朝向「就業安全」、「所得安全」、「工作安全」等方面努力以為建構一個安穩的勞動環境，讓每一個勞工都可以在安定、安全、安心的工作環境，發揮所長。

參考書目

金樹人（1997），生涯諮商與輔導。臺北市：臺灣東華。

張春興（1991），現代心理學：現代人研究自身問題的科學。臺北市：東華。

吳芝儀（2000），生涯輔導與諮商：理論與實務。嘉義市：濤石文化。

林幸台（1996），生涯興趣量表指導手冊。臺北市：測驗出版社。

李茂興（1998），生涯諮商：理論與實務。臺北市：弘智文化。

江亮演（1996），社會安全制度。臺北：五南出版社。

李　誠（1974），臺灣地區職工福利問題研究。臺北：政治大學。

洪旋德（1997），社會政策與立法。臺北：國立空中大學。

葉至誠（1997），社會福利服務。臺北：揚智出版社。

葉至誠（2000），職業社會學。臺北：五南出版社。

詹火生（1998），職業訓練與就業服務。臺北：巨流出版社。

詹火生（1992），主要工業國家勞工福利之研究。臺北：行政院勞委會。

羅文基（1986），教育訓練與人力發展。高雄：復文書局。

西文書目

Barber, A. E., Dunhan, R. B., & Formisano, R. R. (1992). "The Impact of Flexible Benefits on Employee Satisfaction", *Personnel Psychology*, pp. 45-74.

Grapman, J. BRAD & Roberr Otteman (1997). *Employee Preferences for Various Compensation and Fringe Benefit Options*, New York: Macmillian Publishing Co. Inc..

Kleiner, Brain H. & Ann Sparks (1994). "How Flexible should Benefit Programs be?", *Risk Management*, February, p.12.

Lengnick-Hall & Bereman (1994). "A Conceptual Framework for the Study of Employee Benefits", *Human Resource Management Review*, 4, pp.107-108.

Robbins, S. P. (1979). *The Management of Human Resource*, New Jersey: Prentice Hall.

實踐大學數位出版合作系列
社會科學類　AF0160

生涯規劃與職業生活

作　　者 / 葉至誠
統籌策劃 / 葉立誠
文字編輯 / 王雯珊
設　　計 / 王嵩賀
執行編輯 / 蔡曉雯
圖文排版 / 姚宜婷

發 行 人 / 宋政坤
法律顧問 / 毛國樑　律師
出版發行 / 秀威資訊科技股份有限公司
　　　　　114 台北市內湖區瑞光路 76 巷 65 號 1 樓
　　　　　電話：+886-2-2796-3638　傳真：+886-2-2796-1377
　　　　　http://www.showwe.com.tw
劃撥帳號 / 19563868　戶名：秀威資訊科技股份有限公司
　　　　　讀者服務信箱：service@showwe.com.tw
展售門市 / 國家書店（松江門市）
　　　　　104 台北市中山區松江路 209 號 1 樓
　　　　　電話：+886-2-2518-0207　傳真：+886-2-2518-0778
網路訂購 / 秀威網路書店：http://www.bodbooks.com.tw
　　　　　國家網路書店：http://www.govbooks.com.tw

2013 年 10 月 BOD 一版
定價：440 元

國家圖書館出版品預行編目

生涯規劃與職業生活 / 葉至誠著. -- 一版. -- 臺北市：秀
威資訊科技, 2013. 10
　　面；　公分. -- (實踐大學；AF0160)
BOD 版
ISBN 978-986-326-186-5 (平裝)

1. 生涯規劃　2. 職業輔導

527.48　　　　　　　　　　　　　　　　102018060

讀 者 回 函 卡

感謝您購買本書，為提升服務品質，請填妥以下資料，將讀者回函卡直接寄回或傳真本公司，收到您的寶貴意見後，我們會收藏記錄及檢討，謝謝！如您需要了解本公司最新出版書目、購書優惠或企劃活動，歡迎您上網查詢或下載相關資料：http:// www.showwe.com.tw

您購買的書名：＿＿＿＿＿＿＿＿＿＿＿＿＿＿＿＿＿＿＿＿＿

出生日期：＿＿＿＿年＿＿＿＿月＿＿＿＿日

學歷：□高中 (含) 以下　　□大專　　□研究所 (含) 以上

職業：□製造業　□金融業　□資訊業　□軍警　□傳播業　□自由業
　　　□服務業　□公務員　□教職　　□學生　□家管　　□其它＿＿＿

購書地點：□網路書店　□實體書店　□書展　□郵購　□贈閱　□其他

您從何得知本書的消息？

　□網路書店　　□實體書店　　□網路搜尋　□電子報　□書訊　□雜誌

　□傳播媒體　□親友推薦　　□網站推薦　□部落格　□其他＿＿＿＿＿

您對本書的評價：（請填代號　1.非常滿意　2.滿意　3.尚可　4.再改進）

　封面設計＿＿＿　版面編排＿＿＿　內容＿＿＿　文／譯筆＿＿＿　價格＿＿＿

讀完書後您覺得：

　□很有收穫　□有收穫　□收穫不多　□沒收穫

對我們的建議：＿＿＿＿＿＿＿＿＿＿＿＿＿＿＿＿＿＿＿＿＿

＿＿＿＿＿＿＿＿＿＿＿＿＿＿＿＿＿＿＿＿＿＿＿＿＿＿＿＿＿＿＿

＿＿＿＿＿＿＿＿＿＿＿＿＿＿＿＿＿＿＿＿＿＿＿＿＿＿＿＿＿＿＿

＿＿＿＿＿＿＿＿＿＿＿＿＿＿＿＿＿＿＿＿＿＿＿＿＿＿＿＿＿＿＿

11466
台北市內湖區瑞光路 76 巷 65 號 1 樓

秀威資訊科技股份有限公司　　　收

BOD 數位出版事業部

....

（請沿線對折寄回，謝謝！）

姓　　名：_____　年齡：_____　性別：□女　□男

郵遞區號：□□□□□

地　　址：_____

聯絡電話：(日) _____ (夜) _____

E-mail：_____